U1068612

"高飞锐思想"系列之一

產經風雲

曾高飞◎著

中国经济出版社
CHINA ECONOMIC PUBLISHING HOUSE
·北京·

图书在版编目（CIP）数据

产经风云／曾高飞著.
北京：中国经济出版社，2018.6
ISBN 978－7－5136－4878－3
Ⅰ.①产… Ⅱ.①曾… Ⅲ.①产业经济学—中国—文集 Ⅳ.①F269.2－53
中国版本图书馆 CIP 数据核字（2017）第 236213 号

责任编辑　邓媛媛
责任印制　巢新强
封面设计　任燕飞工作室
封面漫画创作　叶雨晨
书名题字　刘文华

出版发行　中国经济出版社
印 刷 者　北京柏力行彩印有限公司
经 销 者　各地新华书店
开　　本　710mm×1000mm　1/16
印　　张　27.25
字　　数　334 千字
版　　次　2018 年 6 月第 1 版
印　　次　2018 年 6 月第 1 次
定　　价　58.00 元
广告经营许可证　京西工商广字第 8179 号

中国经济出版社 **网址** www.economyph.com **社址** 北京市西城区百万庄北街 3 号 **邮编** 100037
本版图书如存在印装质量问题，请与本社发行中心联系调换（联系电话：010－68330607）

版权所有　盗版必究（举报电话：010－68355416　010－68319282）
国家版权局反盗版举报中心（举报电话：12390）　　服务热线：010－88386794

序一

情怀、格局、思考和勤奋

成松柳

高飞是我的学生，而且是毕业后一直有联系且一直关注其发展的学生。这里有一个特殊的原因，1995 年，我受命组建学校的电力企业文化研究所，该所是当时电力工业部建议成立的，主要任务是研究、策划和推动全国电力企业文化建设。一个从事古典文学教学和研究的大学老师，战战兢兢地走出校门、走向企业，心里的惶恐可想而知，但新鲜感也油然而生，毕竟进入了一个更广阔、更为实际的天地。由此，也为高飞他们那一届学生开过企业文化建设课程，不止一次地和他谈过自己去企业的感受。虽然，我们所的服务对象是全国电力企业，但我那些年走过的企业范围却很广，包括高飞在本书中提到的很多企业，也和很多当时挺红火的企业老总对过话。后来高飞毕业后去了广州，在企业从事文化建设与策划，就经常和我联系、一起讨论中国企业的兴衰成败。没想到，20 年以后，我逐渐远离了企业文化的研究与实践，高飞却成了网络上点击率很高的产经观察与评论的热门行家。这本厚实的书，记载的就是高飞实践和探索的历程。

既往从事企业文化的实践与研究，一直比较关注各媒体的产经观察与评论。叶檀、水皮、戴欣明的财经评论我常看，洪仕斌的家电行业观察也往往有独到的心得，我的大学同学吴迎秋的汽车观察一度是中国汽车业走向的风向标。读得最多的还是吴晓波的系列著作，从《大败局》《激荡三十年》到《历代经济变革得失》，我都置于案头，读过不止一遍。由此也开始有了自己评判产经观察与评论优劣的基本立场，这就是情怀、格局和思考。所谓有情怀，就是观察人是站在世界和本国经济发展的态势中，通过自己的观察与思考，给企业提供有助于其成长的批评和建议，而不是制造噱头、哗众取宠，致企业成长于不顾。所谓有格局，就是始终站在中国和世界经济发展的主流中，明晰历史发展的尺度，洞悉企业发展的未来，而不是拘于一时的情绪判断。所谓善思考，就是观察人在自身不断的学习过程中，逐渐养成自己的观察和评判角度，而不是人云亦云，仅仅成为政策的图解者。基于这些角度，我仔细地阅读了高飞的这本书，也乐意写点文字，与高飞共勉。

高飞是有情怀的。虽然本书中某些篇章有些急躁和情绪化，但从整体来看，他是从中国企业的成长与未来，开始他的观察的。从《瞧不起TD标准　诺基亚忽悠中国移动?》开始到他的汽车系列，虽然很多篇目谈到的都是国际大牌，但着眼点却在中国企业的成长。关于华为的系列篇章也是如此。《工程师文化毁了摩托罗拉》虽然写于2010年，但即使放置今天，依然具有警示性。当哈佛、剑桥、斯坦福、耶鲁，这些世界知名大学纷纷开设科技伦理、工业制造伦理、人工智能伦理课程的时候，我们再一次感到，企业的文化，如果不随着时代的变革而变革，企业的厄运就难以避免。正因为这种情怀，高飞的不少观察，在刚发表的时候，常被人误解，因为他有时太实话实说了，但时间一长，企业发展实践证实了高飞的观察，误解也自然一风吹。可见，时间是情怀的试金石。只要你是真正拥有情怀的真话，会有人爱听的。诚如高飞自己的认知："当局者迷，旁观者清"。企业经营的局外人，或许能更清楚地看到企业在经营中的弊病。这些弊病，长远来看，对企业甚至是致命的。如果听之纵之，容易让企业置于危险境地。如果听得进去，加以改正，对企业前途来说，则是善莫大焉。"

高飞也有了初步的格局。用他自己的话可以证实我的判断："我将围绕两个方向来努力：一是观察或者采访有影响力的企业领袖。他们的经营智慧是全人类的，在创业大潮方兴未艾的当下，可以启迪很多人；他们的不足同样也是全人类的，很多人都需要，他们自己更需要。另一个是计划在法治周末开设'智新改变中国智造'专栏，尽我所能推动中国企业转型升级。"很欣喜高飞没有沉醉于目前每篇观察的点击率和排行榜，而是有了继续前行的方向。放大格局、放宽视野，继续前行。这就必须坚持学习，读更有深度的书。2012 年，已经在产经观察领域很有影响的吴晓波，让自己闲下来读书。将自己的观察触角放置于中国历史，从历代经济变革的角度，思考中国经济社会的未来发展，虽然很多地方还可以商榷，但其视点的选定与思考的努力，是很值得高飞借鉴的。因为，很多让人纠结与困惑的现象，一旦放在历史的经纬上，瞬间会变得清晰。产经观察，必须有时效，也必须有产量，这样才会有关注点。因而观察人很辛苦、很忙碌。但千万别以忙碌作为借口，拒绝学习与提升，这样，就会永远使自己在肤浅的层面自说自话。虽然也可能一时轰动，但肯定走不了太远。

高飞无疑是善于思考的。这从本书的很多篇目中都可以看出。他的

“飞车评论”系列，光看标题，我们就知道作者一直在思考中国汽车企业与市场的出路。《赵勇掌舵下的长虹困局：从冠军沦为二流角色》《宗庆后迷思：娃哈哈主业天花板与多元化困局》《FDD 牌照难改电信联通弱势局面》《傲慢与偏见正在毁掉诺基亚?》《大品牌与淘宝双剑合璧：改变商业和世界的力量》《内斗让康佳仅剩半条命 大股东众叛亲离》，这些篇目都是值得企业管理者认真阅读并加以深思的。尽管有的已经没有时效性了，但其中的道理依然令人警醒。这些自然与高飞的善于思考休戚相关。想想，几年的时间，从家电、通讯、汽车到 IT，高飞跨了多少行业，勤奋与思考，是他能成功的不二法宝。

高飞的勤奋是人所共知的，在这个浮躁的时代，勤奋和坚守，的确是一种难得的品质。当然所有的产经观察人都是勤奋的，因为四十年来，中国市场活力与喧嚣并存，规范与混乱同在；中国企业，面临的是一个激荡而又乱象纷呈的时代，观察人要把握大势，很不容易；辨析政策，更是难上加难。但稿子要出，评论要发，唯有勤奋者，才能坚持。所以，也有很多轰动一时的产经观察人选择放弃。高飞作为勤奋者中的佼佼者，一直在坚守。其出稿量之多，观察视角之变化，有时甚至让人眼花缭乱。我倒希望，高飞可以放慢点速度，读点有深度的书，沉淀一下自己的思路，按照自己设定的方向，开始一些深度的思考，写出更有分量的作品。也学会爱惜自己的身体，毕竟，事业正趋于上升中，健康的体魄，是继续前行的有力保证。

是为序，亦为期待。

（成松柳，湖南省人民政府参事，长沙理工大学文法学院教授）

序二

就说说我和高飞那点事

肖黎明

对于高飞，我了解他，比较有发言权。

我和他出生在同一个小地方，山清水秀的湖南祁东；我和他有共同的成长经历和兴趣爱好，在农村长大，从小喜欢上文学，都曾在初高中时就小荷渐露尖尖角，成为当地校园文坛两颗交相辉映的新星；我和他在同一个高中上过学，他高我一年级，是师兄，我们有共同的语文老师，也都得到了衡阳当地文学前辈李昂老师的指点和青睐；大学毕业后，他先在南方，我到了北京，后来他也加入“北漂一族”，在人民网工作；2015 年初他应我邀请也来到法制日报社，成为我同事。2017 年 8 月我离开报社，入职互联网企业，他仍然在坚守！

这么多的交集，可谓“青梅竹马，兄弟情重”。他要我作序，我有一种义不容辞的使命感。

先不说书，说说他的三段人生经历。

高飞从小就显山露水的文学才华。他极具文学天赋，这位从穷乡僻壤飞出来的凤凰，在20世纪末的中国校园文坛上，算得上一号人物，18岁出诗集，22岁写作长篇小说，23岁写电视剧，整个大学期间靠稿费完成学业。在写作才华上，是首屈一指的。我知道他诗歌小说写得好，因为读过。在平时闲聊中，据他自己讲，他写得最好的是乡土散文——虽然没有见他公开出版过散文集，但他的话我信，读大学时候，我在江城武汉办过一张校园文学报纸《长江文学报》，曾经用过他的散文，写得确实非同一般的好。

大学毕业后，他在广东的大企业待过，做过新闻中心的主任、企业文化部部长、策划部部长、企业管理办公任负责人等职，长期参与企业的经营管理工作。这让他对企业的了解，比起其他一毕业就呆在新闻单位的记者来说，多了一份通透和厚重。用他自己的话来说，企业做啥，用意是什么，他做得到透过现象看本质，一清二楚，不被企业牵着鼻子做解读。

2006年高飞北上，加盟人民日报社旗下的人民网，做了一名产经记者，至今已有10多个年头。无论是作为新闻战线上的普通一兵，还是后来走上了带队伍的领导岗位，他从来没放弃过采写工作。他勤奋高产，几乎每天都有新闻作品问世，并且保证质量，让很多同事都叹为观止。

写作对很多人来说，只是一把向上的梯子，一旦到了某个位子，就不愿再做这门苦差事了。但高飞将其作为一种理想和信仰在坚持，并且乐此不疲。虽然他最初的理想是从事文学创作，后来为了生活成为了新闻工作者。但两者在本质上是一致的，都是文字工作。他也算是在理想和生活之间，找到了一个比较不错的平衡点，对他一生热衷的文字有所交代了。

高飞的勤奋和坚持在浮躁的今天是比较罕见的。鲁讯说："我是把别人喝咖啡的时间都用在写作上"。崇拜鲁讯的高飞对待写作也是这样，一天哪怕应酬到再晚，他都要写点东西。用他自己的话说：只要有一天不写点东西，我就觉得那天好像白过了，对不起自己，对不起读者。

在高飞的新闻写作道路上，我曾尽可能为他提供长袖善舞的阵地。2014年，我邀请他在《法治周末》上开设"飞车评论"专栏，每周一篇深度观察稿，强势介入汽车领域。2016年8月，鉴于新媒体迅速发展，我动员他在《法治周末》开设"高飞锐思想"专栏，并将专栏与新媒体微信公众号"高飞锐思想"同步融合，并入驻到企鹅号、今日头条、大风号等平台。事实证明，这是十分重要的一步，目前其"高飞锐思想"每天稳定阅读量高达数十万，俨然成为一个具有强大影响力的自媒体平台矩阵。

"高飞锐思想"发表的文章已经产生了广泛的影响。同时，或许高飞性格过于直率，让一些企业感觉不舒服。但事实往往证明，其预判是准确的，诊断也是准确的。俗话说：良药苦口利于病，忠言逆耳利于行。听得进去，并能针对性地做出改进，企业将更上一层楼；听不进去，企业将陷身经营陷身泥淖，难以自拔。

文如其人，还是回到《产经风云》这本书上。我认为，它填补了我国目前产业经济观察类书籍的空白，是一本足以惊艳世人的图书。它涉猎极广，包括房产、汽车、互联网、家电、IT等多个方面，行云流水，快意恩仇，既激情叙述，又理性思索，将重大产经新闻抽丝剥茧，告诉读者背后的真相。读完这本书，对这些年来发生在中国实体经济身上的那些事儿，就有了一个比较全面、比较专业的了解。

通过这些篇章，我们不难看出，作者对实体经济做过认真研究，深入思考，独特的视角总能拨动你的心弦。字里行间，激扬的情感，理性的思辨，斐然的文采，都浑然天成，既像教科书那样明理，又像文学作品那样可读。能够在激情的文学创作与理性的产业研究两种话语体系之间自由转换，天然融合，是一种本事，更是一种境界，在当代中国从事财经报道的记者中，像高飞这样的并不多见。

文学曾经是高飞的信仰。现在，做一名新闻圈里优秀的产经专家是他追求的理想。

最后，我想说的是，信仰是有味道的，理想更是有力量的。

（肖黎明现供职腾讯公司，曾任法治周末报社社长、总编辑）

2018 年 2 月 13 日　北京

自序

书房前的窗外，一只燕子优雅地掠过。6月了，生命在野蛮生长，激情在蓬勃喷发。

十年前这个时候，我惜别广州，成为北漂一族。2006年9月，我走进人民日报社大院，在人民网经济部开始了一份完全陌生的新工作。

网络海量，让一天24小时时刻处在准备着的状态。繁忙让我与已经略有小成的文学创作割袍断义，一刀两断。唯一值得安慰的，所从事的工作，仍然与文字有关。

但文学与新闻，是完全不同的两码事。在文学领域，我曾游刃有余；但在新闻领域，在很长一段时间里，我找不到北。采访，写新闻稿件，勉强可以交代。但新闻是一种技术含量不高的活，刚开始，我认为工作没有亮点，谈不上优秀，更做不到卓越。每天坐在工位上，都有一种油然而生的负罪感，觉得对不起这份工作，对不起每天匆匆走过的时间，对不起曾经远大的抱负，对不起曾经显露的才华。以前的一切，都基本上归零了——新闻让我从头再来，谨慎起步，艰难跋涉，战战兢兢。

峰回路转是2008年5月，在我努力工作了一年半之后。我创办了人民网手机频道，即现在的通信频道。其时我国主导的3G标准TD建设如火如荼，但外资观望，推进困难，最为核心的关键就是缺乏成熟终端；处于鼎盛期的诺基亚对TD冷眼旁观，没有研发TD终端计划。这对中国TD标准来说，是一个重大遗撼。并非诺基亚研发力量不行，而是其压根儿瞧不上TD标准。想通了这个道理，我做了一篇《瞧不起TD标准　诺基亚忽悠中国移动?》的文章，发表后在业界引发轰动，成为各大媒体头条。次日，诺基亚紧急召开全国性新闻发布会，回应并承诺说年底推出TD终端。当时主导TD建设的运营商中国移动对我那篇稿件很满意，其中一位领导特意打来电话感谢。那篇稿件出来，我感到自己被打通了“任督”二脉，从此一发不可收拾，以日均两到三篇的频率做起了产经观察稿件。现在回过头来看，之前一年多在人民网碌碌无为，那是一个积淀过程，没有前面的厚积，就没有后面的薄发。也是那一刻开始，对于经济类的现象，特别是实体，我做得到透过现象看本质，写出来的稿件有了思想和灵魂，坐在工位上可以理直气壮地呼吸；行走在人民日报社大院里，昂首挺胸，觉得与其神圣匹配。

感谢彼时我的领导董盟君女士。她对我的领导方式是放养，环境很宽松。稿件一做完，她做到了在第一时间审阅签发。再后来，她干脆放心放手了，不审了，我写完稿件自己做主签发，效率又更上层楼，我的积极性更高，工作更投入了。我一般在早上五点起床，五点半出门，六点钟到办公室写稿，八点钟发稿——那正是其他媒体上人民网来找新闻的时候。不到十点钟，我的文章被转载到各大网络。文章在第一时间，在一个强大的平台发表出来，被其他媒体争先转载，这对于一个作者来说，就是被认可，就是源源不断的动力。在人民网工作的前几年，是一段很快乐的时光，我写了很多稿件，也循序渐进地奠定了在家电、通信、IT 领域的观察家地位。我成为一个问题发现者，任何经济体，哪怕装饰得再好再辉煌，我都能透过“皇帝的新装”，看出问题来。到现在我对任何产业基本上都能洞若观火，想写点啥都能信手拈来。一篇两三千字的文章，熟悉的行业，只要两三个小时；不熟悉的行业，可能稍长，需要查找资料，但一天功夫，稿件肯定按时保质。

2014 年末，突然想介入汽车行业。但人民网汽车频道不归我管，得找个平台，于是对当时的法治周末社长兼总编辑肖黎明先生讲，想开一个专栏，做汽车观察。他欣然应许，并为专栏想了一个好名字——“飞车评论”。栏目推出，社会反响很大，几乎每篇稿件发表后，都在汽车行业和社会上引起巨大反响，被各大媒体广为转载，并被推送到各大网站，客户端首页显要位置，包括时兴的微信公众号。唯一让人遗憾的是，大多数媒体转载后，既不标明稿件来源，也不署上作者姓名，这让人不快——这是一种不尊重作者劳动成果的行为。有朋友建议我维权，并且怂恿我向这些网络平台索要稿费。他给我算了一笔帐，说维权的话，我一年光稿费收入可达百万。我很赞同，但至今没有付诸行动。因为我写作，不为稿费，只是一种兴趣爱好。当然，从我内心深处来讲，我希望网络编辑，微信公众号对作者和首发媒体有起码尊重，转载时署明源地和作者姓名。

这十来年，我写过的财产经稿件多达数千篇，很多都轰动一时，单篇转载数量多达数百，甚至上千，在相当长一段时间里是舆论场上的热门话题。读者立场不同，感受各异。所报道对象，多认为我是在做负面报道。其实，这是一种误解。所谓良药苦口，忠言逆耳。常言道，当局者迷，旁观者清，企业经营的局外人，或许能更清楚地看到企业在经营中的弊病。这些弊病，长远来看，对企业甚至是致命的。如果听之纵之，容易让企业置于危险境地。如果听得进去，加以改正，对企业前途来说，则是善莫大焉。一般而言，对于我的报道，有虚心接纳，积极改正的；也有认为我是胡搅蛮缠的。但实践证明，对待这些报道的态度一定程度上决定了企业后来的命运。

2008 年是诺基亚最辉煌的时候，全球市场份额高达 42%。我预言了它三年五年后会被三星超越，当时很多人认为我胡言乱语，是在帮三星黑诺基亚。2011 年是 HTC 最辉煌的时候，它在安卓手机领域如入无人之境，我预言了它的没落，果然又被我不幸言中。中兴曾经一度是国产手机中的老大。但那时候，我指出来，中兴手机土鳖式外观将影响其市场份额，因为手机正在成为一种时尚消费品。中兴手机领导很不服气。但现在实践证明了谁对谁错。前两年在三星最辉煌的时候，我也预言过三星将没落。目前市场发展正在向着我的预言方向快步奔走。之所以预言准确，不是因为我有多神，而是任何事物，哪怕在最辉煌繁荣的时候，都有衰败的迹象显露。这些蛛丝马迹，我洞察到，并且指出来了，如果听进去，加以改进了，当然能续写辉煌；如果认为是瑕不掩瑜，那肯定会“千里之堤，溃于蚁穴”。

现在从过去上千稿件中挑选 80 多篇结集成册，是对自己 2016 年下半年之前的新闻生涯的一次总结，也是一直萦绕自己脑海的一个梦想。在整理过程中，很是痛苦和不舍。鲁讯说：吃的是草，挤出来的是牛奶和血。有些稿件，由于时效性和结集篇幅关系，不得不忍痛割爱。摘选出来的，是自己相对喜欢的，这种喜欢不仅是以写得好作为衡量尺度，有些在我从事新闻过程中，具有特殊意义。如诺基亚系列观察稿件，已经是时代久远了，但那代表自己在写作产经观察稿件时豁然开朗的伊始，是我产经观察的开篇之作。摩托罗拉已是一个很遥远的符号了，逐渐被人遗忘，但《工程师文化毁了摩托罗拉》一文，是当时人民网总裁通过公邮要全体采编认真学习的第一篇文章。

此书文章均是我作为产经资深观察者、评论员，对当时产经新闻、事件所撰写的深度文章，在法治周末、人民网等媒体上发表，并得到颇高点击率和关注度的网络热门文章。本书虽然是独立成篇的文章汇集而成，但一滴水可以反映太阳的光辉，其中涉及到活跃在中国经济建设舞台上的企业家和企业，较有影响的，很多都有涉及，形成了这些年中国经济实体的集体印象，所以命名为《产经风云》，算是勉强说得过去。以后的新闻工作生涯，我的思路更清楚，视野更开阔。以后我将围绕两个方向来努力，一是观察或者采访有影响力的企业领袖。他们的经营智慧是全人类的，在创业大潮方兴未艾的当下，可以启迪很多人；他们的不足同样也是全人类的，很多人都需要，他们自己更需要。另一个是计划在法治周末开设“智新改变中国智造”专栏，尽我所能推动中国企业转型升级。在适当时候，我希望这两个选题的文章也能够结集出版。

这是一个风云激荡的时代，感谢这个时代给了我们广阔舞台。我要以自己的智慧和方式参与其中，到中流击水，浪遏飞舟。

人生苦短，付出了，不在乎收获，做自己喜欢的事，做自己专长的事。当然，我所喜欢和擅长的，也并非文字这一条道路。在我理想的职业生涯中，我还喜欢策划。所幸现在自己身边聚集了一批志同道合的朋友，经常在一起头脑风暴。从年龄上看，作为老大哥，我义不容辞要带好队伍。随着“2016 中国高校校花大赛”“2016 中国高校学霸大赛”的正式启动，我的策划设想正在“阳光照进现实”。从事新闻工作伊始，我定下的目标就是做“策划型，行动型，专家型”的新闻工作者。

我将举着梦想，砥砺前行！

最后感谢邓嫒嫒、王莹、文丽娟、杨店、黄秋燕等小伙伴对本书所做大量幕后工作。

目录

第一辑 大佬们的江湖

第二辑
飞车评论

第三辑 3C风云

第一辑 大佬们的江湖

DA KA JIANG HU

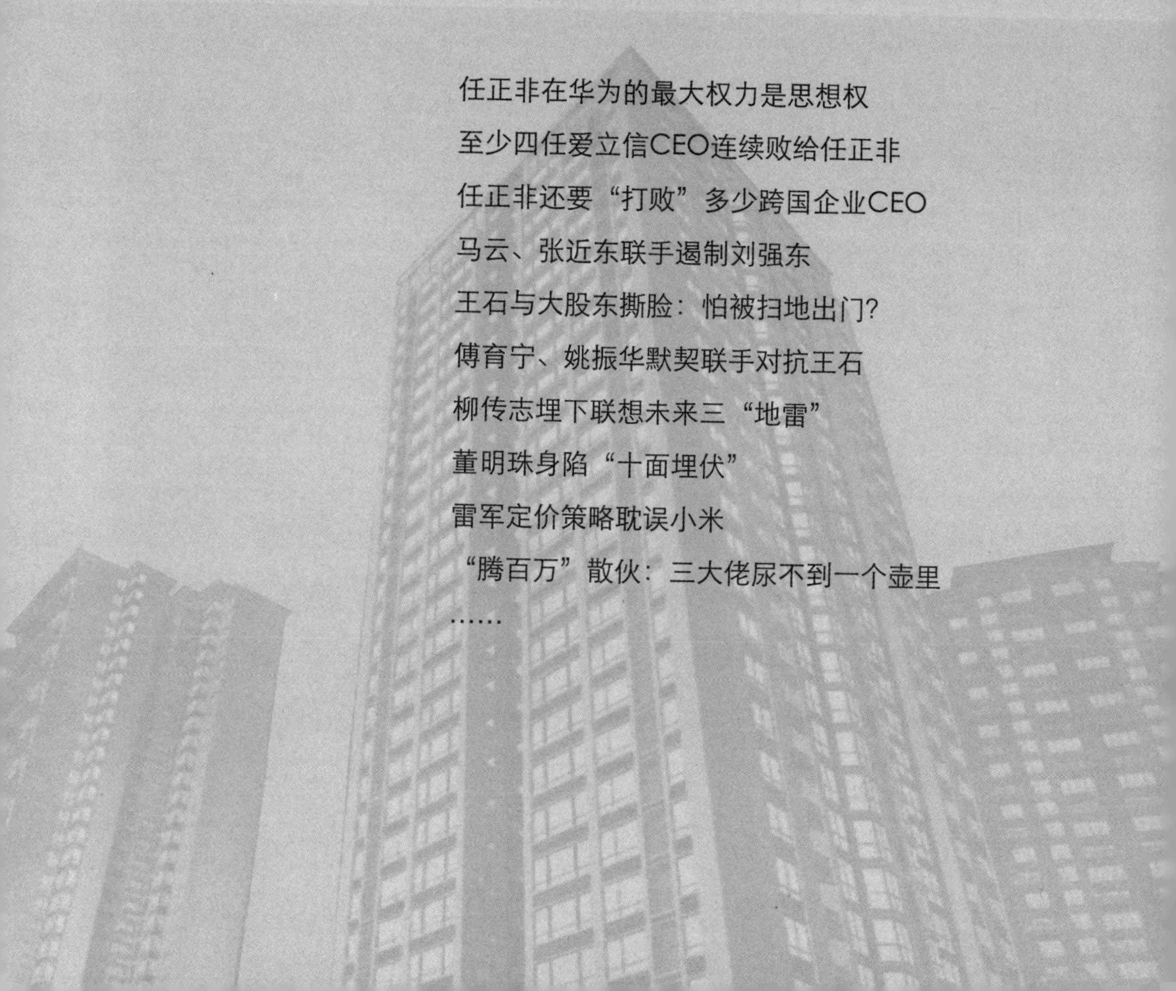

任正非在华为的最大权力是思想权

至少四任爱立信CEO连续败给任正非

任正非还要“打败”多少跨国企业CEO

马云、张近东联手遏制刘强东

王石与大股东撕脸：怕被扫地出门?

傅育宁、姚振华默契联手对抗王石

柳传志埋下联想未来三“地雷”

董明珠身陷“十面埋伏”

雷军定价策略耽误小米

“腾百万”散伙：三大佬尿不到一个壶里

……

华为能有今天，源于其神一样的创始人任正非。而任正非认为，他在华为最大的权力是思想权——任正非是靠思想来控制这个企业，带领它披荆斩棘，乘风破浪，高歌猛进

任正非在华为的最大权力是思想权

在改革开放后的中国商业发展史上，只有华为堪称“更高，更快，更强”。

1988 年，在广东深圳创立；2001 年实现销售收入突破 200 亿，成为全国电子百强之首；2013 年实现销售收入 2390 亿元，一举超越爱立信，成为全球第一。

从白手起家到中国第一，华为用了 13 年；从中国第一到世界第一，华为用了 12 年。也就是说华为用 25 年做到了世界第一，这种发展速度，在全球范围内都是“独此一家，别无分店”。

支撑华为这种高速发展的引擎是什么？

有人说是管理制度化，有人说是科研创新，有人说是激励机制。这些或许都有一定道理。但业界现在越来越多的人都在统一认识，都认为是任正非的思想。诚然，管理、创新、激励等等，都是思想的某个方面。

华为能有今天，源于其神一样的创始人任正非。而任正非认为，他在华为最大的权力是思想权——任正非是靠思想来控制这个企业，带领它披荆斩棘，乘风破浪，高歌猛进。

2001 年摘取中国电子百强桂冠时，华为发展形势一片大好，任正非居安思危，在内部讲话，发表了《华为的冬天》，告诫员工戒骄戒躁，奋斗不息，准备好过冬棉衣。这篇讲话，不仅在内部员工中产生深刻的思想地震，而且在各行各业广泛流传，让忧患意识在企业界生根发芽——引发企业界经营管理者深入思考。作为榜样的华为，发展势头锐不可挡，老板都在思考如何过冬，我们呢？

在 2013 年成为全球第一之后，华为是不是可以马放南山，稍作休整了？

懈怠一下或许无可厚非，但任正非给出了否定的答案。以前从不接受媒体采访的任正非揭开神秘面纱第一次接受媒体采访，称对管理者提出更高要求，要从管理之神向经营之神迈进，从“以多产粮食为目的”向“以客户为中心的价值”转变。

外界习惯把任正非思想归结为危机意识。确实，人无远虑，必有近忧；生于忧患，死于安乐。但任正非更愿意称其为思想家的假设权。他幽默地称自己在华为最大的权力就是思想权，而思想家的作用就是假设。他进一步阐述了假设之于思想的重要性，他说：“只有有正确的假设，才有正确的思想；只有有正确的思想，才有正确的方向；只有有正确的方向，才有正确的理论；只有有正确的理论，才有正确的战略……”

任正非的思想，都是在假设的前提下得出来的。就在华为成为全球第一后，有段时间大家都挺骄傲，因为都成行业领袖了。但随后华为用半年时间做了战略沙盘推演，才发现在全球市场的重大战略机会点，华为占不到 10%。大家一下就紧张了，优越感一扫而光，接下来就知道如何努力了。任正非认为，这不是危机意识，而是假设，假设未来的方向。华为之所以能够做到行业领先，就是因为率先提出了“管道”这个概念，这也是一个假设，这比别人对管道认识早了几年——当时没能把管道归结为大数据，后来演变为大数据。那些年谁都不愿意做“管道”，因为“自来水公司”不如阿里、腾讯赚钱。现在华为领先世界一两年，是因为早一两年准备了，所以其经营效果比对手好，这不是机遇，而是假设——是假设一个危机来临，华为将如何应对，而不是制造一种恐慌危机。

这种忧患意识的假设，让华为狼性十足，做任何事情，都以客户为中心来考虑，全力以赴，甚至不顾个人安危——生怕做不好让客户产生不满情绪。当利比亚发生战争，华为员工没有撤退，当地员工自己分成两派，一派支持政府，留在黎波里；一派反政府，去了班加西，各自维护各自地区的网络。中间交火地区的网络，则由华为中国籍员工维护。维护网络安全稳定，是华为当时当地最大的社会责任。日本3·11地震海啸发生时，福岛核泄漏，华为员工背起包，与难民反方向行动，走向海啸现场、核辐射现场、地震现场，去抢修通讯设备。智利发生九级地震时，有三个华为员工困在中心区域，当恢复通信后，接电话的基层主管傻傻的，说地震中心有一个微波坏了，要去抢修。这三个员工傻呼呼地背起包，赶往九级地震中心区抢修微波，履行自己的责任。这些行动，对客户而言，华为已经做了全世界最好的广告。他们的动力，在于假设不这样做，有多少人得不到及时抢救，这样会失去客户信任。所以，在目前这种信息安全被炒得一片火光中，客户还是信任华为，华为现在还在增长。

做到这样把客户利益看到比自己生命还重要，是需要思想信仰来支撑的。这正是华为持续发展的源头活水。有句广告语说得经典：思想有多远，我们就能走多远。这句话无形中为华为持续高成长做了最好注脚。

现在的华为，对于中国企业界来说，不仅仅是输出优质产品，行业标准，先进的管理制度，不仅仅是世界五百强和世界第一，更是一个输出思想的企业。任正非的思想，不仅仅作用于华为员工，更超出了华为，在中国大地上产生广泛深刻的影响，也启迪企业家们在繁忙的经营之余，静下心来，做些深层次思考。从这个意义上来讲，我们看到，任正非已经从原来的企业经营管理者上升到哲学文化上的思想领袖了。思想对社会产生的价值更大，意义更为深远，而且思想具有金刚不坏之体，可以纵横千里，流传百世，不受时空局限。

或许受任正非启发，中国企业界近年来思想家辈出，呈现百花齐放，百家争鸣之景。柳传志、张瑞敏、董明珠、马云不时有创新之语，让企业界掩卷沉思。但任正非认为，这还远远不够，只有企业界的思想家多了，才能找到更多做大、做强的办法，为中国企业找到更多发展腾飞之路，形成万紫千红春满园的局面。如果只有华为一枝独秀，只有任正非一家之言，企业发展就缺乏了可借鉴的多样化的他山之石。

（2014 年 6 月 20 日）

2017 年 8 月，在爱立信工作 28 年的卫翰思卸任总裁、CEO 和董事会成员。这是爱立信在与华为争斗中连续第四任因业绩不佳黯然下台的 CEO，意味着爱立信被华为超越后一直想寻找任正非对手的战略再次以失败告终

至少四任爱立信 CEO 连续败给任正非

最近一条重磅消息刷爆通信圈：在爱立信服务了 28 年，做了 7 年爱立信 CEO 的卫斯翰因为业绩不佳，黯然下台。

虽然爱立信董事长雷夫·约翰森给其评价颇高，称“卫斯翰带领爱立信经历了重要的转型，与全球主要客户建立了牢固关系，以强大的领导力和充沛精力激励着爱立信全体员工和管理层”，但地球人都明白，这是给卫斯翰找个台阶下，这评价遮掩不了对卫斯翰的失望和不满。

尽管在华为战略版图上，爱立信早就不再是其对手，但卫斯翰下台，从客观上看，确实是华为一手促成：因为爱立信无论是在技术上被超越，还是在市场上被攻城拔寨，始作俑者都是华为。

爱立信的 CEO 很容易做，那就是只要战胜华为，无论是谁，都可以在 CEO 宝座上稳如磐石；爱立信的 CEO 很难做，因为要追赶上华为，现在几乎成为一种不可能完成的任务，从 2013 年华为完成对爱立信的超越开始，两者差距越拉越大，追赶起来的难度也越来越大，所以在爱立信 CEO 这个

职位上要长久呆下去，确实不现实。

但要爱立信彻底认输，在心理上这道坎恐怕是过不去的。所有，只有寄希望于更换 CEO 来尝试渺茫的可能。

卫斯翰下台与华为直接相关

卫斯翰黯然下台不是被华为任正非赶下台的第一个爱立信总裁，肯定也不是最后一个。算上卫斯翰在内，这是华为创始人任正非干掉的至少第四任爱立信 CEO 了。

在最新财富 500 强排名中，华为比 2015 年飙升了近百位，而爱立信则跌落到 300 位之外。从今年年初至今，爱立信股价持续下跌超过 30%，在业绩报告公布当天更暴跌超过 5%。

看起来似乎爱立信的跌落与华为没关系。实际上，企业之间的竞争都是此消彼长。虽然华为早就不把爱立信放在心上，但华为市场份额不断扩大，势必导致爱立信市场份额不断萎缩。这是导致卫斯翰下台的直接原因。

“后生”华为强势崛起

华为于 1987 年在深圳创办，以销售代理用户交换机起家，1989 年自主开发用户交换机。1995 年华为销售额达 15 亿人民币，主要来自中国农村市场。1998 年业务拓展到中国主要城市。1998 年华为开始把触角伸向世界核心市场的欧美。2001 年与俄罗斯成功签署上千万美元 GSM 设备供应合同。2003 年在独联体国家销售额超过三亿美元。2005 年英国电信宣布华为为其八家 21 世纪网络供应商名单之一。至此华为全球局面逐一打开，产品销售在德国、法国、英国、葡萄牙、荷兰、美国、加拿大等 14 个发达国家遍地开花。

到2006年，华为已经从一匹中国土狼成长为全球雄狮，在全球移动软交换市场出货量居全球第一。2008年被《商业评论》评为全球十大最有影响力的公司之一，在移动设备市场份额达到全球第三，移动宽带产品全球第一，实现合同销售额302亿美元，实际销售收入215亿美元。2010年华为首次跻身于世界五百强名单，成功超越诺基亚西门子和阿尔卡特朗讯，成为全球仅次于爱立信的第二大通信设备制造商。超越爱立信被正式提上日程。2013年华为成功超越爱立信，站上世界之巅。也从这一年起，爱立信就被华为踩在脚下，没有再翻身过。之后两者距离渐行渐远。到现在，爱立信体量只有华为的三分之一左右，利润体量的差距更大。

从华为的成长轨迹我们不难看出，华为深得中国文化谪传，最初用的是庖丁解牛的套路，"以无厚入有间"为手段，最终达到"游刃有余"的境界。

华为开始做的是被爱立信这种跨国企业忽略或者瞧不上的农村生意，走的是以"农村包围城市，最后夺取城市"的武装道路。在中国如此，在海外市场上也是如此。最初进军海外，华为也是以当时的俄罗斯和独联体为主要目标市场，进行深耕细作——这正是由于意识形态问题，被爱立信等跨国企业所轻视的市场。

做这些市场，华为很接地气，华为走的是性价比路线。这对于爱立信、诺基亚西门子、阿尔卡特朗讯这些通信设备的贵族企业来说，是没办法做到的。深度研究华为，我们不难看到，越是跨国企业躲开的地方，越能看到华为人的踪迹和忙碌的背影。无论是自然大灾难的地震、海啸，还是人为的战火纷飞，华为人都是第一个到达现场，也能坚守到最后。这让华为所到之处，备受好感和欢迎。在华为运营上，也是采用农村包围城市的道路。当销售业务上来后，华为便开始大手笔投入研发。现在华为的研发能力也站上了世界之巅，连续多年专利申请和授予都是世界第一。

至少四任爱立信 CEO 连续连续败给任正非

爱立信成立于 1876 年的瑞典首都斯德哥尔摩，做电话机起家，现在提供端到端的全面通信解决方案和服务，目前在全球拥有员工 11 万多人，是一家不折不扣的“百年老店”。在华为之前，没有哪家企业能够撼动过它的科技领先和销售领导地位——如果不是华为，它目前还是世界第一。就是这样一家牛逼哄哄的企业，最后却败在了“年轻后生”的中国企业华为手下。任正非成为爱立信美梦的终结者，爱立信总裁们噩梦的开始者——把华为总裁任正非比做爱立信总裁们的“屠夫”一点也不为过。在华为咄咄逼人的进攻下，1999 年 7 月，爱立信首席执行官 Sven - Christer Nilsson 被解雇，这是被任正非干掉的第一个爱立信总裁。其继任者为柯德川，但柯德川的好日子并没延续多久，他马上成为被任正非干掉的第二个爱立信 CEO。柯德川的继任者是思文凯。思文凯于 2003 年上任，2009 年下台。在思文凯上台的这段时间，是华为快马加鞭发展的时期，华为成长为让爱立信胆寒心惊的竞争对手，对于华为的进攻，爱立信渐渐丧失招架之功。思文凯是任正非干掉的第三任爱立信 CEO。思文凯现为英国石油公司（BP）和英国电信公司沃达丰的董事长。这两家企业都很厉害，前者在石油领域是世界上数一数二的，后者是英国最大电信运营商。能够做上这两家企业的双料董事长，足见思文凯之厉害。看来，思文凯被赶下台，并非思文凯不行，而是任正非实在太厉害——在职业生涯上，思文凯不得不绕开与华为正面竞争，躲着任正非。

接下来被任正非干掉的爱立信 CEO，大家都知道了，文章开头提到的卫斯翰——在卫斯翰主政期间，华为完成了对爱立信的全面超越。现在爱立信正在全球选角，在新 CEO 诞生之前，由爱立信执行副总裁兼首席财务官詹·弗莱克哈默暂行代理 CEO 一职。如果爱立信选出其他合适的 CEO 来，他注定只是一朵昙花。

在通信设备领域，既然华为是世界第一了，那是不是可以放爱立信一马？答案是否定的。任正非是军人出身。在他那个年代，军人都是用毛泽东思想武装起来的。从任正非的经营哲学来看，他对毛泽东思想的领悟和应用十分精准到位。想必毛泽东的词“宜将剩勇追穷寇，不可沽名学霸王”的精神，任正非是深有体会的——毛泽东崇尚革命要彻底。所以，华为对爱立信在全球市场份额的蚕食鲸吞还没有画上休止符——除非爱立信倒闭或者全部转行，当然这种假设在短期内是不存在的。所以，无论是谁来继任爱立信 CEO，其噩梦仍要继续下去。

（2016 年 8 月 24 日）

作为跨国企业掌门，最难受的就是面对华为的直接竞争。这家狼性十足的企业，在全球范围内所向披靡。与华为竞争，意味着总有一天要面对被超越。竞友企业的 CEO 因此下台的潜在危机陡然飙升

任正非还要“打败”多少跨国企业 CEO

现在跨国企业对华为充满恐惧，只要与华为在业务上出现交集，那华为肯定就是它的噩梦。

所以，在跨国企业高层圈，这样的一种共识正在弥漫：与华为业务上没有交集是值得庆幸的；成为华为的竞争对手则是不幸的。

这种体会不只是华为早期的竞争对手诺基亚西门子有过，阿尔卡特朗讯有过，爱立信有过，随着华为三大业务板块的确立和崛起，现在的苹果、思科、三星都有了切肤体会。

经过前两年调整，华为目前业务有三大板块，即运营商网络、企业解决方案和消费者终端。

在内部讲话上，任正非把华为目标定位为“真正的领导世界潮流的企业”。曾经军人出身的任正非，意志力坚定，说话做事不达目的绝不罢休。这正是他让竞争对手敬畏的地方。既然分出了明确的三大业务单元，那就意味着在这三大业务板块上，华为的最终目标都是世界第一。

任正非现在七十多岁了，以他的性格，肯定要在退休前实现目标。这

就意味着，华为要在这三大业务板块上做到老大就是这三五年的事了。

在运营商网络上，华为已经做到世界第一了。2013 年，华为整体营收 395 亿美元，实现净利润为 34.7 亿美元；爱立信营收 353 亿美元，净利润 19 亿美元，华为实现了对爱立信的全面超越。其后两者差距越拉越大，今年上半年，爱立信完成营收 1063 亿瑞典克朗，约合人民币 819 亿元；华为实现销售收入 2455 亿元人民币，超出爱立信三倍——在前辈爱立信面前，“后生”华为已经是高不可攀的巨人；在“后生”华为面前，爱立信已经是侏儒，已经不在平视的视线范围内，需要俯身才看得见。

思科钱伯斯可得当心了

在企业解决方案业务上，华为锁定的目标是思科。思科 1984 年成立于美国加利福尼亚州，经过 30 多年发展，已经成为全球领先的网络解决方案供应商。思科的发展钱伯斯功不可没，他于 1991 年加盟，1996 年做上思科 CEO。在钱伯斯带领下，思科坐上了全球网络交换机头把交椅的宝座。这块业务在华为版图中，目前体量最小，但发展势头最猛，虽然中国经济发展在降速，但华为企业业务一直是“火车头”的位置。

2015 年，华为企业业务实现销售收入 276.09 亿元人民币，增速为 43.8%，在全球渠道伙伴数量超过 8000 家，解决方案伙伴超过 350 家，所提供的创新、差异化和领先的产品与解决方案，获得客户高度认可，在公共安全、金融、电力、交通、教育、媒资等市场被应用广泛。据华为透露，这一块的目标是在 2019 年做到 100 亿美元——这些市场都要从思科手里去抢。

华为企业业务的发展对思科造成的冲击显而易见，从根基上动摇到了钱伯斯在思科的地位。2015 年 5 月，思科通过明升暗降形式表达了对钱伯斯的不满，宣布从7月26日起钱伯斯不再担任CEO，改任执行主席，由负责全球运营业务的高级副总裁查克罗宾斯出任CEO。

随着华为企业业务不断攻城拔寨，思科阵地不断失守，钱伯斯及后继者面临的压力越来越大。虽然华为企业业务全面战胜思科还有一段路要走，但思科高层已经感到了压力正扑面而来。钱伯斯是否会被任正非彻底赶下台，还有待时机来检验。但可以肯定的是，目前钱伯斯在思科日子确实不好过。

三星不够格，库克暂时无风险

消费者业务目前亦是华为高歌猛进的一块。这块业务以手机为主，以平板、笔记本为辅。在手机业务上，目前华为是全球第三。前面分别是市场份额第一的三星和第二的苹果。既然是全球第三了，离第二和第一也就触手可及了。

无论是三星，还是苹果，目前在手机上都处于疲软状态，而华为风头正劲，华为消费者业务掌门人余承东也是信心满满——华为加速度要比三星和苹果都快得多。超越三星和苹果恐怕也就是近三五年的事了。

目前以P9、Mate8、荣耀V8、MateBook为代表的华为旗舰产品备受全球消费者的认可和喜爱，在近30个国家成为最受消费者喜爱的终端品牌之一。华为首款二合一笔记本产品MateBook已登陆全球数十个国家。余承东最近信誓旦旦地表示："我们对华为终端增长的全年预判在25%左右，问题不大，也就是出货1.3亿部智能手机。"

在消费者终端业务上，华为把目标锁定为苹果，三星不是其目标。原因很简单：在任正非眼里，三星档次不够，不值得重视，只有注重创新的苹果才是华为真正的对手。但实际上，华为要成为世界第一，确实不仅要超越苹果，还要超越三星，毕竟目前在全球市场份额上，第二是苹果，第一是三星。

数据显示，目前三星、苹果的市场份额分别为24%和17.9%，华为为11.4%。2015年华为这个数字为9.9%。可见华为与苹果、三星的差距在急剧缩小。在中国市场上，华为已经全面胜出，以18.6%的份额位居第一，而苹果掉到第五，三星掉到八名左右。

在乔布斯带领下，苹果达到辉煌顶峰。乔布斯去世后，库克继任，延续了两三年好日子，现在也在走下坡路。最近，苹果公司发布2016财年第三财季财报，称苹果营收和利润双双下滑，营收为423.58亿美元，低于去年同期的496.05亿美元；净利润为77.96亿美元，比2015年同期的106.77亿美元下滑27%。这是苹果连续二个季度业绩表现糟糕，是十三年来最差；与之相反，华为上半年实现销售收入2455亿元人民币（约合367.64亿美元），同比增长40%，其中华为消费者业务实现销售收入774亿元人民币，同比增长41%，智能手机发货量6056万部，同比增长25%。苹果持续“坠落”源于手机销售收入同比下降23%，在大中华同比下降33%。这种此消彼长十分鲜明。或许目前库克暂时没有危险，但如果华为手机保持目前这种速度前进，其“三年做到全球第二，用四五年做到全球第一”的目标就可以稳步实现。当华为做到全球第二，干掉的或许就是苹果。到时候，库克还会像现在这样在苹果CEO的位置上稳如泰山吗？

三星是一个家族企业，由于产品缺乏创新和差异化，在华为眼里不够档次。但华为要成为世界第一，三星是一道绕不过去的坎儿。或许在华为看来，战胜三星要比战胜苹果容易。这几年三星确实在走下坡路。2016年稍微看到了回暖的希望。最近，三星发布二季度财报称，实现营业收入50.9万亿韩元（约合3千亿元人民币）（1韩元约合人民币0.0059元），同比增长4.9%，高于第一季度的49.8万亿韩元（约合2938.2亿元人民币）；净利润5.9万亿韩元，高于去年同期的5.8万亿韩元（约合342.2亿元人民币）和今年一季度的5.3万亿韩元（约合312.7亿元人民币）。这种增长在华为的高速增长面前，可以忽略不计。三星是否彻底止跌回升，目前还不能给出肯定答案。更让三星头疼的，是华为发布的Mate8、P9等产品定位为500~600美元，且销售十分火爆，这预示着华为在高端市场与三星和苹果已经在同场竞技了。

当然，由于是家族企业，即使华为超越三星了，李健熙或许不用负责任，其子李在镕也不用负责任。但这责任总得有人来承担，那么在负责三星移动通信总裁的高东真呢，会不会成为又一个被任正非赶下台的跨国企业高管？

这在三星是有先例的，由于业绩不理想，2015年负责三星移动业务总裁申宗均被撤换——他也是任正非打败的跨国企业高管之一。

（2016年8月5日）

2015年8月，马云和张近东一拍即合，达成全面战略合作：阿里巴巴以约283亿人民币战略投资苏宁云商，成其第二大股东；苏宁以140亿人民币认购不超过2780万股阿里巴巴新发行股票，双方在销售、物流、售后、支付等业务环节全面打通，互用互惠。这次联姻，意味着一种新互联网零售形态的诞生，一个新电商时代的到来

马云、张近东联手遏制刘强东

激烈的双11购物狂欢已经过去，但互联网的空气里依然硝烟弥漫。马云、张近东、刘强东三个大男人把电商江湖搅得腥风血雨、暗流汹涌。与以往三人各自为战不同，这一次有了显著新状况：马云和张近东出人意料地携手并肩，合纵连横，共同抵抗京东商城和刘强东。

强者斗狠，弱者遭殃。三个男人的双11大战，让其他电商被无辜忽略或淹没。硝烟散后，盘点战利品，天猫和淘宝以917亿元销售额的成绩毫无争议地成为最大赢家，苏宁易购以同比暴涨358%的成绩夺得增幅冠军；被马云和张近东联手整治的刘强东似乎也没一败涂地，虽然业绩比起有奋而来的天猫、淘宝和苏宁易购略有逊色，但从11月1日到11日，交易额亦同比增长140%，翻了一倍多。

从2015年双11的声势和市场份额来看，电商集中度越来越高，正在演绎成马云，张近东和刘强东的三足鼎立的三强江湖，其他势力电商声势

逐渐势微。

两个男人化干戈为玉帛

马云和张近东，一个在浙江杭州，一个在江苏南京，以地域为纽带，两人具有天然亲近感。这或许是他们从拔刀相向，到化干戈为玉帛的地利所在。

马云和张近东，一个是电商大潮引领者，对传统商业生态造成极大破坏，严重威胁到苏宁生存；一个是传统零售巨头，心急火燎向电商转型，是名副其实的竞争对手，甚至张近东在内部对阿里巴巴下了封杀令，不准员工买卖其股票。而在向电商转型过程中，苏宁易购比起阿里巴巴来，已经落后了十万八千里，张近东的失落心理可想而知。

从浴血奋战到鸣金收兵，携手并肩，成为相亲相爱的一家人，马云和张近东的决策，凿实让业界大跌眼镜。但事情已经发生。让他们走到一起，是因为有一个共同的强敌要对付，那就是刘强东领导的京东商城。

目前阿里巴巴在电商行业所占市场份额超过 60%，占据绝对优势；苏宁易购 3.2%。而位居第二的京东市场份额为 18.6%。由此可以看出，京东商城对阿里巴巴冲击最大，让马云如坐针毡；而苏宁易购对阿里巴巴构不成威胁，但赶超京东商城却存在可能，现在老大拉老三一把，让其坐上第二把交椅或许是分分钟的事。

一切都冲着刘强东而来，一切都冲着京东商城而来。2015 年 8 月，就在刘强东和奶茶妹妹领证不久，马云和张近东一拍即合，达成了全面战略合作：阿里巴巴以约 283 亿人民币战略投资苏宁云商，成其第二大股东；苏宁以 140 亿人民币认购不超过 2780 万股阿里巴巴新发行股票，双方在销售、物流、售后、支付等业务环节全面打通，互用互惠。这次联姻，意味着一种新互联网零售形态的诞生，一个新电商时代的到来。马云十分形象地概括了牵手张近东的理由：不是因为竞争，而是面向未来。这未来的意义或许只有一个：那就是做掉京东商城。

阿里和苏宁牵手，在业界冲击不亚于一次强震。一个是线上最大，一个是线下最大，如果没有京东商城，他们之间，或许是一种你死我活，新陈代谢的关系，纵然不撕破脸皮，也是面和心不和；但刘强东和京东的强势，让他们化解心结，放弃竞争，携手共同应对。

张近东创立的苏宁是传统零售巨头，在3C领域深耕多年，在供应链、物流配送、售后服务方面具备不可比拟的资源和得天独厚的优势。而马云带领的阿里巴巴对互联网商业生态的理解和运用，无人能出其右。双方资源整合共享，将传统线下零售和先进理念的线上电商销售形成有机融合，其交易便利性以及形成的垄断效应对将来零售生态发展趋势将产生前所未有的深远影响。

苏宁在全国有1600多家线下门店，5000多个售后网点，以及下沉到四五线城市的服务站；苏宁物流拥有4.5万平米仓储面积，8个全国航空枢纽，49个区域物流中心；据苏宁透露，将来苏宁物流将与菜鸟网络合作，物流几乎覆盖全国所有2800个区县。与阿里巴巴资源无缝对接后，苏宁门店向阿里巴巴卖家开放，物流和服务为阿里巴巴商家服务；而苏宁线上线下可使用支付宝。设想一下，如果将来阿里和苏宁，你中有我，我中有你，那将是一种怎样恐怖的商业力量？想要对手不胆寒恐怕都难。

当然，京东也不会任人宰割，目前与永辉超市连锁携手，希望在销售、物流和用户体验环境上提升自己。但这合作比起阿里和苏宁来，太相形见绌，不值一提了。从有关数据看，京东商城目前能够覆盖乡村市场的“京东帮”达1200家，京东县级服务中心700家，京东乡村推广员起过12万人。

战线或全面拉开

在与马云携手之前，或许苏宁易购向京东商城叫板，略显底气不足，挑战难免有“傍大款”之嫌。

但现在有了马云站台撑腰，一切就不一样了。苏宁 COO 侯恩龙在双 11 前夕磨刀豁豁，叫板刘强东，显得中气十足，杀气腾腾。10 月 18 日，侯恩龙发出一条言简意赅的微博“平京战役”，吹响了向京东开战的集结号。随后，苏宁易购称要“天天低价”，与京东商城“款款比价”，平京战役第一阶段要打三年，并且通过媒体向消费者承诺，只要苏宁易购的商品价格超过京东三次，相关负责人就要卷铺盖走人，誓言将价格战进行到底。为提升火力，苏宁计划豪掷 20 亿红包。

价格战是京东商城赖以崛起和成名的利器。但同时也是一把双刃剑，价格战让其饱尝苦头，长期陷于亏损泥淖难以自拔。据京东前不久公布的第三季财报，第三季度净营收 441 亿元，净亏损 5.308 亿元——价格战让京东卖多亏多，苦不堪言。所以，刘强东在反省价格战给京东商城带来的负面影响，并计划有所收敛。10 月 15 日刘强东在中国电子商务发展峰会上称目前京东已将价格策略降到第三位，将不再进行价格战。但平京战役，苏宁易购发起的价格战，是以其人之道还治其人之身，让京东对价格战欲罢不能，不得不被动应战。

炒作是刘强东让京东保持热度的拿手好戏。现在这种吸引眼球的营销模式也被苏宁易购借鉴并发扬光大。10 月 28 日侯恩龙在北京约媒体见面，不顾颜面，以刘强东为对象，进行猛烈炮轰，历数刘强东罪过——“东哥天天吹牛”“我觉得他像娱乐圈人”“作为企业家社会担当太差”“京东筹资现金流枯竭”“与奶茶妹妹恋爱结婚背后炒作京东”“对京东管理控制力减弱”，甚至发誓称要清理门户，全面开战，“要一定干到什么时候风口上的猪摔死为止”。炮火之猛烈，创造了中国电商嘴仗历史。

苏宁易购一边嘴上说，一边手上也没闲着。在向京东商城发出战斗檄文前后，苏宁开始了紧锣密鼓的布局。10 月 21 日，134 家供应商高层云集苏宁总部为其发动平京战役背书。美的表示全面参战，与苏宁达成排他性协议，签约相关大单，承诺供给苏宁货源超过其他任何一家线上 B2C 电商，70% 以上新品首选苏宁 O2O 渠道。10 月 26 日，LG 集团副会长兼 CEO 具本俊专程拜访张近东，追加 30% 货源。11 月 2 日华硕集团副董事长兼全球总裁曾锵声秘访苏宁总部，并将数十人的线上项目部搬到苏宁总部办公。

针对电商由来已久的物流配送短板，苏宁易购重下杀手。承诺在全国 195 个城市实现免费 2 小时急速达服务。在北京试点送装一体服务，双 11 将彩电免费送装一体推广到 12 个城市。快递服务理赔做出“出现送货延迟，送货不上楼，送货不开箱验机”等情况均理赔的三大承诺。

在双 11 前夕，战事达到最高潮。就连奶茶妹妹章泽天都被激烈战事感染，身怀六甲不忘给京东商城做广告，在朋友圈写道：“是的，我怀孕了，而且小家伙在婚礼仪式前就迫不及待地跑来了，给了我俩大大的惊喜。从决定在一起的那一刻起，我们心里就认定了彼此，至于孩子嘛，早晚的事儿。经济搞上去，人口跟上来！据说 11 月 3 号京东母婴满 499 减 250，俺决定多囤点等待小宝贝降生。”

奶茶妹妹参战，让张近东找到了鄙视刘强东的把柄。11 月 5 日，苏宁隔空喊话，刊登多条宣传海报，直接炮轰京东“TO：某东，老板若是真的强，头条何须老板娘。”让战事火药味更浓。把双方战事推向高潮的，是双 11 当日娱乐和营销的深度融合。阿里巴巴联合冯小刚和湖南卫视，推出

“双11春晚”，刘强东不甘示弱，联合央视三套，推出“京喜夜晚会”。但据第三方收视率监测公司酷云公布数据，阿里“双11春晚”市占率为28.3866%，京东“京喜夜晚会”为2.5887%，两者相差十倍之多。而苏宁易购则把邓超请到苏宁总部呐喊助阵，与消费者共度购物狂欢节。

工商局被作局沦为“帮凶”？

阿里巴巴与工商系关系紧张众所周知。双方进行过多次耐人寻味的交锋，彼此都被弄得灰头土脸。虽然最近双方关系有所缓和，但观察人士认为，这种“和”是障于颜面，是面和心不和，梁子是宜结不宜解。

2015年1月23日，国家工商总局发布《2014年下半年网络交易商品定向监测结果》，其中称淘宝正品率为37.25%，引起阿里系极度不满。1月27日淘宝小二发出公开信，称工商总局刘红亮司长，“您违规了，别吹黑哨”。同日，工商总局召开新闻发布会，介绍2014年红盾网剑专项行动，通报了十起典型案例，其中淘宝独占其四。1月28日工商总局披露2014年《关于对阿里巴巴集团进行行政指导工作情况的白皮书》，指出阿里集团存在主体准入把关不严，对产品信息审查不力，销售行为管理混乱，信用评价存有缺陷，内部工作人员管控不严等五大突出问题。1月28日淘宝官微称刘红亮司长“程序失当，情绪执法”，向国家工商总局正式投诉。同日，马云出面称假货不是淘宝造成。

与此形成鲜明对照，则是京东商城与工商局关系密切，甚至鱼水情深。前段时间，知名打假人王海微博爆料：京东商城职员冒充工商局公务员在工商局办公处理消费者举报投诉，并举报有相关领导在京东商城免费购物约7万元。王海指控得到了北京市工商局经济开发区分局副局长林树涛的认可，称京东确有三位工作人员进入分局工作场所，但他们是联络员，负责配合分局解决消费者投诉，负责该企业与分局的联络工作。由此可见，京东商城与工商系关系非同一般。

这种与监管部门的微妙关系，在双 11 商战中被双方充分利用。在双 11 前夕，京东向工商局实名举报阿里胁迫商家二选一，指责阿里店大欺客，扰乱市场秩序。京东公布证据，称国家工商总局已受理其举报。而天猫对京东商城的举报，做出了颇有意味的回应和解读"鸡举报了鸭，说鸭垄断了湖面"。

把工商局扯进来，阿里和京东或许是落花有意，而工商局或许是流水无情。但聪明的企业巧妙高明地利用这种微妙关系，把作为监管部门的工商系卷入企业商业之争却是不争的事实。

（2015 年 11 月 26 日）

2015 年，姚振华领导的宝能系不断增持业绩优良，股权分散的万科，持股比例超越华润，成为万科第一大股东，做起了叩门的“野蛮人”。王石放弃海外游学生活，风尘仆仆地赶回来狙击，准备与宝能系决一死战

王石与大股东撕脸：怕被扫地出门？

宝能系（钜盛世华及一致行动人前海人寿）与以王石、郁亮为代表的万科管理层之争，已经在轰轰烈烈地粉墨登场了，最终将走向何处还是一个未知数。但战事越激烈，就越暴露和折射人性的弱点。

在这次争斗中，“野蛮人”姚振华似乎没啥可被损毁的，因为一直很神秘，在公众心目中形象没有固化，这次强势入主万科，才让其逐渐浮出水面的；倒是“中国企业家标杆”的王石，极有可能“晚节不保”，让自己的光辉形象或因此一役而毁于一旦。

宝能系不断增持万科股票，现在拥有万科股票已占 22.45%，已经超越了华润，成为万科第一大股东。这本来就是资本市场的游戏，遵从的是资本市场的游戏规则。既然万科是上市企业，宝能系所作所为，就无可厚非。摩根大通分析师认为，目前并没有宝能系操作违法的证据，其所有资本行动，都是按照资本市场游戏规则进行。中国证监会也表示，只要合法合规就不干涉。

但宝能系成为万科第一大股东深深地刺痛了万科现任董事局主席，创

始人王石——从某种程度上看，万科品牌与王石有一定的重叠性。他放弃了游哉悠哉的海外游学，风尘仆仆地赶回来，气急败坏地称，宝能系信用不够，没有资格做万科第一大股东，没有能力管理万科，并表示万科要与宝能系决一死战。在王石授意下，本来涨势喜人的万科突然停牌了，这让众多中小股东措手不及。

王石言行被网友认为是气急败坏，有失风度，与其原来的洒脱大度、拿得起、放得下，完全判若两人。

既然万科是上市企业，那么宝能系有没有资格做万科的第一大股东，并不是由王石说了算，而是由资本说了算。对宝能系的偏见，已经让王石冲昏了头脑，罔顾起码的事实和原则。早在 8 月份，当宝能系增持万科股份 10% 时，王石曾经与姚振华有过一次四小时长谈，他告诉姚振华，万科不欢迎他。地球人都明白，只要是上市企业，万科欢迎不欢迎宝能，不是由王石说了算，而是看资本。随着宝能系一跃成为万科第一大股东，王石对宝能系及其掌门人姚振华的攻击变得一点遮羞布都没有了，他称宝能信用不够，能力不够，动作激进，不守规则，不会像华润一样给予万科各种支持。

虽然贵为创始人，但王石在万科的股份微乎其微，在与宝能系争斗中，作用可以忽略不计。在万科中的地位，王石充其量只能算是一个曾经的创始人和现在的管理层代表。作为管理层之一，如果真心为股东利益着想，为公司稳定发展着想，当宝能系成为万科第一大股东时，王石要做的，不应是率众对抗，而应主动去跟第一大股东沟通，寻求支持，增进彼此的信任和理解。这才是保证公司稳定发展，保障股东利益，特别是广泛中小股东利益的有效之举。

对中小股东来讲，在宝能系入主之前，万科股票死寂沉沉，一点生机和动力都没有；而宝能系至少在资本运作上风生水起，让中小股东获利颇丰，甚至包括万科管理层，也因此受益匪浅，截至万科股票停牌前市值涨了70多亿。现在在王石授意下，万科股票突然停牌，广大中小股民心里十分忐忑不安，不知将来复牌后是福是祸。

但就目前业内揣测，万科停牌，管理层是在为推出“毒丸计划”做准备。所谓“毒丸计划”即股权摊薄反收购措施，目标公司向普通股东发行优先股。当公司被恶意收购时，股东持有的优先股就可以转换为一定数额的收购方股票，其他股东都有机会以低价买进新股，从而大大稀释收购方的股权，继而使收购变得代价高昂，达到抵制收购的目的。这种做法，客观上也会把股价拉低，让广大中小股东利益受损。如此以来，王石宣称的保障中小股东利益就成为一句空话。这也折射出，王石所作所为的初衷也只是了保护以王石为代表的管理层的自身利益。

事实上，对万科的管理，王石早就金盆洗手，退居二线了。2011 年王石从万科隐退，赴美留学；2012 年 10 月，媒体传出王石与结发妻子王江穗离婚，与比其小 30 的绯闻女友田朴珺开始出双入对、双栖双飞，登山、滑雪、帆船、赛艇、摄影、游学等，老夫少妻，过着神仙一样生活，羡煞同一年代的其他企业家，但也同时被认为其所作所为是“不务正业”。

宝能系成为万科第一大股东，王石为何气急败坏，比任何人都要激动，要急急忙忙赶回来，向宝能扛起宣战的旗帜？

因为王石现在虽然没有参与万科的具体日常管理，但仍然在万科身兼要职，占据着董事局主席之位，在万科领着一年一千多万年薪。而这薪酬足够王石过上花花公子的生活，吃香喝辣。而一旦宝能系控制了万科，势必对其管理层做出新调整。据称，宝能系对万科控制权志在必得，已经在物色人才，寻找代理人，准备进入万科。如果传闻属实，那么王石极有可能就被扫地出门，其董事局主席之位，一年上千万年薪，可能都要灰飞烟灭了——毕竟宝能系想要控制万科，董事局主席之位肯定是不会任其旁落的；毕竟宝能是民营企业，可能不会听任王石一边拿着上千万年薪，一边做着甩手掌柜——这种行为也只有在华润系是万科第一大股东时能够容忍，换作其他任何一方做万科第一大股东，都不可能容忍和听任这种情况的发生和存在。

（2015 年 12 月 29 日）

2015年随着宝能系成为万科最大股东，王石阻击“野蛮人”入侵的行动也伤害了华润利益。华润当家人傅育宁与姚振华开始了心照不宣，高度默契地“排王反阻击”行动，华润与王石站在同一个战豪里的时代彻底结束了

傅育宁、姚振华默契联手对抗王石

王石做梦都没想到，在他自己亲手创办的企业万科，竟然也会面临如此尴尬的处境：他能否继续留在万科，或许不是他自己可以决定得了的了，他现在是“人在江湖，身不由己”。

这些年来，万科是王石的避风港。无论是他在异国他乡登山也好，游学也好，只要他仍在万科挂着职务，那就可以无忧无虑。这种神仙日子，他当然希望永远继续下去，这也是这位六十多岁的老人，在面临奶酪可能被动的形势下，不得不回国全力以赴，努力争取的动力所在。

万科后王石时代或无限接近

天下没有不散的宴席。万科不可能永远姓王。对万科来说，或许真正的后王石时代已经无限逼近。以野蛮人姚振华叩门声为信号，王石在万科的地位正处在风雨飘摇之中。

宝能系姚振华对万科虎视眈眈。2015年8月26日，宝能系总计花费

240 亿元，成为万科第一大股东。截至目前，宝能系持有万科 24.26% 股份，是万科不折不扣的第一大股东。

这引起了王石的警觉和不满，促使其不得不心急火燎地赶回国内，与姚振华一决高低。王石一回来就公开表达了对姚振华的厌恶，说“万科不欢迎这个野蛮人”。这句话出口意味着王石和姚振华之间已经势如水火，不可调和了。万科将近半年的 A 股停牌，就是两人艰苦斗争的结果——一个努力进来，一个全力拒绝，他们的所作所为都是奔万科掌控权而来。

万科股权过于分散，这是为野蛮人叩门留下了一把钥匙。曾经万科长期以来的第一大股东华润集团，所持股份不过 15.6%，作为万科管理层，在郁亮强行推动合伙人制后，所持万科股份不过 4%，而王石本人在万科所持股份，更是少得可以忽略不计，只有不到 1%。

为对抗宝能系，为自己在宝万之争中增添筹码，王石不得不引进深圳地铁。这使得万科股份结构变得扑朔迷离，也使得万科这场控制权之争，也在发生微妙变化，由原来的宝万之争正在变得越来越复杂，越来越不可控，成为国资、险资、民营资本的多方混战。

彻底得罪华润，华润对万科有了新想法

如果如王石所愿，深圳地铁将成功超越宝能系，成为万科第一大股东——这正是王石引进深圳地铁的目的。

但王石这一举动带来了意想不到的后果。因为如果深圳地铁成为第一大股东，那么宝能系为第二股东，而原来王石的坚定盟友，万科长期以来的第一大股东华润却沦为第三大股东。这也是华润集团无论如何都不能接受的，这也把华润集团彻底得罪了，将其推向了对立面。

可以肯定，华润集团现在不再是王石的盟友。华润集团前掌门宁高宁

是王石的铁杆盟友，对万科管理层甚为信任，基本上不闻不问。2005 年时，宁高宁离开华润加入中粮集团。2014 年 4 月，傅育宁接替宋林，成为华润集团新一任董事长。凭私交就站在一个战壕里的局面已经结束了。

傅育宁与王石没有人际关系的历史包袱。在掌管招商集团时，地产业是其主业之一。傅育宁对地产业务既懂行，又有较强的掌控欲。据上市公司年报，华润旗下的五家上市公司华润啤酒、华润电力、华润置地、华润水泥、华润燃气总现金流之和仅为 703 亿港币，折算成人民币也不到 600 亿元；目前万科在华润集团盘子里，也算是一桩大生意了，万科一年近 3000 亿元业绩，200 亿元利润，数千亿元市值，完全可以为华润集团添光增彩，而且以前华润就有将万科纳入华润置地的计划，但碍于宁高宁与王石的私交，虽有计划，没有实施。现在傅育宁走马上任，又碰上万科多事之秋，把这个宏伟计划提上日程，或许正是时候。从这段时间华润集团的总体表现来看，万科与华润集团的亲密关系基本上已经结束，基于自身利益考虑，华润集团甚至走到了王石的对立面，一直以来采取的对万科集团奉行的“积极不干预”的财务投资人角色和无为而治管理方式寿终正寝。

一旦深圳地铁成功进驻万科，成为第一大股东，那么受到深刻伤害的，就不只是宝能系了，也包括了华润集团。出于自身利益的本能考虑，宝能系和华润集团联手抵抗深圳地铁就成为一种不得已的选项，换句话来说，姚振华和傅育宁联手抵抗王石成为一种可能。

在最近万科临时股东大会结束后不久，现场媒体还没散去，华润集团代表突然提出万科与深圳地铁合作存在程序瑕疵，开始向王石“发难”。在公开发难之前，华润集团派驻万科的三位董事，已向深圳和香港的监管部门反映了引入深圳地铁存在问题。傅育宁对万科引入深圳地铁明确表示了自己的态度，称这么大的事情，万科在最近董事会上只字不提，这不合适。这种表态实际上就是否定了王石打算引进深圳地铁来实现掌控万科控制权的计划。

据《21世纪经济报道》与《财新》称，2016年元宵节刚过，姚振华主动拜访华润集团，与傅育宁进行了一个多小时的密谈。春节前，华润与宝能系在新加坡密谈，华润有意收购宝能系手中的万科股票，但由于价格太低不被后者接受。截至目前，华润和宝能系对此缄口不言，讳莫如深。

这意味着华润集团与万科管理层之间由于利益关系，产生了根本性分歧，傅育宁携手姚振华联手对抗王石的意图和行动已经暴露无遗，王石意愿要想成功实现所面临的阻力越来越大。如果宝能系与华润系联手抵制深圳地铁，由于他们目前分别是万科第一二大股东，双方股权份额之和超过30%，拥有绝对表决权。这让王石引入深圳地铁的努力或许化为泡影。如果引入深圳地铁计划泡汤，就意味着王石未来在万科的处境将岌岌可危，甚至被扫地出门，万科董事会或被改组，管理层迎来巨大震荡。

王石要么谢幕，要么老实上班

王石之于万科，是“成也萧何，败也萧何”。王石创造了万科，并将它做成了中国最优秀的房产企业。虽然王石对经营管理有天赋，但其志趣却在游山玩水里。在2000年之前，王石常在公开场合说不喜欢做商人，也不喜欢做房地产。这种说法让万科管理层不满。郁亮曾经为此找到王石，直截了当地说，董事长你不喜欢就不喜欢，能不能不要再说了，你公开说你不喜欢，怎么能让万科的团队热爱自己的工作呢？王石不得不从此闭嘴，把自己的想法憋在肚里。

现在华润集团的意图已经十分明朗了，想方设想狙击深圳地铁，成为其工作的重中之重。这种狙击存在两种可能：一种是和宝能系合作，一种是购买宝能系股份，自己成为万科控股股东。无论是那种做法，对王石来说，都不是好消息。或许宝万之争的结果，将成为万科与王石割袍断义的分水岭。

王石不可能左右万科，毕竟对万科来说，王石只是一个职业经理人而已。而职业经理人最终是要为股东利益服务。换句话来说，职业经理人的命运掌握在大股东手里。对于宝万之争，无论结果怎样，王石要么被扫地出门，要么更为敬业一点。想要在万科待下去，就得结束以前那种游山玩水的生活方式，老老实实地上班，否则，实在难让大股东对其满意，找人取代是早晚的事。

（2016 年 5 月 12 日）

2004年，柳传志退居二线，把联想交给杨元庆，拉开联想每况愈下序幕。2009年柳传志不得不重出江湖，带领联想二度崛起。2011年柳传志见好就收，再把联想交给杨元庆。从创业到交棒，事实上柳传志给联想日后发展埋下了三颗地雷

柳传志埋下联想未来三“地雷”

柳传志是一个让人肃然起敬的企业家。他白手起家，1984年创办联想；1996年3月，率先发动PC价格战，战胜全部竞争对手，获得中国PC冠军，一直保持至今。2004年收购美国IBM的PC业务，在PC和笔记本领域做到了世界第一。

把企业做到全国数一数二，全球都有名有份，无论从哪个角度，都足以载入中国商业史册了。

但人非圣贤，孰能无过。作为创始人，柳传志的过或许是不经意的，但同样那样明显。

研究其过，并非否定他，而是总结其不足之处，供其继任者避免重蹈覆辙，或向其他企业经营管理者提供借鉴。我国改革开放后崛起的那批企业，目前正处在一个交接班的节点上，如何选出一个合适的接班人，做好权力交接，将企业带进一个新的发展里程，是一个不能回避的课题。

在改革开放后成长起来的第一批企业家中，柳传志堪与任正非、张瑞

敏比肩而立。他们带领企业从弱到强、从小到大。但与任正非、张瑞敏相比，柳传志着实还差了点什么，总有美中不足之感。

任正非和张瑞敏，既是行动的巨人，更是思想的巨人。他们不仅把企业做大做强了，而且留下众多企业管理哲学。其思想除了影响自己的企业，更在影响一个又一个创业者、管理者的思维和行动，发挥着潜移默化、润物无声的影响和作用。在这一点上，柳传志显然要弱些。

据联想发布的截至2016年3月31日的财年报告，联想集团收入为449亿美元，同比减少3%；净亏损1.28亿美元，是7年以来首次亏损。陷入这种亏损窘境，从表面看，是杨元庆能力不足。实际上，冰冻三尺，非一日之寒，柳传志或许也难辞其咎。

笔者认为，柳传志至少给联想埋下了三大“地雷”，影响着联想今天，也给联想未来发展留下隐患。

地雷一：重营销、轻科技的底子

IT是一个以科技创新引领发展的行业，变化之快可以用日新月异来形容。如果没有创新作为支撑，企业没落就是一种必然。IBM、惠普的没落，根源就在这里。苹果的崛起和屹立不倒，也在于此。

作为IT行业的一个举足轻重的企业，联想没能意识到科研创新的重要性。业内都知道，联想是一个轻科技、重营销的企业。

这种弊端的形成有其深刻的历史原因。20万元起家的联想，在1990年左右迎来高速发展期，其对资金渴求强烈，柳传志既要搞好内部管理，又要费尽心思找到更多资金，以满足企业生存。

利润成为当时联想发展的唯一动力。把产品卖出去，把钱收回来，联想才能活下来。所以，营销的重要性，对联想来说不言而喻。

但后来联想家大业大了，也没把这种发展特质扭转过来，为什么？

一是企业发展的惯性使然，重营销、轻科技，已经成为联想的一种氛围和文化。在联想考核业绩，提拔干部，营销岗都是近水楼台先得月。目前联想高管，包括杨元庆在内，营销系统出身的居多。

二是一把手意识。这与柳传志创办联想之前的亲身经历密切相关。1966 年柳传志毕业于西北电讯工程学院。先后供职于国防科工委十院四所和中科院计算技术研究所，从事科学研究工作。照理，这种工作经历应为他后来将科研创新作为联想发展重点提供了可能，但事实恰好相反。在科研上，柳传志是能人，先后得过好几个奖，可是这些奖项都没能转化为生产力。这段经历对柳传志经营联想，起到了强烈的心理暗示作用，让柳传志坚信：科研技术实力再强，不如卖东西管用，特别是联想在做得风生水起之后，他更加坚定了自己的判断。

IT 是世界上技术发展最快的行业之一，兴靠科技创新，衰也是因为科技创新。在这个领域的龙头企业，做不到技术领先，那就是严重“空心化”的企业。苹果是兴的例子，IBM、惠普是衰的例子。

或许联想的拥趸并不想我指责联想，他们想为联想辨护，说联想是一个中国企业，发展历史不长，成绩已经相当不易了。但作为一个中国人，我希望联想更卓越，就像华为一样。华为也是一个中国企业，他们几乎是同一时期发展起来的。任正非与柳传志有着类似经历。但华为把科研创新的基础夯实了，才脱颖而出，具备世界一流竞争力。

科研创新是花钱的活计，得大量投入。华为在科研创新上不惜一掷千金的。这也是华为科研创新成果丰硕的原因。在科研投入上，联想不到华为的十分之一。不是联想没钱。联想先是买 IBM，后是买摩托罗拉，投入都是天文数字。2014 年买摩托罗拉手机部门花了 29 亿美元。买这些企业，联想的一个重要考量，就是他们的技术专利。但联想买这些企业时，他们已在走下坡路，其技术已经落伍，价值和作用已经不大了。买下他们，不能让联想实现技术领先的愿望。

要扭转联想重营销，轻科技之风，或许不能一蹴而就，也不能凭借一己之力。但确实关系到联想生死存亡。

地雷二：产业融合比较牵强

联想是做传统互联网硬件起家，把 PC 和笔记本的销售做到了极致。在传统产业布局上，联想无可挑剔。PC 和笔记本的融合无话可说。这也是联想较为强势的两个业务单元。

但在从传统互联网向移动互联网快速转化过程中，联想是起了个大早，赶了个晚集。其在传统互联网领域的优势并没有延续到移动互联网中来。在苹果 iPhone 面世后，联想触动极大，并于 2011 年推出了乐 Phone，也曾风靡过一阵子，甚至短暂获得过手机领域中国市场份额第一。但后来一泻千里，相继被小米、华为、OPPO、vivo 超越。联想想迎头赶上，并且走了捷径，2014 年花 29 亿美元收购了摩托罗拉。当时笔者曾撰文指出，没落的摩托罗拉已经成为一种负资产。从这两年来看，摩托罗拉确实没有给联想带来任何经营的有利之处。

尽管购买摩托罗拉是杨元庆作出的决定，但笔者可以肯定，这种重大并购，杨元庆是绕不开柳传志的，肯定是得到了柳传志的支持和赞同的。所以，这个责任不应让杨元庆一个人来承担。

现在做企业，都在讲生态，讲产业链。换句话来说，就是产业融合和延伸。联想在互联网领域做得不错，但在移动互联网领域做得如何，大家都有目共睹，不用我来细致描述。从业绩上来看，收购摩托罗拉，对联想手机业务没有丝毫帮助，反而是拖累。截至今年 3 月底，联想的移动业务收入 97.79 亿美元，按年增加 7%；但扣除会计等其他费用，移动业务税前经营亏损 4.69 亿美元。上一财年，移动业务就亏损 3.7 亿美元。如果说当时是由于收购摩托罗拉需要大批资金使然，但经过一年，联想移动业务非但不见起色，税前亏损反而扩大了 26.7%

在向移动互联网转型过程中，联想是一再错失机会。这或许与其传统互联网业务做得过于强大有关，一直沿袭的是用传统互联网思维来做移动互联网。与互联网相比，移动互联网是一个更为系统化、生态化的工程。苹果强，除了产品给用户的体验外，还有应用系统，讲究软硬件的紧密融合。现在做得好一点的，都在不断强化软硬件的相互渗透。乐视和小米是一个典型例子。华为手机端上的应用，也在不断丰富化，差异化。这些是他们迅速崛起的重要原因之一。

联想产业融合这步棋没走好，与柳传志的谋篇布局不无关系。在柳传志时代，他十分注重的或许只有两块：一是 PC，二是笔记本。这两个产品在联想内部的融合上是做得不错的。所以，销售业绩也不错，品牌也不错。也就是说在互联网时代，联想的产业融合做到了相辅相成。柳传志对产业融合的目光，或许就停留在这一块上，没有更进一层，预见性地布局移动互联网时代。即使收购 IBM 笔记本业务，联想也没有做到最好。作为一个笔记本品牌，IBM 在全球市场的影响力不可替代。但很遗憾，联想收购后，这个牌子现在在市场上基本上消失了，联想只拥有其子品牌 think pad。这个品牌比起 IBM 来，地位和作用是不可同日而语的。

其实，联想对移动互联网时代的到来并没惊慌失措，猝不及防。在苹果推出 iPhone 之后，联想推出了乐 phone。但联想在 PC 端和笔记本的长处，并没很好地整合到移动互联网终端，即手机和平板上来——当然，联想在传统硬件上都做不好，在手机应用上要有所作为，那就更难了——联想做手机逃不出过于熟悉的 PC 业务套路的掣肘。

或许看起来，这其中有很多是杨元庆时代的事情。但不可否认，联想产业融合这一步，其实应该提前布局；况且杨元庆背后站着的就是柳传志。

地雷三：接班人不给力

从盈利 64 亿元到亏损 9.92 亿港元，这是怎样的一种跨度？

前面那个数字是柳传志的业绩，后面这个数字是杨元庆的业绩。

不知道面对这样一种业绩对比，柳传志是什么心情，杨元庆是什么心情。

作为一个旁观者，笔者只想问一句：当初柳传志选择杨元庆，是否合适？

在柳传志选择接班人时，并非只有华山一条路：杨元庆、郭为、朱立南、赵令欢，其中他最中意的是杨元庆和郭为，在两者之间他曾举棋不定。

但私人交情成为柳传志作出选择的决定因素。柳传志曾说："杨元庆像我。"据说 20 多年前柳传志给杨元庆写了一封"肉麻情书"。在"情书"里，他这样形容选择接班人的条件：选择接班人就犹如找女朋友，既要选择长得漂亮的，也要选择爱自己的，如果对方漂亮，但不足够爱自己，又有何用？

这封信看似无厘头，却透露出柳传志的真实想法：一、接班人一定要有能力，二、接班人一定要能继承创始人的理念和想法。从中可以看出，忠诚和传承是第一位的，能力是第二位的。杨元庆在这方面结合得最好，理所当然成为柳传志的接班人。

2004 年，柳传志把摊子交给杨元庆，退居二线。但在这段时间，联想经营每况愈下，2009 年柳传志实在看不下去，不得不重出江湖，重振联想雄风。2011 年柳传志再度见好就收，把联想交给杨元庆。

其实，这做法等于对选择杨元庆做出了一个矫正，也表达了自己的不满。但柳传志并没有作出彻底改正——或许他没有勇气对杨元庆作出全盘否定，才让这种错误延续，让联想亏损困局重演。

其实，实力强弱都是“一把手”工程。选择接班人关系到企业的生死存亡。相比于联想困局，郭为掌舵的神州数码控股有限公司业绩表现良好，在 2015 年全年持续经营业务溢利约港币 6.81 亿元，较上财年同期增长 22.37%。朱立南掌舵的联想控股业绩更是出彩，其中天使投资、风险投资和私募股权在内的财务投资期内盈利大增 1.2 倍至 41.27 亿元。

现在联想走下坡路，大家都把矛头指向杨元庆，称其很难胜任联想舵手这个位置。可杨元庆是柳传志钦定的。如果柳传志仍在位，联想不会有今天；如果柳传志交接班时选对人，联想也不会有今天。

2009 年联想亏损，柳传志重出江湖。现在联想又面临那种窘境，柳传志能否再次重出江湖，让人期待。但既然现在柳传志年纪大了，既然交班给了杨元庆，杨元庆就要像一句歌词唱的那样“人总要学着自己长大”，总不能在前辈荫庇下走一辈子。

（2016 年 7 月 29 日）

2014年12月29日，苏宁联手国内其他6大主流空调品牌美的、志高、海尔、海信、奥克斯、长虹，发起声势浩大的“破格行动”，把矛头直指格力，这种“6+1”围剿一个品牌的情况，在中国空调史上十分罕见

董明珠身陷“十面埋伏”

2014年12月29日，苏宁联手国内其他6大主流空调品牌美的、志高、海尔、海信、奥克斯、长虹，发起声势浩大的“破格行动”，把矛头直指格力，为2015年空调江湖奠定格局。

这种“6+1”围剿一个品牌的情况，在中国空调史上十分罕见。

在中国企业界，有人称，谁的朋友最多，或许没有标准答案。谁的敌人比较多？董明珠应该算是一个。

女性掌管企业多强调以柔克刚，整合产业链资源，把企业带上良性发展轨道。但董明珠“棋行天下”，走的却是一条非同寻常的路：四处出击。

被董明珠炮轰的，不仅有格力的竞争对手，还有原本八杆子都打不着的雷军，甚至还有作为格力空调“上帝”的消费者——董明珠称全球70亿人，不买格力产品的都是“脑子有病”。

这种“董氏作派”，对于抢占媒体头条，增强曝光率，提升知名度，确实大有裨益，但硬币的另一面则是容易让企业陷入“十面埋伏”，被群起而攻之，以至疲于应付。

“破格行动”

以前掐架都是在两个竞争对手之间展开。在苏宁还没有跳将出来之前，对格力发动的战争，大家都还只想袖手旁观。美的称“大姐，你玩你的，我做我的，咱们相见不如怀念”，海尔称“阿姨，不约，我们不约”，志高称“女侠，你继续演”。

但苏宁的介入，让其他6大品牌空前团结。

6大品牌的战书十分“高大上”，体现了集体智慧和力量，每个品牌攻击一个格力的要害。这份战书，创造了耐人寻味的“你行我行体”，与董明珠之前点评竞品针锋相对。美的的是：“做梦一统天下，你行！省电一晚一度，我行！”志高的是：“大姐站台，你行！大哥代言，我行！”海尔的是：“侵权盗版，你行！自主专利，我行！”海信的是：“变脸比火气，你行！变频拼冷静，我行！”奥克斯的是：要“高价产品玩假摔，你行！高质省钱真功夫，我行！”长虹的是：“十亿任性赌局，你行！十分军工品质，我行！”

让各大品牌抛弃之前成见，采取集体行动的，无疑是董明珠的“清场论”。董明珠在格力内部的最近一次讲话中，对国内各主流空调厂商逐一做了点评，炮轰美的空调“一晚一度电是虚假宣传”，称海尔伪造国家政府机关媒体、海信科龙已垮、志高没有出息，并表示要以价格战“清场”，要“通过清场，真正把那些烂品牌、假冒伪劣、偷工减料的品牌全部消灭掉”。

格力和苏宁，一个是生产制造商，一个是渠道销售商，应该只有共同利益，应是荣辱与共，利益攸关的关系。出现这种你死我活的竞争格局，出乎大家意料。其实深究起来，双方战争并不意外。

格力是自建销售渠道，有着全国最大的空调销售网络。并且格力与苏宁合作极为不愉快，格力产品甚至退出了苏宁渠道，并且与苏宁死敌国美在2014年3月签订了80亿元的年度销售协议。

这次格力“清场”运动，苏宁靠边站，捞不到一毛钱好处。如此一来，苏宁牵头来应对格力清场运动，全在情理之中。

或许也只有苏宁发动“破格行动”，才能打破格力董明珠“清场”美梦，让苏宁和国内其他主流品牌突破“格力”价格战围剿。

美的与小米：新旧“敌人”

空调领域曾经是格力一家独大，美的只是一个追随者。但现在，两者势均力敌。这个过程，美的用的时间很短。所以，董明珠的炮落在美的身上的格外多。

最近董明珠炮轰美的“一晚一度电是虚假宣传”就是力证。

美的是董明珠格外关注的企业。小米和美的合作，这本来不关格力什么事，但董明珠都不忘攻击道：“两个骗子在一起，是小偷集团。”这让雷军跟着倒霉、郁闷。

小米不是空调生产制造商，本来与格力没有直接竞争关系。小米主打产品是智能手机，第二个主要产品是电视机。但或许在董明珠看来，你帮我的敌人，就是我的敌人。

美的产品覆盖几乎所有白电、小家电、厨房电器产品。而小米的电视机业务正是美的唯独缺少的。双方合作，让业界期待。特别是美的有传统优势，而小米有互联网思维。双方合作，有利于线上线下整合。这种双方牵手后的可怕前景，正是让董明珠坐卧不安的地方。

当然，董明珠与雷军之间，也有宿怨。2013年年底，在中央电视台中国经济年度人物颁奖典礼上，董明珠与雷军有场十亿元“赌约”。节目中，董明珠和雷军在谈到小米营销模式时发生分歧，雷军认为小米模式 5 年内将战胜格力，并表示“如果小米营业额击败格力的话，董总输我一块钱就行”。董明珠则将战火烧大，说：“一块钱不要在这里说，第一，我告诉你不可能；第二，要赌不是一个亿，我跟你赌十个亿。”

说这话时，缘于董明珠对互联网不了解，对格力过于自负。但一年过去，小米发展势头让董明珠大惊失色。现在小米已经跻身世界智能手机五强，而小米盒子、小米电视机、小米移动电源均已经开放销售，在 5 年内营业额超越格力的可能性越来越大。这让董明珠倍感压力，最近在接受媒体采访时，董明珠称，跟雷军 10 亿元赌局是个小插曲，打赌时毫无准备，且格力与小米其实不是同一行业，没有可比性。

有网友认为董明珠此言论，已经“明显认怂”，是届时败局提前找台阶下。

志高：崛起的新力量

在董明珠最近的系列发言中，笔者认为最有意思的是把志高界定为“没出息的企业”。

志高有没有出息，不能由董明珠说了算，而是由企业实力说了算。如果董明珠说话像占卦一样灵验，那就不用发动清场价格战了，直接用言语把竞争对手一个个说死不省事多了？

董明珠不喜欢的一个职业经理人跳槽去了志高。他就是曾任志高空调董事长的郑祖义。董明珠十分情绪化地曾公开宣称：“不喜欢你，你就没出息！跳到哪里，那里就没出息。”这种思维，如果从小孩口里说出，可以称其童言无忌。但从一个企业家口里说出，确实让人无语。

但被董明珠否定的郑祖义，在志高却做得风生水起。这位清华大学第一代制冷博士，领衔研发并于2012年推出了世界上第一台云空调，打通了产、供、研、销与用户之间的界限，其自定义睡眠曲线让冰冷的机器具备人性。现在由志高倡导的云空调技术标准已经成为世界云空调行业标准，用“掌握智能云核心科技”全面对飙格力的“掌握核心科技”。

有意思的是，从志高“很小的时候”，董明珠就对他有看法了。早在多年前，董明珠曾经放言要“把志高干掉”。事与愿违的是，董明珠越想干掉志高，志高越是茁壮生长。

志高“小时候”与格力不在一个重量级别上，之所以进入董明珠法眼，或许是其远大志向——“造世界上最好的空调”。

志高最近还做了一件让董明珠感觉不爽的大事——花巨资请成龙代言，并在北京召开规模浩大的发布会，称要向千亿俱乐部进军。本来请巨星成龙代言与格力和董明珠没有什么关系。但关键请的是成龙，而成龙刚刚停止了为格力代言，因为董明珠嫌其代言费太高。

从2010年开始，成龙为格力代言，帮助格力从零增长实现迅速提升，短短3年时间，营业额从400多亿元扩张到1000多亿元。而志高请成龙代言，无疑对格力造成巨大冲击：一是因为为格力代言几年，成龙已成高端空调代名词，志高请成龙代言向高端进发，事半功倍；二是将对格力潜在用户造成巨大分流。

当然，成龙代言效果如何还有待市场进一步检验。但可能让董明珠郁闷的是志高的互联网思维。

格力比其他企业高人一等的，并非格力掌握了核心科技，而是那张让人望而生畏的营销大网。为配合云空调销售，志高推出了“全民营销”概念，无论你是不是志高员工，只要你愿意，都可以成为志高代理商，通过网络代理销售志高产品。

这种互联网思维或许是竞品抗衡格力营销大网的唯一途径。互联网创造奇迹，改变格局的事情在不断发生。饱受董明珠诟病的雷军，正是利用互联网思维创造了智能手机的神话。或许互联网思维正是改变空调行业现有格局的唯一利器。而志高正在把握这个千载难逢的契机。

如果志高目标达成，那空调行业将打破目前格力、美的双寡头格局，进入格力、美的、志高三足鼎立时代。届时，董明珠要消灭志高，将变得更加不可实现。

贝昂称格力侵犯其知识产权

在董明珠把美的和小米称为小偷的同时，苏州贝昂科技有限公司却把格力“糗事”全部抖了出来。

据苏州贝昂科技有限公司创始人冉宏宇介绍，2010 年与太太一起辞掉美国硅谷工作，回国创业，最早进入空气净化领域，并且略有小成。但他们“创新报国”的梦想被“掌握核心科技”的格力无情击碎。

冉宏宇描述的事情是这样的：2008 年，珠海科技局牵线，他们带着“离子风”净化器原型机从硅谷飞到格力，“0 耗材，0 声音”的技术特点，打动了格力，格力希望把“离子风”技术运用到空调上。没有戒备之心，只希望借助格力平台，实现科技价值的冉宏宇一行，认为这是一件十分自豪的事，于是大家把全部心血都投入到这个项目上来，样机出来了，测试结果非常好。可格力过河拆桥，对他们说：“你们回去啊，这个项目停了。”一年多的付出打了水漂，格力一点回报都没给。

2012 年，雾霾四起，贝昂独创的“离子风”空气净化技术以完全静音、无耗材的优势迅速成为净化器市场明星企业。格力在董明珠特别关注下，重新启动空净项目，还单独成立空净技术部，并且重新找到冉宏宇，一再保证："这是董总亲自抓的项目，一定不会不了了之。"格力方面的人带来合同凸显诚意，称格力负责外观及风道设计，贝昂负责电子、机构及材料等核心模块，机器上市后，贝昂转作核心部件供应商。

贝昂研发团队夜以继日地又干了一年多，带格力团队去贝昂实验室，毫无保留地教格力技术人员为什么只有这样设计才能实现这种独特功能。KJFC230 样机出来了，验收了。但突然有一天，格力再次叫停了项目，带走了设计图纸，切断了所有联系，仿佛人间蒸发了。

2014 年，格力推出"KJFC230"离子型空气净化器，主打"0 耗材"。贝昂从 CCTV－1 看到广告才发现那是贝昂标志性的技术，但却被格力声称为自己的"核心技术"。冉宏宇声称，董明珠说格力从来不偷，这句话一点儿也不错，因为这不是偷，而是"抢"。

冉宏宇呼吁董明珠不要如此无顾忌地侵犯知识产权，践踏商业道德，不要无情地摧毁整个中国的"创新梦想"。

对此说法，格力官方尚未作出回应。

（2015 年 1 月 7 日）

2012 年，小米横空出世，在不到两年的时间内里迅速跻身国内市场三强，2014 年甚至把三星拉落马下，坐上了中国市场份额第一宝座，成为“站在风口上的猪”。但进入 2016 年，小米开始断崖式下跌，原因在哪里？

雷军为小米定价失误

“来也匆匆，去也匆匆”——这句歌词印证了小米这几年的兴衰。

2012 年，小米横空出世，在不到两年的时间内，从无到有，从弱到强，迅速跻身国内市场三强，2014 年甚至一度把三星拉落马下，坐上了中国市场份额第一的宝座，成为“站在风口上的猪”，举世皆惊。

于是小米成为赶超楷模，雷军成为研究对象。手机行业，甚至各行各业，都言必称小米，雷军也成为互联网营销，饥饿营销“教主”，被纷纷效仿。

但小米现象好景不长，现在小米相继被华为、OPPO、vivo 超越。尤其尴尬的是，在小米出货量急剧下降的同时，小米手机的价格一直上不去。从长远来看，这是一种十分恐怖的前景——由于量缩价跌，势必影响到利润空间，或将小米带进亏损困境。

在笔者看来，小米成功不外乎三板斧：配置高价格低的性价比策略、互联网 + 推广营销、企业创始人雷军亲自代言。成也萧何，败也萧何。也是这三招，由于复制起来十分容易，也导致小米迅速被超越。

从性价比来说，小米手机确实不错，这也是诞生那一刻起，小米手机备受用户推崇的一个重要原因。小米采取的是配置高、价格低、外观时尚、主打性价比的策略，这让小米手机在年轻消费者心目中迅速扎下根来。互联网＋推广和营销手段的应用，让小米直接面向消费者，省略了其他经销商的中介环节，这让小米定价虽低，也做到了有利可图。

但也就是两年时间，小米迎来发展瓶颈，销售快速回落。从目前来看，即使是雷军，可能亦是回天乏力。

山还是那座山，梁还是那道梁。小米还是那个小米，雷军还是那个雷军。小米这个曾经一时风光无两，让同行“羡慕嫉妒恨”的品牌，为什么成为短命的“昙花”，没经受住市场磨炼和时间考验呢？

笔者认为，原因虽然错综复杂。但主要还是小米的品牌不强，以及支撑小米品牌的定价策略存在严重失误。

小米品牌大不大？答案是肯定的。

小米品牌强不强？答案是否定的。

或许说小米品牌大而不强，你可能不服。但你认真想想，你就有答案了。在小米最辉煌的时候，市场占有率全国第一，现在居于第五左右，由此看来，小米客户流失率着实不低。消费者是否买帐，是衡量一个品牌强不强的游标卡尺。

小米品牌不强，是因为小米手机一直缺乏科技含量，没有创新来支撑。这与小米手机的定价策略密不可分。

小米走的是性价比路线，配置高、价格低。这是小米在短期内受到用户拥戴的根本原因。但这种策略违背了企业运营和市场经营的基本规律，可以说是逆天而行。小米受到挫败也就在所难免。

按照常理，配置高，价格也高，才能将企业运营带进良性运营轨道。

但小米从诞生那一刻起，由于品牌知名度不够，想要定高价，那肯定是无人问津的。所以，只有让利给消费者，才能在短期内迅速打开局面。

但从长远来看，小米这种发展策略，是致命的。用品牌营销里面的专业术语来说，产品卖不上高价，那就是品牌附加值低。也就是说，小米只能算是一个低端手机品牌。

再来看看华为。起初，华为手机也是走的低端路线。但后来华为意识到低端路线的不可持续性，及时进行转型，现在看起来，其转型堪称华丽，高端路线不仅成功，而且被夯实。华为 P 系列，Mate 系列，定价都很高，但新品上市供不应求。这说明华为产品的品牌附加值高，被消费者广泛认可。

如果小米现在转型，把价格提上来，行得通吗？

雷军自己都知道不行。如果行的话，雷军早就这么干了。

做企业不想赚钱，那是假话。但如果小米手机卖高价，那么小米手机的销量下滑将更加严重。雷军比任何人都明白这一点。换句话来说，如果小米手机卖高价，那会死得很快。

为什么小米手机卖不上一个好价钱？为什么小米手机卖高价就是死路一条？归根到底，是小米手机出生时的定价策略把自己弄死了。

小米手机不像三星手机，不像华为手机，都是豪门出身。三星和华为在手机问世前，品牌就已经很强很大，有深厚底蕴了。而小米手机是在品牌一穷二白的基础上白手起家。雷军在推出小米手机之初，只想快速切入市场，做大销售，赚点快钱。所以，从一出生那刻起，走的就是低价路线，打的就是价格战。

这种价格策略，对小米做好推广，快速切入并占领市场，作用立竿见影，让小米在初期创造了奇迹。

但这种价格策略对消费者来说，却是另外一回事，他们心里或许不是那么想的。在消费者看来，一个品牌，如果从问世之初，走的就是高端路线，那说明这个品牌对自己的产品有信心，这种信心也能很快就传递到消费者那儿，让他们对这个品牌深信不疑。以后再从高端往低端渗透，就相对容易多了。

如果从出生那一刻起，定的价格很低，那在消费者那里，其低价低质形象就固定在那里，以后很难从根本上扭转过来，再想从低端往高端渗透，那基本上就是不可能的事，需要推倒重来，进行重塑——重塑一个品牌比推出一个新品牌要更困难，付出的代价更高。

其实，价格定位与品牌形象是丝丝相通、息息相关的。品牌形象好，价格就高；价格卖得高，也只有品牌形象好才能做得到。现在的消费者都精明得很，品牌形象好、价格低，那是很难成立的。即使产品再好，品牌档次上不去，也会有很多消费者离你而去。为什么？因为价格低的产品，拿在手里让用户感觉颜面无光，没有尊严。

想当年，华为在最初推手机的时候，采取的也是一种低价策略，希望快速切入市场，甚至和运营商捆绑在一起，免费赠送。结果呢？价格上不去，销量也上不去，做的是赔本赚吆喝的生意。这种做法，向消费者传递的，也是华为并没有把手机业务当作真正的主要业务来对待，这影响消费者信心，自然影响华为手机销量。

在摸索了一段时间后，华为手机发现这样下去不行，只有死路一条。于是痛下决心，推出旗舰精品，把价格提上来。当然，华为手机把价格提上来，是具备这种底蕴和能力的。因为华为品牌很强，研发实力很强，推出的手机虽然谈不上革命性创新，但每款新机的微创新还是蛮多的。所以，华为手机提价也是水到渠成，只要保证做出的手机质量好——在中国企业界，恐怕没有哪家企业有华为这样雄厚的底蕴、这样高颜值的“三观”了。

后来的事实胜于雄辨。现在的华为手机，价格上来了，销量反而更好，战胜了三星和小米，坐上了中国市场份额“第一把交椅”。

做一个假设，如果华为手机的价格还是当年的老样子，赚不到钱，华为手机哪有实力研发高端产品，华为还会把手机作为主要业务单元和新的增长点吗？如果长期不赚钱，手机这个业务板块，可能早就被任正非从华为版图上抹去了。

中国有句古话，叫“龙生龙，凤生凤，老鼠生崽打地洞”。把这句话用到给企业做品牌，给产品定价格，是有一定道理的。做企业，都想把企业做大做强。做大做强企业的必由之路，是要把品牌做大做强；做大做强品牌的必由之路，是要把产品做好，把价格定高——这种高当然不是盲目的，而是要有产品质量和科技创新作为支撑，有竞品价格作为参考。这个道理就像提水。水从低处提到高处，需要费很大劲；但水从高处弄到低处，就很容易，水自己就可以做到，这叫顺势而为。

厂商在推新品牌、新产品，习惯于盯着竞争对手，定价要比竞品低，想以价格战取胜，抢下其市场份额。其实，这是一种错误的认识。如果你的价格定得比对手低，传递到消费者那儿，肯定是你的产品质量和服务比你的竞争对手差，否则，只能说明你很傻。如此以来，你就成了一种可有可无的选择。消费者选择你，也只能是一种试试看的心态。而这种心态就把你归入了市场非主流行列。

如果你有足够的信心把产品做好，那么不妨把你的产品价格定高点。在消费者那儿，永远都是“便宜没好货”。价格高了，凸显了你对产品的质量和信心。

现在的小米正面临一个艰难的转折点。如何纠正原来的定价错误，或许并不容易。所以，小米才不得不不断地推出新产品，进行多元化，以突破销售天花板。这种策略或许并不可取，因为雷军的运气不见得每次都那么好，推出的新品都像手机那样成功。如果雷军能读到这篇文章，希望他为小米未来，听得进意见，反省一下小米的品牌和定价策略，为其找到一条重振雄风的阳光大道。

（2016 年 7 月 20 日）

2014 年 8 月，万达王健林、腾讯马化腾、百度李彦宏准备联手，成立新公司，这事被称为“腾百万”。但到 2016 年 7 月，“腾百万”载体的上海新飞凡电子商务有限公司变更后，投资人名单里仅剩万达金融服务有限公司，也就是说“腾百万”已经散伙

“腾百万”散伙：三大佬尿不到一个壶里

2014 年 8 月 29 日，中国企业界星光熠熠的三个男人：万达集团董事长王健林、百度公司董事长兼首席执行官李彦宏、腾讯公司董事会主席兼首席执官马化腾，在众目睽睽下站成一排，朝着同一个方向和目标使劲。

由于各自肾动力差异，两年后，人们发现，这三个大佬并没有尿到同一个壶里——这个结果，他们自已早就了然于胸，只不过出于商业利益和个人声誉考虑，没有对外人说道。

腾讯、百度被排斥，本就是万达独舞

王健林、马化腾、李彦宏曾经在中国首富位置上轮流坐庄。他们都是行业老大，合伙起来整一个事儿，结果弄成了国际笑话。最近，百度、腾讯退出“腾百万”一事，闹得沸沸扬扬，给中国首富王健林神话涂上一层尴尬和难堪。

那天是个阳光灿烂的日子，“腾百万”在万众瞩目下，横空出世，啼

哭的声音响彻云霄。两年后的今天，如果“腾百万”茁壮成长，功成名就，那足以在万达发展史上留下浓墨重彩的一笔，成为一个彪炳千秋的存在。但一切都事与愿违，“腾百万”诞生日成为万达辉煌商业史上一块抹不去的污渍。

如果找一个历史人物来比喻“腾百万”的命运，我觉得那就是杨贵妃。成立之初，关于“腾百万”的理想，就像杨贵妃一样丰满，极具盛唐风采：首期投入 50 亿，五年预期投入 200 亿，把万达商业实体多年积淀、腾讯雄厚的社交人脉资源、百度搜索巨大流量，都装进这个篮子里，互联互通，打造一个全球最大的 O2O 电商平台，把电商龙头企业阿里巴巴斩落马下。

如果“腾百万”深度对接成功，足以再造一个与万达、腾讯、百度比肩的商业帝国，成为传统商业模式与互联网企业合作整合的典范。但现在看来，这个结局也像杨贵妃命运一样悲惨。“腾百万”在赚足眼球，风光了一段时间后，以腾讯马化腾、百度李彦宏退出，万达王健林孤家寡人独自支撑黯然收场。

受低成本电商冲击，商业地产走下坡路，这已经是一股不可阻挡的历史洪流。作为中国商业地产龙头的万达集团，首当其冲，现在急于甩掉重资产的包袱，轻装上阵。万达电商公司正是在这种情况下诞生的，承担了万达转型和未来命运的重任。王健林希望借此将三方积攒下来的商业资源整合，实现线上线下协同出击，并转化为人民币。

这种设想很美，“腾百万”背后的实力很雄厚，资源也是一个富矿，但为啥就虎头蛇尾，成了万达独角戏呢？

从投资到股权结构，再到两年来“腾百万”所作所为，我们不难看出：“腾百万”名义上是三家合体，实际上万达色彩过于浓重，腾讯和百度几近被边缘化。据最近万达自家爆料，腾讯和百度从头到尾没有投过什么钱。在股权结构上，万达独占70%，处于绝对支配地位；而腾讯和百度各占15%，几乎没有什么话语权。这种股权结构，说明腾讯和百度在“腾百万”里面只是“参政、议政”，没有实权。

这体现了作为军人出身的王健林的强势。或许在他看来，“腾百万”引进腾讯和百度，只要其在网民中的影响力和资源，而作为互联网企业的核心支撑的商业思维和模式则被排斥在外。难怪旁观者清的马云在“腾百万”成立之初就不客气地预言为他们是在“凑班子”。

做学生时写作文，形容人心胸宽广，我们爱打比方说“比大地更宽广的是海洋，比海洋更宽广的是天空，比天空更宽广的是人的心灵”。现在我要加一句“比心灵更宽广的是互联网”。但王健林没有理解互联网宽广的本质，没有放低身段，敞开胸怀来容纳腾讯和百度。所以，用互联网的思维和模式来改造一个庞大的传统商业组织，该有多难啊！

万达称腾讯和百度没有投钱。或许投钱了，腾讯和百度对待“腾百万”就真不一样了。但笔者认为，不是腾讯和百度投不起这个钱，而是在“腾百万”中，他们缺乏话语权，所以，即使投钱了也是白投。这点不只马云看清楚了，其实马化腾和李彦宏也看清楚了，即使投钱了也不可能对“腾百万”进行有效改造，只是陪着烧钱而已。现在这种趋势更加鲜明了，从最近股东变更来看，原来“腾百万”只是王健林想为儿子王思聪刻意打造的一个电商平台而已。

无法打通电商生态圈的任督二脉

“腾百万”的电商网叫飞凡网，在2015年3月上线，7月31日正式运营。据说花了50亿，初衷是希望给人们开启“智慧新生活”。但页面出来，网友评论称“不知道他在说什么，也不知道他要干什么”，定位和商业模式让人一头雾水。

万达电商这种商业模式，在笔者看来，其实是互联网上的一副“悬棺”，上不接天，下不着地，没有形成一个完整的生态链。

从推出之初，“腾百万”就有鸿鹄之志，对标的是淘宝。这是三方的共同志向。腾讯和百度拥有海量线上流量和入口等资源，都尝试过网购，都以失败告终。在电商上，万达也是屡败屡战，这对做啥都想做到第一的王健林打击不少。飞凡网推出后，网友将其与所对标的淘宝进行了对比，发现其上产品过于匮乏，与包罗万象的淘宝根本没得比，这是比较致命的。目前中国网民已经形成上淘宝、京东购物的习惯。作为一个新搅局者，如果飞凡网推出的产品更丰富，价格更实惠，服务更到位，倒还可以吸引网民关注，否则要对标淘宝，那就是要流氓。

经过多年发展，淘宝已经形成从需到供的完整生态圈，各种各样的需方，都喜欢上淘宝寻找自己需要的各种东西。如果供需的任督二脉打不通，就注定没有可比性。结果只能是理想越大，起点越高，摔得越重。

在每个有万达广场的城市，万达广场的商业氛围是最浓的，人流熙熙攘攘。但要把这些人流转化为飞凡网流量，那是很不现实的。到万达广场来消费，就是冲着其环境和体验来的；而借助电商，一是图方便，二是图实惠，而实惠是网购更为看重的因素，更多的是冲着价格来的。要想让这两种定位截然不同的人流互相转化，难度之大可想而知。

未来或许只有马云才是万达电商的救世主

随着腾讯和百度退出，“腾百万”只剩“一万”了。这似乎预示着万达电商之路更加泥泞艰难了。

万达一直想做电商，但都以失败告终。早在“腾百万”之前，万达还做过万汇网，也没弄出啥名堂来。据说万达公子王思聪不惜三观不正地做网红，也是为万达进军互联网造势。

电商大局目前基本趋于稳定。想做电商，已经过了单打独斗的时代，整合借助其他资源，是一条捷径。“腾百万”曾经也是这么想的。目前阿里巴巴和苏宁，京东和沃尔玛、永辉，国美和大润发，都是在强强联手，整合资源，实现线上线下协同作战。由于腾讯和百度的退出，给万达引进其他合作伙伴提供了机会。

谁将成为万达电商的真命天子？

以笔者观点，非马云莫属，除非王健林不想万达电商成功。

也许有人会说，马云是王健林做电商瞄准的敌人，要合作多难为情啊？

这有多大关系呢？没有永远的朋友，也没有永远的敌人，只有永远的利益。滴滴和优步中国曾经打得焦头烂额，现在不也成一家人了吗？

万达如果真想做电商，就应该放下身段，主动去找马云商谈合作模式。有马云撑腰，万达电商这盘棋才能盘活，万达电商才能多快好省地打造成一个新商业帝国。

（2016 年 8 月 8 日）

2016年的贾跃亭意气风发，不可一世。8月将老牌手机企业酷派收入囊中，喊出要对标苹果的豪言。早在2016年4月，贾跃亭甚至推出了乐视汽车，喊出了对标特斯拉的声音。他的梦想能实现吗？

对标苹果、三星、特斯拉　贾跃亭或一厢情愿

2016年8月5日，酷派集团创始人、董事会主席郭德英黯然退居二线，担任象征性的名誉董事长；乐视网董事长贾跃亭以酷派集团新董事会主席身份闪亮登场。

至此，贾跃亭以内容为经，以屏幕为纬，编织的一张天罗地网初具雏形——给他提供实现这个梦想可能的就是互联网。

或许，互联网时代真能让“人有多大胆，地有多大产”的大跃进思维变得触手可及。

对标苹果、三星、特斯拉，贾跃亭梦想有多大？

在小地方山西襄汾出生成长，创业初期，井底之蛙的见识并没妨碍贾跃亭登高望远，纵横天下的野心——这得益于贾跃亭第一份工作是税务局的网管有关，这段经历让他见识了世界的广阔，也让他体会到互联网的巨大威力，成就了贾跃亭与山西其他“煤老板”的本质区别。

太久远的事儿都是浮云。从简历看，贾跃亭折腾过很多企业，但真正

承载并放飞其梦想的平台是2004年创建的乐视网信息技术（北京）股份有限公司。他今天所做的一切，都是基于这个平台。

乐视最初做的是内容，号称“中国第一视频网站”。那时3G风头正劲，乐视就站在风口上，成为“中国领先的3G手机电视服务提供商”，在努力六年后，2010年8月12日乐视在国内创业板上市，成为我国首家上市视频网站。

乐视上市对贾跃亭的意义远不止于在资本市场上捞一把，而是意味着乐视这个品牌和平台有了一个质的飞跃。利用这个平台的导演，能吸引更多一流演员参与其中，让更多观众献上鲜花、掌声和人民币。

受苹果商业模式启发，贾跃亭致力把乐视打造成一个“一云多屏”的云视频开放平台，打造一个“平台+内容+终端+应用”的完整生态链。

2009年乐视向硬件迈出第一步，高调推出第一款乐视TV·云视频超清机Letv-818，采用linux系统，实现从互联网到电视领域的跨界。随后，这种搅局动作越演越猛，力度越来越大。2012年1月，乐视网与央视国际（CNTV）达成合作，开拓智能机顶盒市场。2012年12月19日乐视推出业内首款1.5G双核智能机顶盒乐视盒子C1，采用Android 4.1系统。这款产品是富士康代工，贾跃亭希望借助富士康，做出“世界品质”。2013年5月7日推出60寸乐视TV·超级电视X60，售价6999元，和乐视TV·超级电视S40，售价1999元。2013年10月10日，推出50英寸超级电视S50，定价2499元。这个价格仅为同尺寸智能电视的一半，击穿消费者心理承受底线，在市场上迅速打开局面。

推自有品牌的盒子和电视机，或许只是一个开始。在试水硬件取得初步成功后，贾跃亭动起了资本运作的脑筋，希望更多快好省地“圈地”。2015年12月11日晚，TCL集团和乐视网同时发布公告，乐视网通过控股子公司乐视致新投资22.68亿港元（约18.71亿人民币），以6.5港元/股的价格认购TCL多媒体新股3.49亿股，正式入股TCL集团控股子公司TCL多媒体，成为其第二大股东，并向TCL多媒体提名2名董事。这次资本运作，帮助乐视在国内完成了与传统电视厂商从对峙到牵手的转变。

在完成国内电视布局后，贾跃亭把目光转移国外，最近乐视宣布斥资20亿美元收购美国智能电视巨头Vizio，这笔买卖是目前全球电视产业史上最大的收购计划。完成收购后，贾跃亭意气风发地表示："未来我们希望是双主场，中国是主场，美国是另一个主场。"他毫不掩饰地称，电视这一块对标的是三星，放言"三星如果再不改变，也终将难逃被乐视颠覆的命运"。

这种"霸屏"并没结束，在布局电视的同时，乐视对另一个屏幕亦是虎视眈眈。在贾跃亭眼里，手机是一个比电视屏幕应用更为广泛的屏。手机上的运作，乐视沿袭了发展电视一模一样的套路。2014年初，乐视手机立项，但进展并不顺利，2015年4月10日，乐视手机真机图片才借网红王思聪微博曝光。4月14日乐视手机正式发布。但初期乐视手机较为滞后，居然都不支持4G。这凸显乐视手机在技术含量上拖了后腿，落后其他企业一大截。据说，乐视多款工程样机都被贾跃亭否认。乐视手机出师不利，不得不迫使贾跃亭把眼光放在其他具有相当技术基础的传统手机厂商上，正走下坡路的酷派进入贾跃亭法眼。2015年6月28日，酷派把18%的股份出售给乐视网，交易价格约为27.3亿港元，乐视摇身一变，成为酷派第二大股东。2016年6月，酷派发布公告称Data持有酷派的11%股份以10.47亿港元出售给乐视移动。收购完成后，乐视移动持有酷派集团约28.90%的股份，成为单一控股股东，间接成为360手机的二股东。在手机上，贾跃亭更是野心勃勃，对标的是苹果iphone。

在乐视版图里，多屏不仅仅止于电视和手机，还包括了汽车。汽车作为未来大型智能设备入口，乐视自然也不愿意放过。乐视造车计划由来已久。2010 年 3 月乐视网上线汽车频道。2014 年初，乐视正式公布全球化的“北洛硅”战略，以全球最具代表力和增长力的三个城市为据点出发，最终实现科技、艺术与互联网的完美融合。乐视汽车生态是最早布局“北洛硅”三地的子生态之一。目前，乐视汽车的整车研发总部放在美国洛杉矶，无人驾驶、智能操作和车联网系统研发分布硅谷和北京，至此乐视汽车的整车及底盘、核心零部件试制及智能互联网系统和无人驾驶系统研发已完成了全球布局。2014 年 12 月 9 日，贾跃亭通过微博称，乐视要完全自主研发，打造最好的互联网智能电动汽车，实现电动化、智能化、互联网化，重新定义汽车。2016 年 4 月 20 日，乐视 LeSEE 汽车粉墨登场，成为乐视新品发布会最闪亮的内容。虽然乐视汽车目前仍是“只见雷声响，不见雨下来”，但在贾跃亭看来，乐视汽车出品没有悬念。

在汽车上，贾跃亭野心同样很大，其对标的是全球科技含量最高，性能最好的新能源汽车特斯拉，甚至扬言乐视“未来要提供免费汽车”——如果真能免费，或许世界上就只有一个品牌的汽车了，这个品牌就是乐视。

资金和科技掣肘，贾跃亭能走多远？

乐视三大业务，对标的都是世界第一：电视对标的是三星，手机对标的是苹果，汽车对标的是特斯拉。

如果真能成功，那乐视将成为什么？

可能只能用贾跃亭一直挂在嘴边的那个词“超级”来形容，即乐视将成为一个“超级巨无霸企业”，比现在的华为还恐怖，由于是上市企业，届时乐视将取代苹果，成为世界市值第一。

中国企业界会不会真的出现“南华为，北乐视”呢？

这种设想取决于贾跃亭的理想能否照进现实。如果贾跃亭梦想成真，我们都乐见这种局面出现。关键是这种深度“生态化反”的出现，并没那么容易——贾氏理想看起来很美，实现起来很难。

目前来看，贾跃亭的套路很简单，即互联网思维模式、资本运作、价格战（略带了一点性价比特色）。其实，互联网只是一种工具，演绎成一种思维，虽然能颠覆一些东西，但无论是苹果、三星，还是特斯拉，其核心竞争力都在技术创新，而且是革命性的技术创新，处于行业领导地位。要战胜这三家企业，也只能从技术上入手，如果做不到这一点，乐视要对标这些巨头，就成了空中楼阁，没有根本性支撑，只能算是一个用来吸引眼球的宣传噱头而已。

无论是成为TCL二股东，还是成为酷派大股东，都是为弥补和增强乐视在硬件制造上的核心技术的缺失和品牌市场资源的薄弱。但很遗憾，酷派+乐视在技术上不是苹果手机的对手，TCL+乐视在技术上也不是三星电视的对手，仍在襁褓中的乐视汽车，更谈不上是特斯拉的对手。这种多条战线上作战，很容易让乐视陷入顾此失彼的窘境。现在这种窘境还没有表现出来，不是因为别的，而是因为乐视三条业务主线才刚刚开始，问题仍可以忽略不计，随着业务不断扩大，问题将越来越凸显，将来每个环节都可能给乐视带来致命伤。

为实现梦想，贾跃亭需要用钱铺路。从电视到手机，从国内到国外，这些年来，贾跃亭挥金如土，不断买买买。其实，到目前为止，乐视效益并不亮丽，但却花钱如流水。买TCL花了18.71亿人民币，买美国智能电视巨头Vizio花了20亿美元，买酷派前后花了37.77亿港元。

比起手机和电视来，贾跃亭一心要做的汽车，或许更要花钱去培育。手机和电视的门槛相对来说，要低得多，切入进去也容易。但在汽车将来所需要的花费面前，手机和电视只是小菜一碟。虽然“煤老板”出身的贾跃亭到底有多少钱，至今是一个迷，但像乐视目前这种大手笔买法，不要说贾跃亭，就是换成中国首富王健林、马云，都会感到紧张和吃力。在很多专业人士眼里，乐视一直都处于资金紧张状态，贾跃亭对此并不讳言，他甚至公开承认“外面说的很多了，乐视一直是个资本比较紧张的企业。”

到处都要花钱，所以，贾跃亭只有不断地去融资。2013 年 8 月 12 日，乐视影业获得首轮融资，估值为 15. 5 亿元，融资额度为 2 亿元。对于最近收购美国智能电视巨头 Vizio，贾跃亭表示“合适时机将启动首轮融资”。这种不停融资，势必影响到乐视业绩。面对这种惨淡业绩，贾跃亭倒也从容不迫，毫不在意，在公开场合，贾跃亭表态称“三五年乃至十年内，不会把盈利当成最重要的目标”。这意味着乐视可能一直将亏下去。这种情况将直接影响到股民对乐视股价的支持。

贾跃亭是一个感情丰富的人，说起自己庞大的商业帝国计划，他在发布会上多次泪洒现场。但他同时也是一个心脏强大的人，这么花钱，换成其他企业家，或许早就无法承受了，难道这是互联网企业当家人的天性？作为一个产经观察者，笔者虽然不看好这种发展模式，但衷心希望贾跃亭一路走好！

（2016 年 8 月 10 日）

都是互联网品牌。在乐视成为酷派第一大股东后，2016 年 8 月，贾跃亭以乐视手机和酷派手机双品牌路线，推出高性价比的手机，效仿雷军，想趁小米在市场上溃不成军之际，抢夺其市场份额

贾跃亭 PK 雷军：乐视、酷派齐撵小米

2016 年 8 月 16 日，中国手机界发生两件针锋相对，耐人寻味的事。

一是雷军启动 8 · 16 大促，“小米 5 黑科技周”粉墨登场。

一是在乐视生态中心乐视酷派 COOL1 dual 生态手机发布会闪亮登场——这是乐视成为酷派集团第一大股东，贾跃亭成为酷派集团董事长后的首秀。

名为手机发布会，实为进攻集结号

或许雷军的“小米 5 黑科技周”只有产品宣传，没有“假想敌”；但贾跃亭的乐视酷派 COOL1 dual 生态手机发布会却是“善者不来，来者不善”，直奔小米，甚至业界将其解读为“吹响了攻打小米碉堡”的集结号。

尽管发布会上没有“大嘴”炮轰，从乐视酷派双料董事长贾跃亭到新官上任的酷派 CEO 刘江峰和酷派总裁、老员工李斌，都没有宣誓把雷军和小米作为竞争对手，但这只能说明乐视酷派领导人比较文雅，实际上可以看出，乐视酷派这次发布会却是蓄谋已久，处处针对小米，痛下杀手，招

招致命。

小米和乐视都号称互联网企业；雷军和贾跃亭，都是新生代企业家，都在暗中憋足劲，互把对方作为“假想敌”，双方业务交集越来越多，对抗越来越强——或许将来围绕屏掀起的内容应用和硬件制造的战争，主要在小米和乐视之间展开。

在硬件制造上，小米以手机切入，快速崛起，2010 年成立，2014 年登顶，成为中国手机市场份额第一，在手机领域搅起惊天骇浪；乐视 2004 年成立，2013 年 5 月推出乐视超级电视，快速崛起，在电视领域被视为洪水猛兽，冲击传统势力。

起初看起来小米和乐视，一做手机、一做电视，彼此井水不犯河水；但当小米手机成功后，也快速切入了电视领域；当乐视电视成功后，也快速切入了手机领域，双方开始互相对标，各不相让。

这次乐视收购酷派，从某种意义上，也可以看作是贾跃亭要直捣雷军老巢做出的布局之举。

针尖对麦芒的战争

乐视酷派 COOL1 dual 生态手机发布会共推出四种颜色即金色、银色、玫瑰、灰色的三个版本的手机，其中 3GB +32GB 版价格为 1099 元，乐视会员版 4GB + 32GB 版价格为 1499 元，4GB + 64GB 版价格为 1699 元。COOL1 dual 生态手机有 5. 5 英寸，FHD 高清大屏，采用高通晓龙 8 核 MSM8976 处理器和全新一代图形处理器 Andreno 510 GPU、4060mah 高密度大电池。

作为旗舰双摄机型，这种定价具有相当的杀伤力。类似性能产品价格都在 2500 元左右。小米 5 三种版本，即标准版，高配版，尊享版价格分别为 1799 元、2099 元、2499 元。小米手机辉煌时期，一个重要原因，就在于性能不错，价格低。这次乐视酷派 COOL1 dual 生态手机偷师小米性价比路线——这是小米的杀手锏，甚至做得青出于蓝而胜于蓝，优势十分明显，得到了消费者的热烈响应。据京东商城、天猫商城、酷派商城数据统计，截至 8 月 22 日止，总计预约数已经突破了 500 万大关。

对标小米的信息，从乐视酷派强势转型，重新进行市场定位上淋漓尽致地透露了出来。酷派集团新任 CEO 刘江峰表示，酷派手机以前在政商领域很有作为，现在要转向做性格青年，从 2B 转向 2C。中国人都知道，小米是彻头彻尾的性格青年。酷派这种定位上的调整，明摆着是要抢雷军饭碗的节奏。

在接受专访环节，乐视酷派几位大佬畅所欲言，把这种针对性做了进一步阐述，信息越来越聚焦。刘江峰称，乐视酷派手机年底要做到中国市场第四，出货量达到五千万至六千万部。

如果乐视酷派做到第四，那会排挤掉谁呢？

目前中国市场上，排名靠前的分别是华为、OPPO、苹果、小米。华为、OPPO 在走上坡路，要排挤掉这两家，恐怕有点难。但苹果和小米在走下坡路，要排挤掉这两家之一是有可能的。据专业市场调研公司 IDC 数据，2016 年小米下滑加剧，第一季度，小米出货 920 万部，同比暴跌 32%，排名第五；第二季度，小米下滑进一步拉大，出货量为 1050 万部，同比暴跌高达 38%，已经跌出前五。照此估计，如果不出意外，小米 2016 年出货量或在 5000 万部以内。乐视酷派如果真能实现年度目标，年底超越小米，是大有希望的。

酷派曾经风光无限，是国产品牌里面做智能手机的专业户，也是国产品牌里面最早做智能手机的，在 2013 年、2014 年的中国市场上一度抢得过智能手机市场份额第一宝座，很被中国移动、中国电信、中国联通看好，在那个时候与华为、中兴、联想一起并称为“中华酷联”，日子过得风调雨顺。

但随着中兴、联想没落，现在“中华酷联”已经名存实亡，新的势力格局正在酝酿之中。这次发布会，从酷派集团高管那儿听到一个新阵营名称：华乐欧米。这个国产智能手机新阵营，华为排在第一，小米排在最后，乐视和 OPPO 分居第二三位。这也透露出乐视酷派的雄心壮志和对小米的刻意挤兑。据乐视酷派称，这个复兴计划为五年，要实现销量过亿部，重回行业第一，使酷派集团市值过千亿港元。

当然，让雷军和小米按捺不住的远不止这次发布会和推出的乐视酷派 COOL1 dual 生态手机。乐视酷派联姻，如果整合顺利，“生态化反”如期发生，那对小米和雷军来说，不啻于一记当头闷棍。

小米讲生态，乐视生态不比小米差，现在移植到酷派手机上的可能性已经是百分之百了，这次乐视酷派 COOL1 dual 生态手机，会员享有免费观看 12000 + 集剧集、8000 + 集动漫、6000 + 电影、310 + 次体育直播、16000 + 次体育赛事、500 场顶级海内外音乐演出直播，并且没有烦心的广告。小米讲互联网炒作和营销，这些以前确实是酷派短板；但贾跃亭的互联网炒作和营销手段与雷军有一拼，从这次乐视酷派 COOL1 dual 生态手机发布会上请了三十多位网红直播以及华晨宇等明星到场就可见一斑。

从发布会上得知，乐视的互联网营销网络已经被酷派手机所用，COOL1dual 生态手机在乐视商城、京东商城和酷派商城都有出售。而线下渠道，酷派优势更明显；小米正在尝试往线下渠道进行渗透，计划在三到五年内开 1000 家自营的小米之家。

小米手机没有的，包括以前乐视手机没有的，在乐视完成收购后，已经被酷派高度弥补——这或许正是贾跃亭一心收购酷派的用意所在：如酷派强大的工艺设计、制造能力和雄厚的技术功底。据酷派称，在技术专利上，酷派已经拥有一万多项，足以和其他强手分庭抗礼。这正是小米手机的短板，也弥补了乐视手机的先天不足。

当然，雷军和小米也不是吃素的，针对乐视酷派咄咄逼人的攻势，肯定不会束手就擒，采取反制措施也是一种必然。随着手机销售旺季的即将到来，下半年或许国内手机行业的竞争将更趋激烈；而在小米与乐视酷派之间上演的血腥搏杀，也从这次 COOL1dual 生态手机发布会和小米 5 黑科技周大促活动正式拉开了帷幕。

（2016 年 8 月 18 日）

格力电器董明珠喜欢为格力产品代言。2016 年联想发布 ThiankPad X1 Carbon 笔记本，联想董事局主席杨元庆效仿董明珠，为其代言，这举动让人浮想联翩

杨元庆代言联想产品　客观上去柳传志化

杨元庆代言联想产品服众吗

最近发布的 ThiankPad X1 Carbon 笔记本，联想集团董事长兼 CEO 杨元庆亲自披挂上阵，拼命吆喝，为这款产品做起了代言人角色，这一举动犹如在湖面投进一颗石子，惊起一圈圈涟漪。

企业掌门人给企业产品代言，杨元庆不是首创。杨元庆在效仿谁？那就是格力电器董事长董明珠。董明珠为格力代言已经有相当长一段时间了。从 2014 年董明珠放弃国际巨星成龙起，自己做起了格力形象和产品的代言人。

董明珠代言格力效果究竟如何，不在这里做深入讨论。但其做法为联想效仿，这倒是意料之外——至少说明在杨元庆眼里，格力和董明珠的做法是值得肯定的。

企业与企业家的关系十分微妙。对一些企业来说，企业与企业家是一体的，企业家是企业最好的形象代言人。对苹果来说，乔布斯是企业最好

的代言人；对脸书来说，扎克伯格是企业最好的代言人；对华为来说，任正非是企业最好的代言人；对阿里巴巴来说，马云是最好的代言人；对娃哈哈来说，宗庆后是最好的代言人；对中兴来说，侯为贵是最好的代言人。企业家作为企业代言人，一般情况下，企业创始人最合适一些，因为企业文化深深地打上了其烙印，并且被社会公认和尊重。

对格力来说，最好的代言人是董明珠，这也无可非议，因为虽然董明珠不是格力创始人，但却是格力再生的创造者。可以说，如果没有董明珠，就没有格力的今天，在格力成长过程中，董明珠确实是立下了汗马功劳的。而董明珠对格力掌控力之强，非其他人所能撼动。在董明珠的治理下，格力是容不下任何一粒沙子的，就连格力的大股东珠海国资委都难以插足。所以，从格力成长和现状来说，董明珠为其代言，确实说得过去。董明珠是一个很有个性的人，她喜欢“放炮”，语出惊人，往往上头条，是一个不折不扣的“网红”。董明珠为格力代言，对提升格力知名度是很有实效的。

但杨元庆为联想集团代言，哪怕是为产品代言，能够服众吗，效果好吗？

其实，联想有自己的代言人，这是任何人都替代不了的。柳传志是联想集团创始人，为联想集团发展居功至伟，这是众所周知。没有柳传志，就没有联想。柳传志对联想内部员工而言，是神一样的存在，是没有人能出其右的。在社会上，在受众心目中，联想集团的代言人，联想产品的代言人，是非柳传志莫属的，换成其他人，都无法接受。

如果柳传志代言联想，对提升联想品牌，推广新品，凝聚人心，那是具有明显加分作用的。杨元庆在联想发展史上，谈不上什么丰功伟绩。其为联想产品代言，给人一种如鲠在喉的感觉。

去柳传志化的新造神运动

既然杨元庆不是联想集团和产品的最佳形象代言人，为什么他又要冒天下之大不韪呢？

对联想来说，“神”的存在，让杨元庆很憋屈。可以说，杨元庆代言联想产品，对联想推广新品来说，没有多少加分作用。但对杨元庆本人来说，却可以提升其知名度，为其个人形象加分。

对于内斗纷争不断的联想来说，确实需要一个新的“神”来凝聚共识。否则在激烈的市场竞争中，可能被对手远远甩在身后。

在联想手机业务被华为超越之后，又迎来一个十分不好的消息：华为推出了自己的笔记本。笔记本是联想集团的主要业务之一，但现在华为跻身进来，这对联想集团来说，不啻于当头一棒。杨元庆明白，华为是中国最具狼性的企业，如果他盯上了笔记本这块蛋糕，那么行业第一的宝座，总有一天会被其摘走。如果联想有朝一日在笔记本领域不是第一了，那么联想就有可能沦为二流企业了。这是联想无法承受之重。

在已经结束的2015年，联想集团并不好过，以亏损告终，Q3甚至亏出7亿多美元，这其实说明杨元庆在掌舵人位置上并不卓越。前段时间就有业内人士提出强烈质疑，称杨元庆并不是一个合格的CEO，在业内引发轩然大波。杨元庆在这个时候出来为联想产品代言，客观上起到了很好的转移视线的作用。

联想内部斗争极为复杂，这已经是一个公开的秘密。究其原因，是因为联想目前没有一个强大的“神”来凝聚人心。杨元庆代言，主观上有凝聚共识的作用，相当于站出来表个态：大家都别争了，我杨元庆是继柳传志之后的“神”；但杨元庆所作所为，客观上可能让联想内部心存异想的人更为不满，甚至视为笑柄。

与联想集团年度财报的亏损相映成趣的，正是杨元庆高得离谱的薪酬。在中国内地企业中，杨元庆的薪资是最高的，高达一亿多元年薪。这薪酬，比起华为创始人任正非来说，都高很多倍的。但可以肯定地说，杨元庆对联想集团的作用，与任正非对华为的作用，完全不在一个档次上。这让杨元庆给社会留下很不好的观感。这也是联想集团内部对杨元庆颇有微词之处。

手机业务在杨元庆主政这段时间做得不尽如人意。联想曾经凭借对摩托罗拉智能手机业务部门的收购，短暂地在海内外市场有过较好的业绩表现。但这种情况并没有持续下去。2015 年，联想集团手机业务持续下滑，现在在中国市场联想手机已经沦为二流品牌。市场证明，杨元庆主导收购摩托罗拉智能手机业务，对联想手机业务并没有带来多大作用，甚至有人认为，摩托罗拉是一个负资产，联想对其收购，是买了一个包袱回来。

或许是在柳传志强大光环下压抑太久，杨元庆跳出来为联想产品代言，从客观上讲，有弱化柳传志在联想集团地位的作用，换句话来说，杨元庆为联想产品代言客观上有让联想集团去柳传志化的可能。但消费者能因为杨元庆的代言来为联想产品埋单吗？这个问题或许只有留给时间和市场来回答。

（2016 年 4 月 16 日）

2015 年 1 月 4 日，广东省惠州市人民检察院正式批准逮捕吴长江，理由是其涉嫌挪用资金罪。这是他在 1998 年创办雷士照明时做梦都想不到的

吴长江的“雷士劫”：或净身出户

据知情人士透露，吴长江所持德豪润达股份遭冻结或轮候冻结是由于吴长江被债主向法院提起债务诉讼，这些债主当然包括雷士照明，但远不止雷士照明一家。如果吴长江败诉，且不能及时偿还债务，那么，这些被冻结的股份就会被法院公开拍卖，用来还债。如此以来，吴长江就有可能既不是雷士照明股东，也不是德豪润达股东，也就是说，这两个企业将来有可能与吴长江一点关系都没有了。

吴长江 1998 年年底在广东惠州创办雷士照明时，他做梦都没想到，自己将来会因为这个企业锒铛入狱，陷身高墙之内。2015 年 1 月 4 日，广东省惠州市人民检察院正式批准逮捕吴长江，理由是其涉嫌挪用资金罪。

在此之前的 2014 年 8 月 8 日，雷士照明董事会宣布罢免吴长江首席执行官职务以及吴派人马其弟吴长勇、穆宇、王明华副总裁职务。这系列举动意味着雷士照明已经彻底改朝换代，揭开了崭新的一页：吴长江时代宣告结束，王冬雷时代正式到来。

尽管做过困兽之斗，但吴长江知道，这一次恐怕是回天乏力，自己再也回不到一手创办、一手发展壮大的雷士照明了。对吴长江及其派系来

说，或许恶梦远不止如此：2015 年 4 月 20 日，德豪润达发布公告称，股东吴长江所持有的德豪润达公司股份，被重庆市第一中级人民法院，重庆市第五中级人民法院轮候冻结，期限为 36 个月。

所谓轮候冻结，是指对其他执行法院已经冻结的有登记财产，执行法院可以进行轮候冻结登记。冻结解除的，登记在先的轮候冻结自动生效。

据悉，通过股份置换，吴长江持有德豪润达 1.3 亿股，持股比例为 9.31%，是德豪润达的第二大股东。按照该文章写作当日（6 月 2 日）德豪润达股价 15.16 元/股折算，吴长江被轮候冻结的股票名义市值约 19.7 亿元（但因吴长江所持有的德豪润达股票目前为限售股，实际价值可能大大低于名义市值）。迄今为止，由于被多家债主通过法院诉讼追债，吴长江所持德豪润达股份被重庆，珠海，惠州等地法院冻结或轮候冻结多达八九次。

据知情人士透露，吴长江所持德豪润达股份遭冻结或轮候冻结是由于吴长江被债主向法院提起债务诉讼，这些债主当然包括雷士照明，但远不止雷士照明一家。如果吴长江败诉，且不能及时偿还债务，那么，这些被冻结的股份就会被法院公开拍卖，用来还债。如此以来，吴长江就有可能既不是雷士照明股东，也不是德豪润达股东，也就是说，这两个企业将来有可能与吴长江一点关系都没有了，换句话说，吴长江或从这两个企业“净身出户”。

吴氏倒钱腾挪术

从目前所知信息来看，让吴长江身陷囹圄的，是吴长江利用其担任雷士照明首席执行官、执行董事等行政职务之便，为其个人的关联公司违规担保，涉案金额高达 6 亿元左右，约占雷士照明一年销售额的 1/6——

2014年雷士照明销售额不足40亿元。

雷士照明董事会于2014年成立了由独立非执行董事李港卫、魏宏雄、王学先和执行董事林和平组成的独立调查委员会，专门对吴长江，以及前任副总裁吴长勇、穆宇、王明华等的不法行为进行内部调查。

据独立调查委员会调查结果表明，吴长江利用雷士照明控股有限公司的全资子公司雷士照明（中国）有限公司（以下简称雷士中国）为吴长江个人的关联公司向银行借贷进行担保。据悉，这些关联公司分别为重庆雷立捷实业发展有限公司（以下简称雷立捷公司）、重庆恩纬西实业有限公司（以下简称恩纬西公司）、重庆华标灯具制造有限公司（以下简称华标公司）、重庆无极房地产开发有限公司（以下简称无极房地产公司）、重庆江特表面处理有限公司（以下简称江特公司）。他们都是由吴长江亲友掌控的关联公司，都是吴长江的“影子公司”，为其提供各种便利，例如恩纬西公司，吴长江的岳父吴宪明拥有40%的股份。

吴长江的这些个人关联公司从银行取得巨额贷款是以雷士中国在该银行的存款为担保。例如独立调查委员会出具了数份雷士照明的具体担保协议，如恩纬西公司和雷立捷公司的几笔银行贷款，根据担保协议，是由雷士中国以雷士中国的银行存款人民币1.73亿元，作为对恩纬西公司和雷立捷公司分别从中国银行大渡口支行举借相关贷款的担保。在恩纬西公司和雷立捷公司分别举借贷款偿付之前，未经中国银行大渡口支行书面同意，雷士中国不会要求提取或担保款项。

通过这种如出一辙的担保方式，吴长江个人的关联公司华标公司、江特公司、雷立捷公司、恩纬西公司、无极房地产公司五家公司分别从工商银行、民生银行、中国银行等多家银行贷款超过6亿元，而吴长江则挪用雷士中国的5亿多元的银行存款为其以上个人关联公司的银行贷款提供了保证金质押担保，另外还以雷士中国的名义为华标公司在建设银行的一笔8000万元的银行贷款提供了连带责任保证，由于这些吴长江个人的关联公司至今都没有偿还银行贷款，甚至在贷款到期前通知银行不再还款，导致雷士中国的上述5亿多元被吴长江私自挪用为保证金的银行存款被相关银行悉数扣取，另外还有约5397万元银行存款被法院冻结。

吴长江利用雷士中国作为其个人关联公司借款的担保人，都是在雷士照明董事会不知情的情况下进行，东窗事先后，吴长江并没就此事向董事会作出适当解释。雷士照明已向惠州市公安机关报案，控告吴长江大肆挪用公司资金和侵占公司财产。据悉，吴长江利用上述手段挪用的5亿多元款项在其关联公司之间反复倒腾，目前已去向不明，公安机关正在侦查之中。

雷士照明法务部门表示，雷士照明正在通过各种法律途径向吴长江及其个人关联公司以及其他侵权人追讨被挪用和侵占的5亿多元公司资产，对于吴长江本人及相关人员涉嫌挪用资金、职务侵占并损害上市公司和上市公司股东利益的犯罪行为，目前已由公安机关立案侦查，相信司法机关会在查清犯罪事实的基础上，依法追究涉案人员的刑事责任。

“斗士”吴长江

在相当长的一段时间里，业内都把吴长江与雷士照明划等号，雷士照明是吴长江的。事实上，从创立之初起，雷士照明就不是吴长江一个人的，而是有3个创始人，他们是杜刚、胡永宏、吴长江。据称，这3个创始人是同学，曾经很要好，因为雷士照明现在成了仇人。

1998年吴长江出资45万元，杜刚、胡永宏各出资27.5万元，以100万元注册资本在惠州创立了雷士照明。从股权结构看，当时吴长江占

45%，杜、胡共计55%。后来3位股东产生分歧，吴长江将自己股份向杜、胡各转让5.83%，3人股份形成33.4%、33.3%、33.3%的均衡局面。

2005年据称由于吴长江欠下巨额赌债，被债主追上门来，要以雷士照明还债，引发3股东之间的矛盾。商量后3人决定分家，将雷士照明作价2.4亿元，吴长江拿走8000万元，退出雷士照明。杜、胡欣然同意，当即签署协议。董事会后3天，经销商强行介入，要求吴留下，杜、胡各拿8000万元走人。杜、胡离开后，吴长江拥有雷士照明100%的股份。是役，吴长江奇迹般得以逆转，全凭经销商支持。由于当时杜刚在另一家企业德赛视听担任总经理职务，没有参与雷士照明日常的管理，而胡永宏则是主抓生产。吴长江则是负责雷士照明营销系统，创立之初，与经销商摸爬滚打，建立了情谊，得到了经销商的支持，经销商觉得有吴长江在，他们的利益有保证，这是吴长江得以逆转的根本。

其后，由于资金紧张和快速扩张的需要，吴长江向叶志如借款200万美元，承诺可“债转股”。2006年6月，雷士照明引入亚盛投资总裁毛区健丽、涌金系掌门人魏东的妻子陈金霞、优势资本总裁吴克忠、个人投资者姜丽萍四人合计向雷士照明投入994万美元，共占比30%。2006年8月，在毛区健丽牵线搭桥下，软银赛富投入2000万美元，占雷士照明35.71%的股权，吴长江为41.79%。2008年8月，吴长江筹资收购世通股份，再向高盛和软银赛富融资4656万美元。吴长江比例稀释为34.4%，失去第一大股东地位；赛富两次投资后比例高达36.05%，成为第一大股东；高盛投股11.02%，成为第三大股东。收购世通后，吴长江持股再被稀释至29.33%。2011年7月，雷士照明引进法国施耐德电气作为策略性股东，施耐德耗资12.75亿元被转让2.88亿股，占9.22%，成为雷士照明第三股东。

2011 年 9 月，施耐德提名李新宇出任雷士照明副总裁，分管雷士照明核心业务部门，干涉公司经营意图十分明显，股东之间矛盾一触即发。2012 年 6 月 14 日有媒体报道吴长江疑在重庆卷入一宗案件被有关部门带走调查。6 月 19 日雷士照明召开股东大会，吴长江缺席。阎焱上位，成为董事长，投资者阎焱与创始人吴长江关于雷士照明控制权之争轰轰烈烈上演。7 月 9 日，阎焱称只要吴长江满足三个条件即可回归董事会：第一必须跟股东和董事会解释清楚被调查事件；第二处理好所有上市公司监管规则不允许的关联交易；第三必须严格遵守董事会会议。

2012 年 7 月 12 日，经销商、供应商、员工三方逼宫雷士，要求吴长江回归，否则，将另立品牌，与雷士照明分庭抗礼。9 月 4 日，雷士照明发布公告称设立一个临时委员会管理公司日常运营，由吴长江、朱海、张开鹏、穆宇、王明华、谈鹰组成，吴长江为临时负责人。11 月 25 日，张开鹏辞任雷士照明首席执行官及临时运营委员会成员职务。为对抗阎焱，12 月 26 日，吴长江主导雷士照明与王冬雷的德豪润达联姻，德豪润达斥资 16.5 亿港元收购雷士照明 20.05% 的股权，成为雷士照明第一大股东，同时吴长江认购德豪润达 1.3 亿股权，成为德豪润达第二大股东。赛富亚洲及法国施耐德电气分别为雷士照明第二、三大股东，持股比例分别为 18.48% 和 9.21%；吴长江仍持有 6.79% 股权。

在王冬雷支持下，2013 年 1 月，吴长江重新被任命为 CEO；2013 年 4 月，阎焱辞任雷士照明所有职务，由王冬雷接任董事长。6 月，吴长江被雷士照明股东推举为执行董事。吴长江与阎焱之争划上句号，吴长江再次“成者为王”。

2014 年 4 月，吴长江向德豪润达出售持有约 2.15 亿雷士照明股权，约占发行股本的6.86%。交易完成后，吴长江持股降至2.54%，德豪润达增至27.1%。

王冬雷拨乱反正

虽然从2008年8月雷士照明收购世通投资开始，吴长江就不再是雷士照明的最大股东，但实际上，由于是创始人的关系，特别是各个要害部门都由吴长江派系牢牢把持，在雷士照明，一直是吴长江掌握绝对话语权，由他说了算，其他股东想监督他，都是十分困难。这为吴长江对亲友进行利益输送，以及捞取私利大开方便之门。2012年爆发的轰动全国，长时间占据媒体财经版面头条的雷士照明创始人吴长江与投资人阎焱之争，在外面看来，是资本与创始人关于雷士照明的控制权之争，实际上是资本希望监督、约束、规范吴长江，使其权利在阳光下运行，让雷士照明成为一个真正意义上的制度化治理的上市公司，排除色彩过于浓厚的人治因素，但结果功亏一篑，阎焱的革命没有成功。

比起在资本市场的长袖善舞，运筹帷幄，而在实业领域涉猎不深，无法驾驭一艘庞大的产业航母的阎焱来说，做实业出身的王冬雷似乎更加棋高一招，通过系列资本运作，在成为雷士照明名副其实的最大股东之后，王冬雷开始了雷士照明拨乱反正的运作布局。

2014年7月15日，雷士照明公告，对其旗下公司，包括惠州雷士光电科技有限公司、雷士照明（中国）有限公司、浙江江山三友电子有限公司、江山菲普斯照明有限公司、上海阿卡得电子有限公司、重庆雷士照明有限公司、香港天羽科技有限公司、英国雷士、世通投资有限公司、香港雷士照明有限公司、以及合资公司浙江雷士灯具有限公司（雷士照明控股比例为51%）等在内的10多家公司的董事进行人事变动，原雷士照明系高管吴长江、穆宇、裴金华、杨文彪等人全面退出其董事席位，由德豪润达系高管王冬雷、王冬明、肖宇以及雷士照明其他大股东施耐德的代表朱海，软银赛富的代表林和平取而代之。这次关于下属公司董事的人事更换，剪掉了吴系在雷士照明生态中盘根错节的羽翼，迈出了让其回归法治轨道的第一步。

2014 年 8 月 8 日晚，雷士照明发布公告，董事会已经通过罢免吴长江的首席执行官职务的决议，并将召开临时股东大会，罢免吴长江的执行董事职务。同时被罢免的还有吴长江胞弟吴长勇、穆宇、王明华的副总裁职务。至此，吴系人马可以说被彻底从雷士照明清除出局。这意味着，雷士照明从此与吴长江再无瓜葛，意味着雷士照明真正踏上了从人治到法治的征程。

其实，无论是当初的阎焱，还是现在的王冬雷，他们都心明如镜：只要吴长江仍在雷士照明，雷士照明就难言结束人治，走上法治之路。当然，为让吴长江出局，雷士照明付出了十分惨痛的代价。驱逐吴长江事件，导致雷士中国和重庆雷士的业务暂停营运超过两个月，对雷士照明集团的正常经营以及年度经营业绩产生了不利影响，使得雷士照明 2014 年业绩很不理想。据雷士照明公告，2014 年实现收入 34.71 亿元，同比下降 8%；毛利 7.42 亿元，同比下降 7%；税前亏损 3.15 亿元，同比下降 188.8%；母公司拥有人应占的亏损 3.54 亿元，同比下降 244.6%。其实，雷士照明早在 2011 年营收就达到了 37.98 亿元。这些年竞争对手快步如飞，雷士照明却是停滞不前，甚至逆水行舟。如果没有这几年来内部权斗动荡困扰，雷士照明发展应该高于行业平均水平，比现在状况要好得多。雷士照明生态链也是已经意识到这一点，这也是吴长江在雷士照明内部众叛亲离的主要因素，因为他们都知道，只要吴长江在雷士照明，雷士照明想要有良好的发展环境，恐怕是难上加难。所以，从运营商到供应商、到内部员工，在雷士照明第一次风波，大家选择支持吴长江；第二次风波，大家选择支持吴长江。但第三次风波，大家选择了放弃吴长江。这种选择耐人寻味：因为大家都明白了谁才是导致雷士照明动荡的祸源，从运营商到供应商，再到广大员工，已经对这种无休止的争斗从内心深处产生了厌倦，毕竟时不我待，发展才是硬道理，好好赚钱才是硬道理。

当内部拨乱反正完成，王冬雷开始了市场秩序的拨乱反正，开始了轰轰烈烈的打假活动。据业内人士反应，由于雷士照明品牌响亮，利润高，只要贴上雷士照明的金字招牌，就有钱赚，所以，市场上假冒雷士照明产品十分猖獗，甚至吴长江家族成员和朋友都在偷偷地做雷士照明的冒牌产品，吴长江对此睁一只眼、闭一只眼，下面的人虽然知道，也碍于吴长江面子不敢管。2014 年 12 月底，雷士照明官方微博称，雷士照明全面开启警企合作，在国家工商总局、质检总局、公安部及执法部门的指导、支持与帮助下，在全国范围内掀起联合维权打假风暴，大力查处整治侵害雷士照明品牌和损害消费者权益的不法行为。对侵权厂家和经销商，雷士照明将依据事实向政府有关执法部门进行举报。对侵权者依法严厉查处，绝不手软，绝不姑息！目前，王冬雷联合九个省市警方开展了打假行动，希望让消费者买到货真价实的雷士照明产品。

何去何从？

从雷士照明 2014 年财报看，似乎吴长江的出局对雷士照明有一定影响，但雷士照明相关人士并不这样认为，他们认为吴长江出局对雷士照明的未来发展是利好，这几年雷士照明发展受到影响，根源反倒在吴长江身上，经历反复动荡和波折的雷士照明，更需要长治久安的稳定，需要一心一意谋发展。

据接受采访的雷士照明人士表示，雷士照明正在努力采取措施消除吴长江的影响。在吴长江被罢免董事、首席执行官以及下属公司董事长等行政职务后，由于不再有人事任免权和资源配置权，吴长江对公司生态链的影响力已大大降低，可以忽略不计。而对于吴长江之前利用职务之便所作违法乱纪之事，雷士照明已经报案，目前案件正在侦查过程中，没有人愿意跟着一个涉嫌违法犯罪的人捆绑在一起，大家躲避都来不及。没有了吴长江的雷士照明，现在都按制度来，支持吴或者与吴有关系，又想要在雷士照明生态链上觅食，雷士照明对其可能更为严格，没人跟钱过不去，所以，现在包括运营商、供应商在内，都比较识时务为俊杰，看得清形势，都希望把生意做好，把雷士照明发展好。

一波未平，一波又起的权斗，让雷士照明饱经风霜。现在的雷士照明应该是经历风雨见彩虹了。王冬雷在接受媒体采访时称："雷士风云过去了，正在迎来一个好的发展时期，全球照明业面临从传统照明向 LED 转型，雷士照明可以在这个挑战中领先行业，无论是销售额、技术、渠道都位居行业第一位。现在，雷士照明迫切需要做的事就是按照现代企业制度去规范经营。清理规范产品是为上市公司的产品拓展市场，避免消费者遭受更多的损失，也是为了维护雷士的品牌声誉，使上市公司有更好的发展空间。"

据财报，2014 年雷士照明 LED 产品实现 12.28 亿元销售额，同期增长 65.8%，取得高增长率。特别是海外市场格外抢眼。雷士照明借助赞助国际游泳联合会世界跳水赛系列，在迪拜、俄罗斯、阿曼及蒙古等国家和地区与跳水明星一起闪亮登场，给当地留下深刻印象，让雷士照明品牌扎下根来。据公告显示，2014 年雷士品牌产品国际销售总额较同期增长

20.6%，达4.4亿元，其中LED照明产品销售额较同期增长高达300.2%，达2.51亿元，使雷士品牌产品国际销售收入比例从去年同期的17.2%提高至57%。在国际雷士品牌市场方面，2014年雷士加大对重点市场如南美、中东、澳洲、印度及东南亚地区的投入和开发，新开发5家品牌专卖店，包括沙特达曼、印度尼西亚两家、肯尼亚与智利。

渠道是雷士照明的根本动力之一，也是其成功的基本保障，在电商如火如荼发展的今天，雷士照明与时俱进，推动渠道进行深度革命，推动互联网电商渠道，以O2O模式打破原有行业层级代理模式，降低交易成本，以实现“O2O电商渠道将与传统销售策略相得益彰。”为顺应市场发展趋势，2014年11月19日雷士照明与德豪润达在北京联合发布行业首个O2O照明及智能家居电子商贸平台，正式宣告重点布局互联网O2O发展战略。2015年5月15日，雷士照明O2O平台开始试运行，将分阶段授权运营中心营运网上专卖店，充分开通线上终端客户流量，最后实现全网合并，彻底打通在线线下，实现与经销商共赢，打造一个互联网+线下概念的新生雷士照明。

（2015年6月9日）

倪润峰时代，长虹彩电执掌国内市场牛耳长达20年，最辉煌的1997年份额高达35%。2003年倪润峰把接力棒交给赵勇的时候，他恐怕想不到长虹彩电今天已经沦落到第二阵营

赵勇掌舵下的长虹困局：从冠军沦为二流角色

2003年，产业英雄倪润峰把长虹接力棒交给赵勇的时候，他做梦都没想到，赵勇会把长虹带进今天这种艰难窘境：目前在国内彩电市场份额中，昔日霸主长虹已被挤出一线阵营，排在海信、创维、TCL之后，跌落到第二阵营。

或许在其他行业，对国产品牌来说，能跻身前五已经相当不错了。但彩电业是一个品牌高度集中、市场占有率高度集中的行业，土洋品牌全部加起来，也就那么屈指可数的几个。因此，但对长虹来说，无论是长虹自身员工，还是长虹产业链其他利益相关企业，无论是主管的国资委，还是中国消费者，都无法直面跌落第二阵营的局面。

在倪润峰时代，长虹彩电执掌着国内彩电市场的牛耳；在赵勇接替倪润峰掌管长虹初期，长虹也延续了良性发展惯性，从1990年到2009年的20年时间里，长虹彩电一直占据着国内份额第一宝座，无人能出其右，在最辉煌的1997年，长虹彩电市场份额高达35%，也就是说国内每售出三台彩电，有一台就是长虹的。

但现在的长虹是在向着坏方向发展。要想把这种局面扭转过来，着实很难。

赵勇更适合的角色是 CTO

赵勇是典型的学霸，他在中国最好的大学清华读的本科、硕士、博士、博士后。据说，赵勇在清华一共呆了 13 年，被誉为“在清华大学读书时间最长的人”。

毕业后赵勇顺利留校，他的第一份工作是清华大学机械工程系教师。如果没有加盟长虹，他一直留在清华大学做一名老师，那他现在肯定也是著作等身、硕果累累、桃李满天下。可赵勇偏偏来了一个并不华丽的转身：1993 年 10 月，赵勇进入长虹集团，担任国营长虹机器厂、四川长虹电器股份有限公司副总工程师兼工艺技术所所长，主持长虹的科技研发工作。

那时候，科研创新作为中国企业发展驱动力被提上日程。邓小平的论断“科学技术是第一生产力”在大型国企落地生根。在赵勇主持长虹科研工作的那些年，也是长虹发展最快，抵达辉煌巅峰的时候。无须置疑，赵勇主持的科研创新，为长虹开疆拓土立下了汗马功劳。这或许正是赵勇最终被倪润峰相中为接班人，并得到组织上高度认可的根本原因。

如果赵勇一直在总工程师这个位置上干下去，或许长虹能够保持在研发上的领先地位，书写长虹科技创新新篇章，给长虹可持续发展提供强大有力的技术保障。

2003 年，倪润峰功成身退，赵勇顺理成章地成为长虹集团董事长、总经理，坐上了这个偌大国有企业一把手的宝座。

打江山容易，守江山难。多年过去，长虹集团却越做越差，业绩不断下滑，甚至成为亏损大户。某业内人士打比方说，在赵勇掌舵这些年，长虹就像王安石笔下的“神童方仲永”，已经从一个前途无可限量的“青年才俊”快速陨落，今天已经“泯然众人矣”了。

方仲永从神童沦落到“泯然众人矣”，家长负有不可推卸的责任。

赵勇是长虹之福，是在赵勇主导其科研开发之时；赵勇是长虹之祸，是在其全面主导长虹之后。倪润峰长于战略和营销，赵勇长于科研开发，两人搭配，珠联璧合，能发挥最大威力。但从赵勇掌舵到现在十多年长虹的发展可以看出，其实最适合赵勇的岗位，或许不是长虹集团董事长，而是 CTO。

赵勇掌舵长虹后，既没做好虹的战略规划，又在科研创新上渐有老骥伏枥之疲态，渐显青黄不接之状态。据悉，在赵勇当家这些年，长虹股票价格从数十元一路狂跌，现在每股不到 5 元。

长虹战略巨痛

对于一个像长虹这样的巨无霸企业来说，董事长的职责并非日常管理，而是思考并作出正确的战略选择，保证企业实现可持续发展。

如果把长虹比作一艘家电航母，那么赵勇就是舰长，他得时刻保证这艘航母航行在正确的航道上。

显然，在对战略的把控上，赵勇存在明显不足。在其接替董事长之位后，长虹开始了大刀阔斧的改革尝试，一是从产品组装积极向产业链上游延伸，希望解决中国平板电视的“缺屏之痛”；二是收购美菱电器和华意冰箱，进军冰箱和空调领域，完善“黑电 + 白电”的产业布局。

从长远来看，挺进彩电产业链上游，无可厚非。毕竟长虹销量大，如果把屏做好了，能省很多钱，极大地提升利润率。可惜的是赵勇赌错了方向。长虹进军等离子面板时，全球平板电视分成了两大主要技术流派，一个是等离子电视，一个是液晶电视。由于液晶面板投资门槛高，所以，等离子更让赵勇动心。他力排众议，推动长虹上马了国内第一条等离子面板生产线，总投资高达60亿元。

然而，现在平板电视完全是液晶电视天下，等离子电视已经销声匿迹了。随着索尼、东芝、先锋、日立先后退出等离子电视生产，2015年，全球等离子巨头松下也不得不终止等离子生产。长虹的等离子面板生产线随即沦为“鸡肋”。

这次决策失误给长虹带来不可估量的负面影响，至少表现在三个层面：一是巨额资金投入泡了汤；二是相关项目成为负资产，处置起来相当麻烦；三是长虹错失市场良机，被加速边缘化——这也是长虹在这些年萎靡不振的根源。

其实，在长虹进军等离子面板之际，液晶电视与等离子电视的优劣已经隐约显现。可惜这些信息并没被赵勇敏感地捕捉到，他以液晶面板投资更贵为由选择了等离子面板，这也凸显赵勇在战略决策上的短视——以钱为衡量标准，而不看技术发展趋势。长虹虽然在2009年与台湾友达共同出资一亿元，在绵阳组建了合资公司生产液晶电视模组。但这些比起在等离子上的投入，只能算是小儿科。

现在家电企业都在向多元化布局发展，单一业务模式显然已经不适合形势。长虹同样面临业务增长的天花板。赵勇主持完成“黑电＋白电”产业布局，为进一步做大体量提供了可能，确实算得上一步好棋。但无论是长虹的冰箱也好，空调也罢，并没有作出让人眼前一亮的辉煌业绩来，都只能算是二三流品牌，与其战略目标相去甚远。

在家电智能化大潮汹涌的今天，赵勇也意识到智能化是一股势不可挡的潮流，开始带领长虹进行积极转型，推出了“智慧社区下的智慧家庭平台”，目前主营两大业务：智慧物业和智慧健康，将公司重新定位成“个人及家庭产品和服务提供商”。

有意思的是，长虹却把最智能化的终端否决了，2014 年，长虹把国虹通讯的股份卖掉了。在董明珠推出智能手机，美的联手小米，共同打造智能家居如火如荼的当下，长虹集团却把国虹通讯卖了，这不得不让人怀疑长虹向智能化转型的心意是否真诚，方式是否妥当。

赵勇决策失误，也引起了内部老同志的强烈不满。2015 年 7 月，长虹第三号人物，长虹集团党委副书记，纪委书记杨学军采用公开报案方式，实名举报长虹集团、长虹股份董事长赵勇涉嫌严重滥用职权，4 次决策绕过董事会，私下做主的违规操作，导致长虹陷入巨额债务，造成国有资产重大损失。特别是在对鑫昊等离地子项目实施整合过程中，长虹为对方承担了 20 亿元投资资产，10 亿元银行贷款。

如果杨学军所说属实，赵勇这种不知民主，只知集中的个性，对企业发展有利有弊。如果决策正确，对企业发展是福；如果决策错误，那就容易把企业带进“泥潭”。

（2016 年 7 月 13 日）

2016年1月，新美大宣布完成33亿美元融资。2016年7月18日，新美大再次获得华润创业联和基金战略投资。这两轮天量融资足以王兴继续烧钱圈地的快乐游戏了

美团融资上瘾：王兴烧掉百亿美元？

快乐的烧钱圈地发展模式

受益于美团网与大众点评网（下文对合并后的新公司简称新美大）在2015年10月份合并后占据80%以上市场份额的垄断地位，新美大估值再度火箭般上蹿。

2016年1月，新美大宣布完成33亿美元融资，由腾讯、DST和挚信资本领投，国开开元、今日资本、Baillie Gifford、淡马锡和加拿大养老基金投资公司等跟投。

2016年7月18日，新美大获得华润创业联和基金战略投资，双方宣布建立全面战略投资合作，在外卖平台探索互联网+零售新业态。与过往多轮融资不同，这次双方对融资金额讳莫如深。比对新美大在融资上后一轮比前一轮都水涨船高的优良传统，笔者猜想这轮融资金额应该不比上一轮33亿美元低，否则，对新美大的发展和价值来说，就是一种否定。

这两轮天量融资足以让新美大CEO王兴长舒一口气，继续烧钱圈地的

快乐游戏了。

互联网创业，先不求利润，只求规模。创业团队推出一种商业模式，找来资本，用钱开道，烧钱圈地，抢占用户，吹大估值，然后继续融资，烧钱，融资的发展模式。何时能够盈利，是他们漠视的，因为烧的不是自己的钱，所以一点都不心疼。融资成为互联网企业的运营命脉，一旦融资失利就意味着资金链断裂，经营难以为继，以前所有投入都打了水漂。

前后融资高达百亿美元

在不断烧钱圈地的发展模式中，新美大算是运气不错的，获得了不少资本青睐。2010 年 3 月美团创立之初，就获得了天使投资人王江的种子投资，并在当年完成 A 轮融资，获得红杉中国 1200 万美元投资。从那到现在六年多时间里，美团不断获得资本青睐。2011 年 7 月，美团完成 B 轮融资，金额为 5000 万美元，领投方为阿里巴巴、红杉中国、北极光创投，华登国际参与跟投。2014 年 5 月，美团完成 C 轮投资，约 3 亿美元，由美国泛太平洋集团领投，红杉参投。2015 年 1 月美团获得 D 轮融资，总额约 7 亿美元，具体投资方没有披露，只确认红杉中国跟投。2015 年 9 月，美团获得 E 轮融资，金额约 15 亿 ~ 20 亿美元，具体投资方不详。粗略估算，这几轮下来，美团网融资总额在 30 亿美元以上。

大众点评网发展套路与美团网如出一辙。大众点评网 2006 年获得红杉中国的首轮 100 万美元投资；2007 年，获得 Google 400 万美元投资；2011 年 4 月，获得挚信资本、红杉资本、启明创投和光速创投联合投资的 1 亿美元；2012 年，完成第四轮融资 6000 万美元；2014 年，获得腾讯 4 亿美元战略投资，占大众点评 20% 股份；2015 年 4 日，大众点评网宣布完成新一轮 8.5 亿美元融资，华兴资本担任财务顾问，投资方包括小米、腾讯、新加坡政府投资公司淡马锡控股、万达集团和复星集团。粗略估算，融资总额约为 15 亿美元。

融资上瘾：频率越来越快，规模越来越大

在合并成新美大后，这种发展模式被发扬光大。唯一不同的是，估值越吹越大，融资金额越来越大。粗略计算，到第六轮融资结束，双方融资金额总数已经接近 80 亿美元。尽管第七轮融资具体数字不详，但资本运作的传统思路和规律，第七轮融资不比第六轮融资金额的 33 亿美元低。这样一路走来，新美大零零总总的融资加在一起，应该在 120 亿美元以上。将其换算成人民币，估计离 1000 亿相差不远了——这种烧钱方式，足以让任正非、柳传志、马云、王健林，这些中国一流企业家瞠目结舌，叹为观止。

从融资频率和数额可以看出，新美大已经融资上瘾，融资成为了新美大的运营鸦片，有了融资就有了精气神；一旦断奶，就可能出现资金链断裂，导致经营风险无限上升。换句话来说，新美大一直靠输血维持生计，还谈不上造血功能。

（2016 年 8 月 17 日）

从2010年起，娃哈哈就开始了持续的多元化摸索。2014年宗庆后进行了深刻反省，并锐意进取，但效果并不理想，在每年以10%~20%高速增长的饮料行业，娃哈哈市场规模不断萎缩，份额持续下滑，来到了一个“危险时期”

宗庆后迷思：娃哈哈主业天花板与多元化困局

与同城“春风得意马蹄疾”的马云相比，娃哈哈掌门人宗庆后最近有些茫然失意。

2014年娃哈哈年度目标是实现销售额1023亿，结果只完成了2/3左右，约为728亿，同比业绩罕见下滑7%，被宗庆后称是“娃哈哈业绩最差的一年”。

作为中国饮料业榜首企业，娃哈哈雄踞榜首多年。但从2010年开始告别高增长，陷入业绩停滞不前泥淖，2012年首次出现尴尬下滑；2013年任务是800亿，结果只完成783亿；2014年更惨，业绩与目标相去甚远，可以用流行的“理想很丰满，现实很骨感”来形容。

其实，2014年是娃哈哈锐意进取的一年，宗庆后进行了深刻反省，并且有所动作。在娃哈哈对外宣传文稿中，被定义为“娃哈哈全面深化改革的开局之年”。但现实跟宗庆后开了一个玩笑：从经营业绩来看，娃哈哈改革效果不理想，甚至堪称改革失败。

换句话说，娃哈哈全面深化改革，并没有痛定思痛，伤筋动骨地进行，没有找到行之有效的途径，所以才产生了改革于事无补的结局。

主业遭遇天花板与多元化瓶颈

作为我国饮料业龙头企业，娃哈哈产品线十分丰富，拥有乳饮料，碳酸饮料，茶饮料，果汁饮料，罐头食品等150多种，堪称应有尽有。如果把娃哈哈产品摆放在一起，应该是琳琅满目，足以满足消费者全面开花的多样化需求。

但在娃哈哈众多产品中，“明星产品”并不多见，耳熟能详的只有营养快线、纯净水、爽歪歪、八宝粥等为数不多的几种。其中营养快线是娃哈哈的“火车头”，年销售额高达200亿元，占其整体销售额的1/4。况且这几种“明星产品”推出已有相当历史，目前正处于产品衰退周期。而近两年娃哈哈不遗余力地推出的啤儿茶爽、启力、格瓦斯、弱碱性水、小阵陈、富氧水等众多产品，在市场上并没有溅出太多浪花即被淹没，没能成为像营养快线那样撑起娃哈哈销售业绩大梁的“拳头产品”。

与以前“明星产品”满足消费者刚性需求的定位相比，娃哈哈近年所推新品在市场定位上剑走偏锋，过于细化，难以激发大规模市场容量。纯净水解渴、八宝粥解饥、营养快线满足少儿健康需求。而近两年娃哈哈所推新品只是满足了市场小众化需求，只是解决其饥渴问题的尝试性补充，加上以前推新品只要动用电视广告狂轰滥炸就能产生巨大市场效应的粗暴营销模式一去不复返。娃哈哈新品投入市场，钱没少花，但经济效益已大打折扣。这导致娃哈哈不进则退，在每年仍然以10%～20%高速增长的饮料行业，娃哈哈市场规模不断萎缩，份额持续下滑。用宗庆后女儿宗馥莉的的话来说是“娃哈哈已经到了一个危险时期”。业内人士认为，这个

“危险时期”就是娃哈哈主业已经触到了天花板，要想再有所突破已经困难重重，必须寻找其他捷径谋求突围。所以，从2010年起，娃哈哈就开始了持续的多元化摸索。

2010年，时任浙江省省委书记夏宝龙寄语娃哈哈百尺竿头，更上层楼，“做成浙江省第一个千亿大企业”。宗庆后心知肚明，要把娃哈哈做成千亿企业，专注于饮料行业很难完成使命，多元化或是一条多快好省的道路，于是开始试水多元化，并且快速扩张，相继涉猎到奶粉、印刷、零售、白酒、机械、奶牛养殖、教育、商业地产等领域。但从效果来看，娃哈哈令人目不暇接的多元化鲜有成功案例，多为失败告终。业内人士概括称娃哈哈多元化称多元化不仅没能为娃哈哈主业分忧，反而成为其拖累。

2010年娃哈哈与荷兰皇家乳品公司合作，高调进军婴儿奶粉，产销爱迪生奶粉品牌，计划两年销售十万吨奶粉，完成100亿销售额，进入奶粉品牌前列。但现在爱迪生奶粉已经悄无声息，市场占有率不足1%。2012年娃哈哈进军童装业，但年销售额一直徘徊在两亿左右，占娃哈哈总销售额不足三百分之一，在童装市场和娃哈哈总体销售大盘中几乎可以忽略不计。2012年娃哈哈高调进军城市商业综合体，2013年宗庆后雄心勃勃地宣布了“百店计划”，称2013年要在全国开设五到十家商场，未来三到五年要在全国开设100家商场或城市综合体。豪言壮志言犹在耳，但娃哈哈城市综合商业体在拥有天时地利人和的杭州的首个试点娃欧商城已经悄然关门，转型儿童教育。2013年娃哈哈称准备斥资150亿进军白酒业，并在中国白酒圣地贵州收购了一家小型酒企，推出了“领酱国酒”，但生不逢时，娃哈哈酒业一上市即遭遇白酒业进入深度调整期，目前中国白酒业是哀鸿遍野，娃哈哈的“领酱国酒”并没有收到预期效果。

纵观娃哈哈多元化之路，都是跟在其他各行各业大企业屁股后面亦步亦趋地模仿，基本上谈不上创新性切入，难以产生理想效果都在情理之中。事实证明，不是光有资金实力，进军新领域就可以一蹴而就的。其他行业大企业的成功，是经历了多年市场竞争洗礼，具备了深厚底蕴和独到的，不可复制的商业模式。娃哈哈这种钱多任性，没有核心竞争优势的跨界多元化难以成功，更难成为娃哈哈未来发展的支撑。

大家长作风的弊与利

与任正非、柳传志、马云这些中国顶级企业家一样，宗庆后也有自己的管理风格。这是中国企业快速成长的根本。据说宗庆后崇尚独裁专制、勤勉敬业的雍正皇帝。在娃哈哈管理中，宗庆后也是这样落实“偶像精神”。这也带动娃哈哈的快速成长。但与当初创业不同，现在娃哈哈已经成为一艘企业航母，舵手作用固然功不可没，但更需要团队来全面协调配合。局外人很难想象，像娃哈哈这样的企业航母，却是宗庆后“一手抓”，全凭一己之智、一己之力，即使是被宗庆后当作接班人培养的女儿宗馥莉，在娃哈哈都没有多少话语权，更甭提其他管理层。坊间流传，在娃哈哈，即使采购一把扫帚，都要宗庆后亲自签字才能报销。

与同城企业家代表马云撒手放权，善于用人不同，宗庆后是事必亲躬。可能说出来很多人都不相信，宗庆后没有副手，那么大的企业，至今没有董事会，也没有考虑过引进职业经理人。宗庆后通过每月例会形式掌控企业 200 名核心管理层。一个新品上市，从营销方案，产品包装，市场定价，到生产线安装设计，每道程序宗庆后都要亲自把关。这种做法，既无法群策群力，限制了大家的主观能动性，打击了大家的积极性，又造成公司对宗庆后过分依赖，导致在企业未来战略和现实管理上出现后继无人的尴尬。

与这种权力高度集中相比，责任却是大家的。媒体报道称，宗庆后这种“大家长”作风，让管理层敢怒不敢言，因为“吃人家的嘴短，拿人家的手软”，习惯了唯命是从、唯唯诺诺地过日子。由于销售业绩滑坡，在娃哈哈打拼了19年，与宗庆后一直情同父子的原销售公司总经理刘智民不得不于2014年秋天选择辞职。但刘智民辞职是否触动宗庆后痛定思痛，自我否定，拿出壮士断腕的决心进行全面深化改革，仍有待观察。

宗庆后在总结娃哈哈业绩下滑理由时认为市场环境和消费者理念的深刻变化是一个重在原因。这是对的。目前娃哈哈消费者多为80后，90后，他们崇尚消费时尚、上档次的产品，对广告和价格并不敏感。所以，以前娃哈哈推广新品时惯用的广告战和价格战已经是“此路不通”。

现在宗庆后已是70多岁的人了，精力有限，与消费者有明显代沟，难以对消费者消费心理精准把握。如果现在还不放权和培养接班人，那更待何时？娃哈哈是航母型企业，除了宗庆后，其他人恐怕光凭一己之力难以驾驭。除了女儿宗馥莉，宗庆后恐怕还要培养或者引进更多独挡一面的接班人，才能让娃哈哈拥有一个前程无忧的美好前景。

（2015年3月4日）

大树底下好乘凉。做生意的都想傍上万达王健林。但他偏不。他拒绝跟王健林做生意，也把生意伙伴、国际酒店巨头希尔顿告了。他到底想干啥

艺森商战诀：拒绝王健林，怒怼希尔顿

每个时代都有传奇，每个传奇都有故事，每个故事都很精彩。

踩在这片神奇的土地上，处于这个风云激荡的时代，每天都邂逅奇迹，看精英们演绎精彩人生。

经过改革开放40年发展，中国大地诞生的富豪不计其数，有的在富豪榜上赫赫有名，但更多的大隐隐于市，不显摆不炫富，你靠你爹，我干我活，特别是不起眼的细分行业，盘踞着太多富可敌国的隐形冠军，以自己的智慧、魄力、才华，掌控企业、引领行业，堪称名副其实的“双创”标兵。

广东艺森地毯顾问实业有限公司（简称艺森地毯）创始人邓小旺就是这样一位“隐形富豪”。

艺森是一家专为五星级酒店、高端公共空间和豪宅提供地毯设计、研发、生产、销售的企业，以设计创新、艺术创意著称业界，扬名海内外，过着“以自己的思想成就别人的卓越，以别人的辉煌折射自己的精彩”的逍遥日子，多年来一直雄踞行业龙头交椅，没有其他企业能够撼动。

然而，一旦出了这个行业，融入茫茫人海中，邓小旺就是水滴归海，没有多少人知晓。

地毯是门艺术，需要用心经营

由于职业关系，笔者这些年见多了大老板，对一般的企业家真提不起兴趣了，因为务实有料，值得挥毫泼墨的，实属稀缺。知我兴致的朋友称给我介绍一个真正的、与众不同的大老板。

2017 年 8 月，广州一个晴朗的周末，在约定的咖啡厅刚落座，迎面走来一个衣着朴实，趿着拖鞋，肤色黝黑，个子中等、与我年纪相仿的中年人。除了停在路边的宝马 X5 可以看出他有点儿钱，有点儿成功之外，其他都平淡如水，波澜不兴，仿佛置身于《平凡的世界》里某个不煽情的场景之中。

这是我第一次见邓小旺的印象和记忆。

确定双方身份后，我们交换了名片。我快速扫了一眼他的，在职务一栏，上面写着：广东艺森地毯实业顾问有限公司 邓小旺 设计总监。

心里想，朋友真有意思，明明只是一个设计总监，非要说成隐形冠军的大老板！如果真的硬要我跟他朋友见一面，实话实说得了，我不是那种高高在上，不给朋友面子的人。

出于礼貌，同时照顾朋友颜面，我还是耐下性子和他边喝边聊。在我旁敲侧击式的提问中，渐渐印证了朋友的介绍：艺森地毯真是邓小旺百分百控股，没有其他人染指其中，他白手起家，用地毯艺术铺设了一条通向广阔商界的阳光大道。

这些年来，我采访了很多企业管理者，包括老板，都喜欢把小说大，把平凡说成奇迹，像邓小旺这样，刻意把自己放小，把架子放低，还是大姑娘上轿——头一回遇见。这让我对他的兴趣一下子倍增：邓小旺真的很特别，这种不按常理出牌的人，往往有料有故事。

邓小旺说，男人入行就像娶老婆，在一起过日子了，就要用一颗敏感的心去体会，用一双捕捉的眼睛去发现，这样感情才会越来越深，生活才会越过越好。由于行业竞争激烈，利润薄如刀片，很多先行者都转行了，但他越做越爱，越做越觉得值。如果不用心，做任何一件事，都可能只是谋生的工具，这样就很难做好。用心了，就成了艺术，给客户及客户的客户带来价值，同时成就自己。基于这种价值定位，艺森地毯只做高端，让一个踩在脚下的行业"蓬毕生辉"，重焕青春。

在高端地毯行业，艺森地毯份额处于垄断地位，做到了"好酒不怕巷子深"。醉心于将地毯做成艺术品的，已经没有几家企业有这份耐心了。所以，客户都慕名而来的，在中国落地生根的几乎所有高端酒店，都与艺森携手合作过，如希尔顿、索菲特、万豪、君悦、深圳地标建筑瑞吉酒店（京基100）和平安大厦、广州琶洲威斯汀酒店、北京三里屯洲际酒店等；一些庄严宏伟神圣的场合，精英脚下的地毯，也都出自艺森。

邓小旺说，艺森地毯赢得客户，不是靠材料，不是靠质量，因为这些都容易同质化；艺森地毯是靠设计、靠创意、靠艺术含量——在邓小旺看来，地毯的艺术含量，就像科技产品的技术含量一样，是不可复制的，是真正拉开与竞争对手距离，赢得客户的认同，提升自己价值的秘器和法宝。虽然是地毯，但艺森地毯的产品就是艺术品，铺设在五星级酒店就有让客户置身于艺术殿堂的高雅感觉，滋生一种别样风情的独特享受。

邓小旺解释说，之所以印的是设计总监，而非董事长，是想给客户传递一种理念：在地毯的设计上，邓小旺很懂行，很有话语权；对地毯的设计，客户可以放心托付给他，而不是传来传去后，让客户的理念需求在交货后变形走样。如果印董事长或总裁，虽然容易获得客户尊重，但交流起来客套居多，不接地气，难以深入。实践证明，以设计总监名义与客户洽谈，马上可以直奔主题，不用拐弯抹角，做到了事半功倍。

拒绝与王健林的万达做生意

在当代中国商业史上，有人是被当作神的，如华为的任正非、阿里巴巴的马云。

万达的王健林也曾站在神坛上。王健林是中国商业地产的符号，做相关供应产业的，都以攀附上万达，攀附上王健林为荣，以为只要傍上了这个大款，就不愁吃香喝辣，飞黄腾达，功成名就。

艺森地毯曾经是万达的供应商，为其酒店产业设计供应地毯。万达酒店产业的标志性项目，位于北京东三环万达集团总部附近的索菲特酒店，用的就是艺森地毯。万达对艺森地毯的质量，以及施工水平相当满意，有意长期合作。按道理，靠着万达，艺森地毯如虎添翼，将走上快速发展的康庄大道。这正是求之不得的天赐良机。

但在索菲特酒店施工结束后，与万达的项目合作被邓小旺放弃了。这可能在万达项目与其他伙伴合作上，是绝无仅有的。尽管万达采购多次表达意向，但邓小旺不为所动，原因很简单，做万达生意，时间很紧，回款很难，这与邓小旺制定的游戏规则相悖：他对自己产品极度信任，要一手交钱，一手交货。

邓小旺说，买卖双方舒服的是一手交钱，一手交货。他对自己的供应商也坚持这个原则，从不拖欠。这种原则也让艺森地毯财务状况良好，没有坏帐，抗风险的能力极强。这些年，受大环境影响，一些只顾屈膝抢单的同行纷纷关门倒闭，艺森则是越活越滋润。邓小旺说，宁愿赚钱少，但要活得健康。

实践证明，邓小旺是有先见之明的。前段时间媒体曝出万达财务问题，不得不甩卖优质资产，这对万达供应商也是有影响的，但艺森地毯没被卷入其中。

邓小旺说，做企业与做人一个道理，要把命运掌握在自己手里，而不是别人手里。产品质量好不好，有没有技术含量，能不能实现差异化，是经营王道，无论是过去、现在，还是将来，只要做企业，有一个道理亘古不变：产品质量过硬，技术含量高，才能得到客户尊重，愿意出高价，因为皇帝的女儿不愁嫁。

怒怼合作伙伴希尔顿

艺森地毯把产品当作艺术品，创造性是艺森地毯坚持的经营理念。所以，艺森很注重对知识产权的保护。这种做法，在地毯行业也是绝无仅有的。艺森地毯曾经两个月内拿下外观专利 100 多项，作品版权登记 100 多项。这个数据放在其他行业可能不起眼，但在地毯行业，算得上是知识产权大咖了。

艺森地毯每件产品出炉，都凝结了艺森人的心血和智慧。所以，艺森人对作品的爱惜不亚于爱惜自己的眼睛。眼里是容不下沙子的，可偏偏有人抓了一把沙子，撒向他的眼睛。这位撒沙子的是全球著名的酒店大鳄希尔顿。

2017 年 8 月，一个偶然的机会，邓小旺发现希尔顿南海酒店的走廊使用了艺森地毯享有著作权的地毯。最近，艺森地毯一纸诉状把希尔顿南海酒店告上了法庭，要求索赔一百万。

圈内朋友闻讯后，劝告艺森地毯撤销诉状，息事宁人，毕竟以后大家抬头不见低头见，希尔顿还有很多新业务要与艺森地毯合作，大家和气生财，得饶人处且饶人。但邓小旺犟劲上来了，非要状告希尔顿不可。邓小旺称艺森地毯要借机告诫所有人尊重知识产权，这是保障创新，维护社会健康发展，行业不断进步的起码标准；没有创新，就没有动力，剽窃他人劳动成果，就要受到警告甚至惩罚。作为跨国企业的希尔顿更应该率先表率，尊重知识产权。目前深圳南山区人民法院已经正式受理此案。

在地毯行业，谈知识产权，是个稀罕之物：知识产权离这个行业很遥远。在2000年前后，中国酒店业快速发展，为地毯行业的高速发展创造了良机。邓小旺当兵退伍后，就进入地毯行业，沉浸多年，对行业问题和现状洞若观火，他呼吁不要以价格为导向，做一天算一天，做一件赚一点，没有规划，谈不上技术含量。

邓小旺认为，目前地毯行业盛行的“代供思维””迟早会给行业带来毁灭性伤害。地毯行业要发展，就应该摒弃以前老路，走以设计为主，主张创新，注重创意的新路，把艺术含量作为实现差异化的路径和突破口。有艺术含量，实现差异化了，才能赢得客户，实现可持续发展道路，把市场做大。

2006年邓小旺自己创业了。凭借先进的经营理念，经过几年努力，艺森地毯过关斩将，攻城拔寨，迅速壮大为行业龙头企业。

做一带一路文化输出使者

谦虚的邓小旺并不谦虚地说：做地毯，我喜欢琢磨，悟性高，做出来的东西就是与别人不一样，有时候吃饭、走路、睡觉都在想什么样的创意才能满足客户要求，超出客户期望。“在地毯行业，是我把设计引了进来，我是地毯设计第一人。”

目前地毯行业，国外已经告别了手工生产，实现了机械化大规模作业。中国依靠手工制作的地毯企业也不多了。邓小旺说，机械化生产把艺术味根除了，所以只有靠价格战来争夺市场，这并不能满足高端酒店对差异化的需求。

艺森地毯坚持的是把地毯做成有价值的艺术品，让人置身其中，有美的感觉，同时又可以作为艺术品收藏，具有升值空间。邓小旺说，目前的一带一路建设给地毯行业发展提供了走出去的契机，一带一路的酒店业方兴未艾，希望艺森地毯把握机遇，抓住政策红利，将艺森地毯作为有附加值的“中国制造”出现在沿路的高端场所。

在成为高端地毯龙头企业之后，邓小旺并没有满足和停止，而是开始了新的探索。对未来发展，邓小旺有新想法。他认为既然高端地毯在五星级酒店和豪宅深受客户欢迎，为什么不能将其引进普通老百姓家里，为普通家庭增添一份温馨浪漫的艺术气氛呢？

帮助作为艺术品的高端地毯飞入寻常百姓家是邓小旺的下一个小目标。当然，这事儿不能靠传统渠道，而得通过互联网，要搭上互联网＋的顺风车。艺森地毯已经行动开了，在互联网上开设了地毯定制的网络商城，方便客户根据爱好进行个性化定制。

邓小旺说，随着中国人生活水平的上涨，艺术欣赏水平的提高，将来家庭艺术化是大势所趋，具有十分巨大的市场前景，可以再创多个艺森地毯。所以，艺森地毯要撸起袖子加油干，让这个古老行业焕发青春，让自己的二次创业再写辉煌。

（2017 年 10 月 25 日）

第二辑 飞车评论

DA KA JIANG HU

官车历史终结 奥迪在华受困

全球豪车冠军宝座或易主 宝马在华存三硬伤

宝马在华遭遇生死三重门

与多方关系紧张透支奔驰未来

豪车增幅奔驰垫底 史皮克斯面临下课风险

把利好转为销量考验沃尔沃

卷土重来的林肯汽车或重蹈覆辙

雷克萨斯正错失中国机遇：动作迟缓透露傲慢

凯迪拉克：廉颇老矣 尚能饭否？

捷豹边缘化影响捷豹路虎发展

DS：用钱砸出来的快速成长

英菲尼迪圆中国梦要跨四道坎

……

2013 年 6 月，外交部部长王毅将座驾奥迪换成了红旗，揭开了省部级干部换车热序幕。这一作为，给奥迪当头一棒。稍有不慎，奥迪或滑入全面危机深渊，引爆在中国市场多年累积的问题

官车历史终结 奥迪在华受困

中国第一官车历史终结

2013 年 6 月，外交部部长王毅将座驾奥迪换成了红旗，揭开了省部级干部换车热序幕。这一作为，给奥迪当头一棒。

此为起点，在华市场风光无限的奥迪，正在经历刻骨铭心的阵痛，其约定俗成的“中国第一官车”的皇冠，正在拱手让人——实际上，奥迪已经基本退出了政府采购的历史舞台。

其实，从中国汽车产业发展来看，奥迪退出政府采购是一种必然，但没想到来得这么突然和彻底。这突如其来的变化，逼迫奥迪不得不放下“贵族身段”，开始刮骨疗伤的“平民化运动”，以求更接地气，希望借助私人车辆市场扩张来取代政府采购留下的空白。

在终端销售市场，奥迪价格如坐过山车，连续出现多款车型罕见暴跌。其中 A8 最高优惠 53 万元，A7 最高优惠 22 万元，A6 最高优惠 15 万元。A6 凭这次大幅度优惠，委身于 30 万元车型行列。这种价格暴跌的血

洗甚至殃及零配件，奥迪官方宣布，从8月1日起主动下调国产车型原装备件价格，降价后奥迪A6L的“零整比”从411%骤降至291%。这种降价幅度自奥迪开拓中国市场以来，堪称史无前例。

在官方用车光环的辉映下，奥迪是中国盼车族的梦想。而30多万的奥迪A6确实让潜在用户怦然心动——尽管遭遇公务用车市场的挤兑，但价格上的“自由落体运动”还是成为奥迪上半年销售的原始动力，产生了积极的市场效应。

今年上半年奥迪在华仍然取得了还算不错的业绩，一共销售26.87万辆，同比增长17.8%，仍然是豪车市场当之无愧的冠军。在基数巨大的前提下，奥迪取得这个增长，已经是有所交代了。但纵横比较，这个数字让奥迪比较难堪——上半年，中国豪车整体市场增长幅度高达32%，奥迪仅为其一半略高一点，其他豪车品牌增速均高于奥迪，其主要竞争对手奔驰增幅是奥迪两倍，而增速最快的英菲尼迪是奥迪的约8倍。这种尴尬的增长速度导致奥迪市场份额从去年同期的35.7%降至33.6%，直接宣告了奥迪市场份额持续增长历史的终结。

降价初衷是为换取销量，维持增长，保住市场份额。单从销售数据看，奥迪这种做法是取得了一定成效。但通过比较观察，我们不难发现，奥迪价格是降了，但其增长幅度放缓了，市场份额减少了。这种事与愿违的情况或许有悖奥迪做出降价决策时的期望。

釜底抽薪：公车改革和反腐调查

价格狂降说明利润空间巨大。这凸显奥迪在政府采购中具有人为操作空间，为腐败滋生提供了可能。

回顾奥迪拓展中国市场20多年的发展历程，我们不难看出：如果没有军队和公务用车的大力支持，奥迪很难有今天这种行业领袖地位的，政府采购为奥迪在中国发展立下了汗马功劳，一方面政府采购直接解决了奥迪初入中国市场时的销售难题；另一方面政府采购对私人用车市场具有深远的示范意义，促进了奥迪在中国的市场拓展和品牌推广。

在政府采购排斥奥迪车辆的消息出来后，为让负面影响降到最低，奥迪高管在接受媒体采访时称，政府采购限制对其影响不大，并且列举数据佐证称，公务车市场只占奥迪在华销售的20%，私人用车市场占有80%。就按这种说法计算，2013年奥迪在华销售为491989辆，20%就是接近10万辆，这是一个小数吗？况且，这种看问题的方式过于静态和选择性，忽略了公务车市场对私人车市场的巨大榜样模范作用。

以前汽车领域的政府采购，在百姓和企业当中颇有非议。强化对政府采购的规范管理，提升政府采购中自主品牌的地位和作用，是民族产业的必由之路，这一天是迟早会到来的。

2013年有关机关发布了《党政机关厉行节约反对浪费条例》，被称为“史上最严的公车改革”。紧接着，前段时间又颁布了《军队公务用车订购全面实现国产化》，对政府采购提出明确要求，要求强化自主品牌。在政府用车的采购名录中，曾经稳坐座上宾首席的奥迪第一次名落孙山，取而代之的是一汽红旗和被中国民族企业吉利收入囊中的沃尔沃等一批自主品牌。各级政府、企事业单位是否全面效仿现在尽管还是未知数，但奥迪从军队和公务车市场退出，已经成为现实。这对奥迪来说，无疑是给其釜底抽薪的一击。

在中国，奥迪是“官车”的代名词，从政府到民间，都以拥有奥迪自豪。正由于政府采购的严重倾斜，奥迪几乎垄断了从中央机关到省市县各级政府用车高端市场，这使得奥迪在政府用车市场和豪华车辆市场风头之盛，无人能出其右。政府采购市场的红火，给奥迪带来滚滚财源。

在中国这样一个“尚官”的市场环境中，奥迪成为政府采购主流车型的另一个重要作用就是消费风向标意义。官场用啥车，老百姓就喜欢买啥车。从而造成奥迪车一货难求，甚至出现坐地涨价的情况。现在政府采购限制，让奥迪从庙堂之高的神坛上跌落下来。这种官场失宠势必将反作用于民间消费场。其价格直线下跌，也正是在跌落神坛后，奥迪为保证销量不得不采取的一种自我救赎。

另一个影响奥迪销售的，就是政府反腐败的持续深入。作为公共财政上的毒瘤，在习近平时代，腐败成为过街老鼠，人人喊打。众所周知，公车消费是腐败高发区。价格昂贵的公车消费助长了庞大的灰色地带，不仅公车私用被人民群众深恶痛绝，而且公车采购、保养、维修和车辆处置等方面存在的腐败问题，庞大而隐秘。这些环环相扣的利益链条，像抽血管道一样侵蚀着公共财政，腐蚀着政治生态，成为滋生腐败行为的温床和催化剂。

此前，“大老虎”周永康被公布立案审查，更加凸显了中央反腐的意志和决心。有意思的是，“大老虎”就在当地经营奥迪 4S 店。这不得不让人浮想联翩：其红红火火的生意背后，有没有当地政府出于攀附上层做出利益输送之举？如果没有“大老虎”的关系，奥迪能否把当地经销权拱手相让？

腹背受敌：主要竞争对手和二线品牌穷追猛打

“枪打出头鸟”是商场普遍法则。作为中国市场豪车第一品牌，奥迪不仅是主要竞争对手宝马、奔驰的赶超目标，也是其他二线品牌的假想敌，被争相效仿，穷追猛打。在被政府采购“断奶”后，奥迪的官方身份寿终正寝，没有了独树一帜的优势资源，与宝马、奔驰和其他豪车品牌一样都要从市场寻找源头活水。

奥迪、宝马、奔驰，合称为德国豪车三强，业内通称 ABB。在中国豪车市场，他们依次占据着冠、亚、季三强宝座，市场份额合计超过 70%，占据绝对优势。

在中国豪车市场，今年上半年 ABB 都取得了不错的销售业绩，其中奥迪销售 26.9 万辆，同比增长 17.8%；宝马销售 22.5 万辆，同比增长 23%；奔驰销售 13 万辆，同比增长 36%。

从绝对数值看，奥迪稳居冠军宝座，岿然不动，无论是宝马还是奔驰，要在两三年内动摇其盟主地位，还是有一定难度。但从增长幅度看，宝马和奔驰后劲更为强劲。以现在的加速度来推断，宝马超越奥迪似乎是指日可待的了。而奔驰增长更为咄咄逼人，增幅是奥迪的两倍还多，这是让奥迪中国区总裁狄安德坐立不安的一个数据。从另一个侧面看，奥迪的增幅没有任何意义：上半年中国豪车市场平均增长幅度为 32%。如果以这个增幅作为参照，奥迪增幅连及格都难。

其实，宝马完全可以做得更好，因为其增幅是在人事剧烈变动的情况下产生的。宝马曾经的黄金组合带动了其在中国市场的高速增长。但从 2012 年 12 月中国区总裁史登科交出帅印起，开始进入中高管的剧烈动荡期，销售副总裁陆逸加盟路虎中国，华晨宝马营销高级副总裁戴雷加盟英菲尼迪，直到最近，仍然处于人事地震的余震期。人事剧变对宝马管理和销售带来巨大冲击。尽管这样，宝马还是取得了比奥迪优势明显的增幅。随着宝马人事调整逐渐到位，其发展后劲更让人看好。在未来两三年，德国三强在中国市场上的差距肯定没有现在这么泾渭分明，差距将模糊难辨，格局生变可能性极大。

或许成熟的美国市场为豪车在中国市场的发展提供了较好借鉴。在美国市场，今年上半年，宝马销售 15.74 万辆，雄居榜首；奔驰为 15.16 万辆；而奥迪仅为 84349 辆，位居第四。从这些数据可以看出，奥迪的品牌影响力和性能体验比起其竞争对手来，难见明显优势，甚至要略逊一筹。中国市场仍然处于洗牌的关键时期，江山格局的稳定，还需要一段时间。或许数年之后，中国豪车市场的格局与美国现有格局将较为接近。

除了宝马和奔驰对奥迪市场份额的鲸吞，还有大批二线品牌的“团体蚕食”。目前大批二线豪车品牌意识到中国豪车市场的巨大潜力，开始把中国作为最重要的单一市场来精耕细作，加强投入。这些二线品牌同样也是奥迪的心腹之患，让奥迪疲于应付。

从增幅来看，今年上半年二线豪车品牌要比 ABB 的表现更为可圈可点。英菲尼迪销售 13964 辆，同比增长 130%，是增长速度最快的豪车品牌；凯迪拉克销售 33760 辆，同比增长 71.7%；捷豹路虎销售 63479 辆，同比增长 48.5%；沃尔沃销售 38600 辆，同比增长 34.3%；雷克萨斯销售 39300 辆，同比增长 31.2%；讴歌销售 2283 辆，同比增长 78.2%。

奥迪长期称霸中国豪车市场的一个重要原因，就是消费者缺乏可供选择的品牌和车型。现在这种局面也是一去不复返了。众多的二线品牌为中国用户提供了多样化的选择，共同构成生机勃勃的豪车消费局面。虽然他们目前的销量在奥迪面前不值一提，但单个发展空间更大，后劲更足。如果把二线豪车阵营看作一个整体，他们对奥迪的冲击，绝不亚于奥迪的主要竞争对手宝马和奔驰更强烈持久。

在二线豪车品牌的发展中，不得不着重单独提一下情况特殊的红旗和沃尔沃。因为奥迪退出政府采购市场后，将主要由这两个品牌来取代。红旗是一汽推出的自主品牌，承载了十三亿中国人的汽车强国梦。在政府采购方面，所有奥迪具备的优势资源，将由红旗来继承和发扬光大。红旗能否成为“国产奥迪”，我们现在还不能断论，但一汽肯定是在往这个方向努力。所以，业内对红旗日后发展普遍看好。

在性价比上，沃尔沃与奥迪是有得一拼的，甚至在安全方面的口碑，沃尔沃是有过之无不及的。被吉利收购，沃尔沃作为唯一有外资血统的豪车品牌跻身政府采购名录。这对沃尔沃在中国发展的推动，有着非凡意义。成功取代奥迪进入政府采购名录，类似打通了沃尔沃在中国市场上的“任督”二脉。由于沃尔沃并购后的整合需要一段时间，以及才挤进政府采购名录，其发展后劲没有完全显现出来，但不用怀疑，借以时日，沃尔沃与红旗一起取代奥迪留下的政府采购空白将成为不争的事实。

反垄断调查或揭开奥迪陷危机冰山一角

长期以来，在中国消费市场，盛吹崇洋媚外之风，以为西方月亮比东方圆。现在这种风气正在经历拨乱反正。彭丽媛陪习近平主席出访，从手机，到服装，到皮包，用的都是国货，这大大增强了民族自豪感，在民间引爆“爱国产，用国产”风潮。

在汽车领域，这种“爱国产，用国产”之风，从公务用车开始，在向私人用车领域蔓延。这种消费观念的转变，来自三个方面：一是中国制造在科技创新和工艺制造水平上迎头赶上，大大缩小了与洋品牌的差距，但价格却具有十分明显的优势，这促进国民消费意识从根上开始扭转；二是外资品牌不断国产化，但在售后服务上自主品牌明显偏弱；三是来自政府层面的反垄断调查开始伸向汽车领域，并且持续深入。

反垄断调查是外资品牌必须面对的新课题。在此之前，他们在中国发展，具有最惠国待遇，政府对其逐步垄断的现状，睁一只眼闭一只眼，得过且过。但现在不一样了，在 WTO 体制下，出于维护国家和行业利益需要，欧美对中国企业不时祭出反垄断大旗，让中国企业损失惨重。

吃一堑，长一智。在经历了初期的茫然和无助接受之后，中国现在开始以反垄断名义进行反制。这种反垄断之风从食品、乳制品、药品行业开始，目前正在 IT 领域刮起强劲的反垄断之风，美国芯片巨头高通，IT 巨头微软，都被卷入反垄断的滔天骇浪之中。最近，这股反垄断之风开始蔓延到汽车领域，与往届相比，这次反垄断之风来得迅猛，雷声大，雨点也大。

最近，国家发改委价格监督检查与反垄断局对国内汽车行业进行反垄断调查，连续约谈了奥迪、捷豹路虎、奔驰等外资汽车企业负责人，向他们发出了启动反垄断调查的明确信号。上海市发改委价格监督检查与反垄断局则是直接动手，对上海奔驰办事处进行了突击调查。反垄断调查成为豪车们不得不降低价格的直接原因。

利用垄断操纵价格是这些掌握核心知识产权的外资品牌的市场利器和攫金手段，这让汽车产业链和消费者颇有微词。这种不公平竞争引起政府注意，并采取行动，只是时间问题。拿豪车在中美市场的价格对比来看，换算为人民币后，结果触目惊心，让人感觉豪车们对中国消费者的无情痛宰：一款保时捷卡宴 3.0T 美国售价 30.21 万元，在中国售价 90.20 万元；一款奥迪 Q73.0T 美国售价 46 万元，到中国售价 90.28 万元；一辆奔驰 GL350 美国售价 39.06 万元，中国售价 103.80 万元；一辆宝马 X5 XDRIVE50I 美国售价 44.26 万元，中国售价 202 万元；一款路虎揽胜运动版 5.0V8 美国售价 57.28 万元，中国售价 198 万元。在中国售价基本上是在美国售价的两倍以上，个别车型价格相差四五倍之多。

根据《中华人民共和国反垄断与不正当竞争法》，豪车品牌的垄断行为是切实存在的，不仅体现在其市场份额居高不下，更体现在他们利用垄断形成的对价格的操控。现在中国政府开始向这些外资勇敢“亮剑”，是中国消费者的福音，也成为外资豪车巨头的梦魇。

作为中国豪车第一品牌的奥迪，在中国反垄断风潮中，首当其冲，全在意料之中。

奥迪之殇：份额和利润双重下滑

一滴水折射太阳的光辉。现在谈各大豪车品牌在中国市场的今年表现，确实尚言之过早。但用半年数据作为参照，推测其年度表现，却是具有相当高的可信度。

如果没有拉动市场的特殊手段，今年奥迪增幅将出现垫底的可能，其在中国的经营或许交出拓展中国市场以来最为惨淡的一份答卷，陷入市场份额和利润双重下滑的经营困境，甚至动摇到奥迪中国区总裁狄安德的宝座。

奥迪会启动全面降价的营销策略吗？这或许取决于狄安德面对中国市场的压力，以及中国政府对奥迪反垄断调查的深入程度。但从奥迪一款车型动辄数万，十几万，甚至几十万的降价幅度来看，折射出奥迪车型的利润空间之大，超出我们想象。

就像一辆停在半山腰的汽车，突然出现制动失灵的情况，一旦它开始下滑，就难以止住。豪车在中国市场上迫不得已的集体调价行为，预示着他们在中国的暴利冰山开始出现松动迹象。第一张多米诺骨牌已被推倒，其余的还能坚持多久？

或许降价拉开了豪车们在中国市场暴利时代雪崩的序幕。尽管是星星之火，但秋天来了，冬天还会远吗？豪车们的暴利时代或将一去不返。豪车将与中低端车一样，进入价格贴身肉博的微利时代。

降价是促进销售，扩大份额，以规模取胜的重要法宝。但对奥迪来说，期待与事实正在渐行渐远：降价并没有实现市场份额提升，而是在急剧萎缩。

当然这种情况还产生了一个让奥迪无法承受之重的后果，那就是价格大幅下滑后，却并没有产生规模效应，导致利润大幅度缩水，直接影响到企业的经济效益。这或让狄安德坐立不安。

面对中国豪车市场出现的各种变数，奥迪得有心理准备了。如果反应迟缓，应对失策，那就后果堪虞了。跨国企业在中国遭遇滑铁卢并非没有，而是近在咫尺。诺基亚在中国市场上曾经一时无二，最高峰时占据42%的市场份额，可是其崩溃也只是一两年时间。

以前中国豪车市场只是简单的德系三强在演绎“三国演义”，彼此知根知底，局面相对简单，现在中国豪车市场已经从蓝海变成血腥红海，进入更为错综复杂的群雄逐鹿的战国时代，采取简单粗暴的拼新品、拼价格手段，已经不合时宜。稍有不慎，奥迪或引爆在中国市场多年累积的问题。

（2014 年 8 月 13 日）

相对于竞争对手的快速反应，宝马显然慢了一拍。这并不是因为宝马不懂，而是因为骨子里要傲慢一点。这种傲慢，导致宝马市场反应迟钝。宝马已经为此在中国市场吃过很多亏，吃过多年亏了

全球豪车冠军宝座或易主　宝马在华存三硬伤

在全球市场德系三强中，宝马折桂。2013 年，全球销量，宝马为 1655138 辆，奥迪为 1575500 辆，奔驰为 1461680 辆；但增幅排位却完全相反，奔驰以 10.7% 领跑，奥迪以 8.3% 紧随其后，宝马以 7.5% 排名垫底。2014 年上半年，全球销量延续了 2013 年的状况，宝马为 886347 辆，奥迪为 869350 辆，奔驰为 783520 辆；增幅排位也是正好相反，奔驰为 12.8%，奥迪为 11.4%，宝马为 10.2%。在全球范围内，虽然宝马仍然是销量冠军，但在加速度排名上分别为奔驰，奥迪和宝马，三者差距越来越小，奥迪和奔驰迎头赶上趋势明显，照此发展，宝马冠军宝座或在三五年内易主。

在中国市场，从销量上看，德系三强排名略有不同，宝马和奥迪刚好换了个位子，奥迪第一，宝马第二，奔驰第三。2013 年，在华销量，奥迪为 491989 辆，宝马为 362100 辆，奔驰为 218045 辆。2014 年上半年，在华销量，奥迪为 268666 辆，宝马为 22.50 万辆，奔驰为 135972 辆。但从增幅上看，奔驰表现最为抢眼，以 37.5% 一马当先，宝马为 23.1%，奥迪为 17.8%。奔驰增幅凸显其在中国的巨大市场潜力和发展空间。排除偶然性

意外因素，奔驰在华销量赶超宝马，也就是最近三五年的事了。

在华发展，用内忧外患来形容宝马处境，或许并不为过。综合观察，宝马在中国市场，存在三大致命硬伤，让宝马犹如老骥伏枥，虽然志在千里，却是心有余而力不足，捉襟见肘。

高管离职潮或让宝马深受内伤

最近，宝马一口气提拔了五位副总载来负责在华市场和销售工作，他们分别是北区的李龙，南区的刘智，西区的展飞，东风的赵奕佳，东南区的邵兵，创下豪车品牌在华人事提拔密度之最。

做出这种密集高层人事调整，固然凸显了新官上任的宝马大中华区总裁兼首席执行官安格的布局和雄心，但同时反应宝马内部高层青黄不接，多个位置腾空，并且折射宝马内部人心浮动，决策层不得不利用高位和优厚待遇来诱惑人才留下来。

与这种罕见的密集高层任命形成鲜明对照的是宝马高层的离职风潮。2012 年原宝马中国区总裁史登科以退休名义隐退，掀开了宝马中国离职潮序幕。2013 年 1 月 1 日，宝马中国区副总裁陆逸离职。1 月 13 日华晨宝马营销高级副总裁戴雷离职。9 月 6 日华晨宝马销售副总裁段建军离职。10 月宝马中国 MINI 品牌副总裁朱江离职。2013 年 7 月 3 日宝马中国市场副总裁朱力威离职。至此，宝马已经有五位副总裁相继离去。执行层和普通岗位离职员工更是数不胜数。

离职原因或许多样，但作为中国区掌舵人，安格却是难逃干系的。或许，他们的离职与安格需要主动掌握权力有关，但据内部人士称，由于空降的安格对中国市场和文化了解肤浅，与管理团队磨擦较大。一位原宝马高管称，在与部下沟通过程中，安格喜欢提出问题，但很难就解决问题提出方向性和建设性意见，让管理层容易滋生挫折感。

当然，众多高管离职，不仅给宝马内部的经营管理造成混乱，销售受到影响，他们的去向，或许更让安格寝食不安。陆逸去了捷豹路虎，担任中国执行副总裁。戴雷去了英菲尼迪，担任中国区总经理。段建军去了梅赛德斯—奔驰销售服务有限公司，担任销售与市场执行副总裁。朱江去了雷克萨斯，担任中国副总经理。才离职的朱力威行踪暂没披露，如果不出意外，肯定也是豪车品牌在中国的高管职位。

今年上半年其他豪车品牌在中国市场增长迅猛，其中英菲尼迪增幅为130%，捷豹路虎为48.5%，奔驰为37.5%，雷克萨斯为31.2%。宝马原高管加盟，为其高速增长立下了汗马功劳。他们从宝马带过去的，不仅有现成的渠道资源和管理经验，而且对宝马更是知己知彼，在与宝马逐鹿中原的商战中，更能百战不殆。所以，从这个角度上来说，作为豪车“黄埔军校”的宝马是培养了“自己的掘墓人”。

高管离职风潮带来的影响仍在持续发酵，在今后两年，相对于其他品牌高速增长，宝马或许陷入缓慢增长的疲态。安格已经意识到这些，所以，他在接受采访时称，宝马在中国今后保持略高于10%的增速。这话凸显了安格的谨慎，但换句话来说是态度消极。按照豪车们在中国雄心勃勃的发展计划，如果都能梦想成真，那么宝马被奔驰赶超，被凯迪拉克，捷豹路虎迎头赶上，或许用不了多久。

层出不穷的质量召回让宝马走下神坛

德系豪车三强之所以傲视群雄，关键在于其塑造出来的产品“质量神话”。由于事关用户身家性命，质量问题显得尤其重要。近年来，宝马车的质量问题却是大面积，多频次地爆发，成为宝马走下神坛的“强大引擎”。

据国家质检局发布消息，从8月25日起召回部分进口及国产宝马3系列，共计15474辆，原因是前排乘客侧正面安全气囊气体发生器可能因为发生故障，气囊无法打开，导致气体发生器金属外壳被撕裂，有伤及前排乘客及其他车内人员的风险，存在安全隐患。

5月美国国家公路交通安全委员会发布报告，共6400辆2014款宝马X5车型的儿童安全锁可能失效。这些问题的车门在儿童安全锁落锁之后还可从内部打开，对儿童乘客的安全不利。

4月国家质检总局发布召回信息，宝马（中国）汽车贸易有限公司，华晨宝马汽车有限公司召回部分装配N52K、N52T、N55发动机的汽车，共计232098辆。原因是发动机可变气门正时机构（VANOS）外壳上的固定螺丝栓设计原因，发动机运转过程中，固定螺栓有可能松脱甚断裂，导致发动机可变气门正时机构的密封性受到影响而生生异常或失效，可能导致无法启动或产生机械损坏，存在安全隐患。

2月宝马向国家质检总局备案召回部分国产及进口宝马车型，共计25254辆。原因是部分车辆发动机缸盖中进气凸轮轴存在设计缺陷。当发动机运转时，凸轮轴内部的机油密封片可能发生偏移，影响真空泵的机油供给，使其因润滑不足造成损坏，导致制动助力下降，存在安全隐患。

宝马今年就出现了这么多潜在安全隐患，确实触目惊心。这在宝马历史上是少见的。在豪车阵营中，也是绝无仅有的。所谓“千里之堤，溃于蚁穴”。质量问题，正在把宝马多年来积淀下来的良好口碑腐蚀掉。这么多年来，宝马之所以在全球豪车市场独领风骚，一个重要原因就在于宝马产品质量过硬，现在这种情况涌现，让宝马质量遭遇空前的信任危机。销量增幅比其他品牌明显要少，正是这种情况的反映和根源。

反垄断反应慢一拍 凸显宝马是“慢鱼”

从2014年6月起，商务部宣布在包括汽车在内的多个领域进行反垄断。目前，虽然对反垄断进行了一些处罚，但这不是结束，而仅仅是一种开始，以后豪车领域的反垄断将成为一种“新常态”。

8月11日，湖北物价局依据《反垄断法》对宝马四家经销商给予行政处罚，总金额达162.67万元。数据虽小，但这只是一个地方性的处罚。在反垄断成为“新常态”之后，宝马或将防不胜防，疲于应付。

为什么第一个被处罚的是宝马，而不是奥迪，奔驰，难道是偶然？

其实，这也适应落后就要挨打的丛林法则。7月27日，一汽一大众奥迪宣布，涉及旗下所有国产车型，从8月1日起主动下调国产车型上万种原装备件价格，平均降幅达20%，奥迪A6L零整比甚至从411%降至291%。捷豹路虎、奔驰也先后宣布下调部分维修配件价格，以回应国家反垄断调查。

相对于竞争对手的快速反应，宝马显然慢了一拍。宝马宣布从8月11日起下调原厂零配件批发价格，包括车身，压缩机，发电机，电瓶，刹车盘在内的2000余件产品，平均降幅为20%。

宝马为什么这么不听“政府的话”？

这并不是因为宝马不懂，而是因为骨子里宝马确实要傲慢一点。这种傲慢，也导致宝马市场反应迟钝。其实，在中国市场上，宝马已经为此吃过很多亏了。例如在全球市场，宝马是绝对老大。但在中国市场，2013年宝马销量比奥迪少了13万多辆。在中国市场，奥迪比宝马“会来事”，是奥迪销售做得比宝马好的一个重要因素。

（2014年9月10日）

严重质量问题导致的大规模召回、高管心生厌倦纷纷离职、对手对宝马市场的蚕食鲸吞，成为宝马在华必须面对的三道坎

三大原因让宝马在华陷入困境

用“屋漏偏遭连夜雨”来形容德国汽车巨头宝马在中国市场目前的惨淡处境是再恰当不过的了。笔者分析，主要三大原因导致宝马在中国市场陷入困境。

一是严重质量问题引发用户对宝马安全性能的高度担忧。2012 年 3 月宝马宣布在全球范围内召回 35 万多辆汽车，其中包括 5800 辆在英国生产的顶级劳斯莱斯和配备大发动机 V8 的 650i 和 750Li，以及采用 V12 发动机的 760Li。美国市场受到影响最大，多达 19.8 万辆。中国市场受到波及，计划召回 25254 辆进口车以及国产宝马 5 系列轿车，宝马 6 系列双门轿跑车，宝马 6 系列敞篷轿跑车，合计总数达 120246 辆。召回原因，在于助力制动系统可能出现漏液，导致真空下降，进而引起制动助力性能降低，影响刹车，以及行李厢中蓄电池正极电线螺纹接口塑料套安装存在问题，可能导致车辆无法启动，或电阻增大而引起过热，甚至导致车辆起火。

这起简单的召回事件，折射出来的问题并不简单。首先这是致命问题。刹车系统是用户生命安全的最大保障，这个关键部件和系统出了问题，那是不可原谅的致命错误，极易让用户付出生命的代价。其次，这种

问题出现与宝马这种豪车极其不匹配，对宝马的打击亦是致命的，让其从质量神坛跌落下来——当然，召回凸现宝马能够意识到错误并及时纠正，是值得肯定，也这避免了宝马质量和品牌的彻底沦陷。第三是召回数量很大，说明这问题涉及面太广，在宝马2011年所销售车辆中，较为普遍地存在。2011年宝马全球销售106.88万辆宝马汽车及1002辆劳斯莱斯汽车。被召回的数量高达35万辆，占其总量的1/3。第四，宝马车辆在全球受欢迎，最重要原因在于宝马汽车质量在同类产品中出类拔萃，塑造了强大品牌，这种因为质量问题大规模召回的事件，无疑是对宝马汽车品牌的一次沉重打击，让宝马品牌因此大打折扣。

二是高管纷纷辞职，让宝马管理团队稳定和执行力受到强烈质疑。从2013年第一季度开始，宝马德国总裁安格接替史登科就任宝马集团大中华区总裁。但现在看来，这起人事任命，只能用“败笔”来形容。不到一年时间，宝马中国原来高管纷纷离职，宝马成为外资车企在华最动荡不安的企业。10月14日，36岁的朱江从MINI中国品牌管理部副总裁任上离职。他是宝马公司连续离职的第四位高管。之前除史登科之外，副总裁陆逸离开宝马加盟路虎；副总裁段建军去了北京奔驰；华晨宝马副总裁、德国人戴雷离开曾经长期服务的宝马，加盟一家日本豪车品牌服务。

这种频繁的高管离职，让外人觉得宝马中国高管团队有人去楼空之感。造成这种高管纷纷离职现象的原因，无外乎三个：一是受召回事件影响，宝马在华市场发展受阻，公司前途蒙上一片阴影；二是个人影响发展和能力受到限制；三是与新当家人磨合不畅，内耗情况比较严重。我们无意妄猜，但安格走马上任后，那么多高管纷纷离去，不得不让人对安格有所质疑：是否要改变自己的工作作风，多倾听其他管理团队成员意见，让自己融入其中，争取实现企业效益最大化——如果是安格主观原因之外导致其他高管离职的话。当然，如果是安格主观上要求这些高管离职，想一朝天子一朝臣地进行换血，让自己牢牢把持住中国市场的掌控，那就另当别论，不过如果没有宝马当初开疆拓土的功臣，宝马在中国市场上可能没有今天这么好的局面，况且宝马现在是四面楚歌，正是用人之际，需要大家团结一心，力挽狂澜，“清君侧”目前还不是时候。

三是其他竞争对手对中国豪车市场的蚕食鲸吞。与宝马市场表现出来的“退”相比，是竞争对手的激流勇进。与宝马不相伯仲的奔驰，由于整合了中国汽车市场国内外渠道，正在顺风顺水地发展，借以时日，与人事变动过于频繁的宝马相比，稳定的奔驰更有胜算。

奥迪虽然受到中国政府部门提倡用国产车影响，但其在中国市场发展较为稳定。除了政府用户，在中产和富裕阶层中，很受欢迎。由于没有类似宝马的召回事件，宝马的很多潜在用户流向奥迪的可能性极大。

英菲尼迪等其他豪车品牌纷纷加大拓展中国市场力度。虽然从根本上超越宝马难度不小，但凭借其旗下扎堆的豪车品牌车海战术，实现突破只是时间问题。

（2013 年 10 月 16 日）

奔驰抛弃了德国制造“精益求精”和勇敢面对的优良传统，面对投诉，千方百计逃避。他们一方面寻找替罪羊，甚至把责任往供应商身上推；一方面认为消费者是在吹毛求疵，无中生有，甚至不惜动用官方微信平台对消费者进行辱骂

与多方关系紧张　透支奔驰未来

2014 年上半年，豪车市场基本上沿袭了 2013 年的发展惯性。在全球市场和中国市场，奔驰销量依然在德系豪车三强中垫底。但得益于“中国速度”，奔驰增幅迎来柳暗花明，跃居领跑地位——上半年奔驰在中国销量实现了同比 37.5% 的增长，比宝马的 23.1% 多出 14.4%，是奥迪 17.8% 的两倍。这种强势表现，让宝马和奥迪感到吃惊和紧张。

上半年全球销量，宝马为 886346 辆，奥迪为 869350 辆，奔驰为 783520 辆。上半年中国销量，宝马为 22.50 万辆，奥迪为 268666 辆，奔驰为 135972 辆。

在全球市场，宝马比奔驰多卖出 102826 辆，奥迪比奔驰多卖出 85830 辆。

在中国市场，奥迪比奔驰多卖出 132694 辆，宝马比奔驰多卖出约 89000 辆。

通过简单的加减法，我们不难得出，德系三强的全球之争其实就是中

国市场之争。可以说，奔驰的未来在中国。

但奔驰似乎并没有珍惜中国豪车市场发展形势一片大好的局面，来降低身段、拉近与消费者距离，反而更加高高在上，以推卸责任的态度来应对消费者质量投诉，用“明暗两手”应对中国政府的反垄断调查，通过与渠道争利来开拓市场，弄得关系全面紧张，严重透支信誉和未来。

质量问题影响与供应商、消费者关系

质量是汽车产品的生命线。豪车之所以成为豪车，关键因素在于其质量经过千锤百炼，经得起用户挑剔和市场考验。

但奔驰车的质量正在遭遇前所未有的困境。在百度键入“奔驰质量问题”“奔驰召回”等关键词，可以找到的因为质量问题引发的投诉和新闻报道以数十万计，涉及车型之多，数量之众，出现问题之多样，完全超乎我们想象。

被投诉出现问题或者召回的奔驰车包括A、B、C、E、G等各系车型。问题呈现多种多样，包括气囊、变速箱、刹车片、尾灯、安全带、电路、点火系统、轮速传感器、发动机、换挡杆、转向模块、儿童安全椅等各个方面。在北美和加拿大，奔驰曾创下一次召回28.4万辆汽车的纪录。

一辆汽车有成千上万个配件，出现问题或在所难免。但奔驰抛弃了德国制造精益求精和勇敢面对的优良传统，而是千方百计逃避。对于这些问题的出现，他们一方面寻找替罪羊，甚至把责任往供应商身上推；一方面认为消费者是在吹毛求疵，无中生有，甚至不惜动用官方微信平台对消费者进行辱骂——在中国，奔驰官微私信辱骂徐姓维权消费者为“煞笔”，引发轩然大波。奔驰后来称其“官方微信被盗号”，“官骂”并非奔驰本意，试图脱责。

面对层出不穷的因为产品质量问题出现的召回事件，奔驰把责任往供应商身上推，这是一种很恐怖的逻辑。消费者买的是奔驰车。所以，奔驰得对整车质量负责。目前汽车制造分工很细很专业，是一个全球概念。供应商是奔驰选的，奔驰就必须对产品严格检测和负责。出事了把责任推给供应商，是一种不负责任的表现，消费者也不会买账。

与一般汽车品牌相比，豪车价格高高在上。消费者花了更多的钱，当然对其期望更高，在质量上要求更严，对其更挑剔全在情理之中。如果没有这种心理准备和水平，那奔驰还堪称豪车吗?

官方微信本应是一个与消费者积极互动、倾听意见、加深沟通和交流的平台。如果利用官方微信对消费者进行辱骂，那就是在人为地构筑企业与消费者之间的鸿沟，是在严重透支企业的信誉，给企业形象带来极大的负面影响。这样的官方微信平台，有还不如没有。

消费者意见能推动企业做出改进。很多产品能臻于完善，就是在于能够海纳百川，从善如流。如果奔驰人为地把消费者反应情况的渠道给封闭了，那也就是把自己的前途给封闭了。

迫于舆论压力，奔驰对产品质量问题供认不讳。据报道，奔驰的一位负责人约尔根·赫伯特（Juergen·Hubbert）曾说：“我们有问题是因为我们的技术处于领先地位。”这逻辑很可笑，因为他还是沿袭了奔驰推卸责任的惯性。

技术领先应该是产品质量过硬的代名词，而不是质量出现问题的理由和借口。如果不做出改变，这种逻辑总有一天会害死奔驰。技术领先和质量过硬，并不矛盾，而是相辅相成的。

作为一线豪车品牌，上半年奔驰在中国销量增幅较快，这不能成为奔驰狂妄自大的理由。宝马和奥迪上半年在华销量增幅不及奔驰，奥迪是受政府采购排斥影响，宝马是因为频繁高层人事地震影响。一旦奥迪和宝马调整过来，奔驰该如何应对？况且大批二线豪车品牌（如捷豹路虎、凯迪拉克、英菲尼迪）的销量增幅要比奔驰凶猛得多，与奔驰的差距也不太大，是奔驰不可大意的对手。

为何与政府反垄断调查“对着干”

“中国第一官车身份”曾让奥迪拓展在华市场顺风顺水，多年主宰中国豪车品牌销售榜冠军宝座。与奥迪的入乡随俗相比，奔驰在政府关系处理上则是一个“迟来大师”，显得不谙世事。

近日，国家发改委牵头在汽车领域发起了反垄断调查，对象包括奥迪、宝马、奔驰等豪车品牌和汽车配件供应商，并且陆续开出了罚单。从目前各种迹象来看，这种反垄断调查只是开了一个头。观察人士认为，对汽车领域的反垄断调查将成为一种“新常态”。

针对这种反垄断调查，奔驰立即采取了行动，宣布从 9 月 1 日开始主动下调部分维修配件价格。但实际上奔驰使用了两面手段：一方面是散布零配件降价的消息，而实际却没有落地执行，有媒体记者走访奔驰 4S 店询问降价情况，得到的却是没有接到任何官方降价的通知，并且特别强调售价都是由奔驰统一制定；另一方面却是对整车销售进行提价，CLA260 指导价为 37.8 万元，提车至少要加价 5 万，加幅达 13%，特别畅销的 GL 系 SUV 平均要加 8 至 12 万才能提车。

看过一些所谓学者为奔驰喊冤的理论，称奔驰加价是市场决定价格的真理行为，是市场经济的一种必然，发改委不能以罚代管。其实，这种坐地涨价的行为是对市场决定价格的一种曲解，其出发点类似于小摊小贩的唯利是图行为，与市场决定价格论没有必然关系。如果真如 4S 店员工所言，价格是由奔驰统一制定，那么这种加价行为反而折射出奔驰营销规则的混乱和管理不善。

反垄断调查的目的，并不是要打击谁，而是要让市场规范起来，挤掉买卖行为中不合理的暴利成分。从短期看，反垄断调查或许对豪车利益有所损害，但从长远看，却可以让其遵纪守法经营，使行业进入一个更为良性的循环。

奔驰为什么与政府“对着干”呢？

当然都是奔着利益去的。如果是奔驰方授意，我们无须分析；但如果是经销商没经授意，擅自加价，却是值得探究其深层次原因的。

据内部人士透露，豪车经销商卖整车是不赚钱的，纯粹是在为品牌打工。其利润主要来源在维修和保养。现在零配件价格要下调，其利润空间会受到巨大挤压，甚至没钱可赚。所以，不得不通过提升整车价格来赚钱。所以，经销商敢于顶风作案，对整车提价，实在是被逼无奈之举，其根源在于豪车品牌对利润分配极不合理。

需重视与经销商关系

与豪车阵营正在经历的深刻洗牌一样，豪车渠道也是暗流涌动。经销商一方面要承受来自品牌厂家越来越大的销售任务压力，一方面却是“操的是卖白粉的心，赚的是卖白菜的钱”，稍有不慎，就要亏得血本无归。

二线品牌对中国市场重视加剧，让经销商们蠢蠢欲动，随时准备弃暗投明。奔驰渠道并不牢固，特别是北京梅赛德斯—奔驰销售服务有限公司总裁兼首席执行官倪恺的强势，让奔驰渠道联盟松动。倪恺曾经给经销商写过一封信，批评他们“偷懒”，在业内引发轩然大波。现在虽然经销商团队已经趋于平静，但平静的海面下依然是波涛汹涌。

二线豪车品牌由于品牌相对较弱，姿态放得更低，他们愿意与经销商共同成长，他们的销售政策优惠，压力也没有那么大的。

加价不是解决经销商对利润渴望的根本之道。如果不重新对利润进行合理分配，那么奔驰与渠道商之间的紧张关系将日益加剧，为日后厂商冲突埋下隐患。类似事情并没有少发生过，当年轰动一时的诺基亚和飞利浦等都曾因利润分配问题与经销商交恶，最后闹得不可收拾。这些前车之覆，值得奔驰作为后车之鉴。

（2014 年 9 月 7 日）

2013 年年终大考，奔驰销量同比增长 11%，在各大豪车增幅中排名垫底。在整个中国豪车市场大幅度增长的形势下，奔驰那么强的品牌，那么优质的产品，却落得一个增幅不及平均线的悲惨下场，不得不让人怀疑史皮克斯是否有能力重拾奔驰中国的破碎河山

豪车增幅奔驰垫底　史皮克斯面临下课风险

2012 年 12 月，奔驰掌管日本市场的史皮克斯（Nicholas Speeks）接麦尔斯成为梅赛德斯－奔驰（中国）汽车销售有限公司总裁，掌管潜力巨大的中国市场。

年终大考，2013 年奔驰销量为 228739 辆，同比增长 11%，在各大豪车增幅中排名垫底，可以说业绩乏善可陈。虽然比起惨不忍睹的 2012 年仅为 1.5% 的增幅略有起色，但这不能归功于史皮克斯的作用，而是整个中国豪车市场都在大幅度增长，奔驰那么强大的品牌，那么优质的产品，却落得一个增幅不及平均线的悲惨下场，不得不让人怀疑史皮克斯是否有能力重拾奔驰中国的破碎河山？

史皮克斯前任麦尔斯曾经创造了奔驰中国市场的光辉岁月，将其在华销量从 2006 年的区区两万辆提升到 2011 年的接近 20 万辆，连续多年都保持了高歌猛进的状态。其中 2009 年、2010 年、2011 年分别增长 77%、115%、35%，多次在德系豪车三强中增幅居于领跑地位。

麦尔斯的失败关键在于2012年推行的过激的渠道整合措施，没有理顺各方的利益关系，导致渠道理管十分混乱，经销商离心离德。但事实上，从史皮克斯上任一年的业绩来看，奔驰中国市场目前仍然没有恢复元气。这也让人对皮尔克斯能否带领奔驰在中国市场打一场翻身仗的能力较为怀疑。

皮尔克斯虽然带领日本市场2012年实现了18%的增长，但这种业绩并不卓越，只能称为勉强及格。在奔驰销售历史上，史皮克斯掌管的市场并没有出现传奇，甚至其负责开拓越南市场最终却以失败告终。

2013年德系三强中，奥迪销售在华销售491989辆，同比增长37%；宝马销售390713辆，同比增长19.7%；奔驰销售228739辆，同比增长11%。从此数据不难看出，奔驰不仅与奥迪、宝马在绝对数字上存在巨大差距，而且在加速度上也落后一大截。这种加速度可以说明其差距在越拉越大。ABB（奥迪、宝马、奔驰）三足鼎立局势正在向双雄争霸过渡。

让人难以看到史皮克斯扭转中国市场下滑雄心的是，对于各大豪车志在必得，准备大有作为的2014，奔驰却是采取了保守策略，要求同比增长率则为15%。这个数据在各大豪车品牌公布的对2014年中国市场预期中，又是垫底的。

开拓市场，犹如逆水行舟，不进则退。其中十分重要的是对自己企业、产品和能力的信心。信心比黄金还重要。如果奔驰对自己都是信心不足，那么消费者和市场怎会对奔驰有信心？如果这种心态持续延续，奔驰在中国市场将前行艰难。如果不能在2014年扭转不利局面，史皮克斯是否对中国汽车市场和消费者了解，是否胜任目前岗位，都将是一个大大的问号。届时奔驰中国可能就需要重新考虑新当家人，也就是说中国市场留给史皮克斯的时间非无限长，在两年内如果不能带领奔驰中国恢复较快增长，或许面临下课的风险？

（2014 年）

有着“最安全的汽车”口碑的沃尔沃，并没有把差异化优势淋漓尽致地发挥出来：2013 年沃尔沃全球销量累计为 427840 辆，同比增长 1.4%。只有在中国市场让沃尔沃才找回一点颜面：2013 年沃尔沃在华销售 61146 辆，同比大涨 45.6%

把利好转为销量考验沃尔沃

虽然沃尔沃 2014 年上半年在中国市场的销售增幅可观，但仍居奥迪、宝马、奔驰、凯迪拉克之后。为何有着产品质量卓越、品牌强大、中国消费空前支持等优势，沃尔沃却还没有把握良机，把得天独厚的优势转变成最具说服力的销量。

有着“最安全的汽车”口碑的沃尔沃，并没有把自己的差异化优势淋漓尽致地发挥出来：2013 年沃尔沃全球销量累计为 427840 辆，同比增长 1.4%。这几乎可以说是原地踏步。

只有在中国市场让沃尔沃才找回一点颜面：2013 年沃尔沃在华销售 61146 辆，同比大涨 45.6%。

2014 年上半年，在中国市场，沃尔沃继续高歌猛进，共销售 38555 辆，同比增长 34.3%。凭借这个不俗的增幅，在豪车阵营，沃尔沃首次实现超越雷克萨斯，仅次于奥迪、宝马、奔驰、凯迪拉克，跻身于前五行列。

取得这种增长业绩，主要得益于三个方面：一是中国豪车市场需求空间不断被释放，大河有水小河满；二是沃尔沃管理层对中国市场的重视、投入和精耕细作；三是沃尔沃被中国吉利收购后，中国消费者对其亲近感和支持力度空前加剧。

近期，沃尔沃又取代奥迪，成为政府采购用车中唯一进入名单的有外资血统的汽车品牌。所以，沃尔沃是在华发展的所有豪车中被看好的品牌之一。

但把沃尔沃放在各大豪车品牌中进行比较，我们发现，沃尔沃的增长，并非出类拔萃：2014 年上半年，豪车在中国销售的整体增幅达 32%，英菲尼迪为 130%，基数巨大的 ABB（奥迪、宝马、奔驰）都保持了强大的增长速度，凯迪拉克和捷豹路虎也都远高于沃尔沃，其中凯迪拉克为 71.7%，捷豹路虎为 48.5%。

得中国者，得天下、得未来。这已经成为豪车品牌的共识。沃尔沃对中国市场更是寄予厚望，甚至把中国市场作为实现自身救赎的“稻草”。到 2020 年，沃尔沃希望实现全球销量 80 万辆，中国为 20 万辆，占 1/4。而另一重要市场美国仅为中国的 1/2，为 10 万辆。

沃尔沃中国区负责人更是把总部确定的、实现目标的日期提前了 5 年。2011 年沃尔沃在北京召开战略发布会，时任沃尔沃全球高级副总裁兼中国区董事长的沈晖称，要在 2015 年在中国实现 20 万辆的销售目标。现在看来，沈晖这目标似乎过于激进了。

为何有着产品质量卓越、品牌强大、中国消费空前支持等优势，沃尔沃却还没有把握良机，把得天独厚的优势转变成最具说服力的销量呢？

曾经的人事安排或耽误了市场

2010 年 8 月 2 日，吉利控股集团收购沃尔沃公司的全部股权，成为中国汽车行业迄今为止最大的一次海外并购案。

之后，吉利集团董事长李书福按照企业运作惯例，对沃尔沃收购项目"三剑客"进行论功行赏。沈晖担任沃尔沃中国区董事长，童志远担任沃尔沃中国区首席执行官，王召兴担任中国区总裁。

这项任命，当时无可厚非，强化了李书福对沃尔沃的影响和控制。但并没有促进沃尔沃在中国的发展。2009 年至 2013 年，沃尔沃在华销量分别为 22405 辆、30522 辆、47140 辆、41989 辆、61146 辆，没有跨越式发展，基本上是温水煮青蛙式增长。完成收购后，本来是沃尔沃在华大力发展的最好时机，但却被沃尔沃错失良机了。或许我们可以从 3 人个人经历上找到蛛丝马迹。

沈晖在美国获得工程和工商管理硕士学位，曾任堪萨斯电力照明集团旗下 KLT 能源公司美国项目经理，TXU 集团美国工厂副经理，博格华纳集团（并购前，伊顿集团）合资公司总经理、总裁，菲亚特动力科技中国区首席执行官。2009 年 12 月加入吉利，担任公司负责海外业务的副总裁。

童志远 1987 年从北京工业大学机械制造工程及自动化专业硕士毕业后，就职于中国首家中外合资汽车企业——北京吉普公司。曾任质量管理经理、发动机工艺科长、总调度长、产品部经理、执行副总裁，2005 年成为从北京吉普脱胎而成的北京奔驰 - 戴克公司的高级执行副总裁，是公认的汽车行业技术型企业高管，主导自主开发。

王召兴加盟吉利之前，一直在海尔集团任职。做过青岛海尔股份有限公司总经理、副董事长，青岛海尔空调有限公司本部长，青岛三菱重工海尔股份有限公司中方总经理、副董事长，青岛海尔冰箱一分厂厂长助理、副厂长。

由此可见，李书福对他们的任命，让其脱离了擅长岗位，或有论功行赏之嫌。坦率说，在沃尔沃中国，不是缺技术和管理高管，而是缺汽车营销方面的高级人才。启用他们主导沃尔沃在中国发展，其营销业绩难见起色，就全在情理之中。当然，这也是沃尔沃与吉利磨合期必须经历的阵痛。

现在把袁小林从沃尔沃汽车集团董事会秘书兼董事办公室主任位置上调回，任沃尔沃汽车中国区总裁，也是这种惯性的继续。

毕业于中国外交学院的袁小林是国际并购专家，曾在英国 BP 集团伦敦总部负责重大并购项目，对跨国兼并有深刻的理解和丰富的操作经验。2009 年加盟吉利，参与并主导沃尔沃并购。

所幸，李书福没有让这种错误继续下去，同时进行了另外两项人事调整，把曾在北京奔驰任销售与市场执行副总裁的付强和在一汽大众奥迪事业部任副总经理的柳燕，分别委以沃尔沃汽车（中国）销售公司总裁兼首席执行官和沃尔沃汽车（中国）销售公司首席运营官，以全面促进沃尔沃销售业绩的提升，而让童志远和王召兴回归吉利集团。这种巨大的人事调整，能否起到立竿见影的作用，还有待进一步观察。

豪车身份让政府采购优势形同虚设

虽然沃尔沃成功跻身政府公务用车采购名录，但在政府采购方面，沃尔沃还是只听见雷声响，没看到雨下来。换句话来说，政府采购还没有给沃尔沃带来切实效益。

为什么会出现这种情况？

众所周知，政府采购存在众多灰色地带，在反腐不断深入和反排场政策主导下，大家都开始变得低调，谁还敢冒天下之大不韪大规模地采购豪车呢？

在公布的政府公务用车名录中，沃尔沃的价格无疑是高的，加上其品牌影响大，特别容易惹人注意，政府官员或许是避之不及。所以，对沃尔沃来说，依靠政府采购来大规模地提升销售，至少目前是很不现实的。所以，沃尔沃进入政府采购用车名录，赚吆喝的意义要大于实际意义，进入政府采购名录的作用更多地体现在对私人用车市场的拉动。

由此看来，沃尔沃要在政府采购中有突出成就，或许只有两条路可走：一是大幅降低价格；二是漫长无期地等待。价格下降过高，将大大影响沃尔沃利润，并对其品牌造成巨大伤害。这是沃尔沃不愿意看到的，所以，此路不通。至于等待，从目前来看，暂时也是无解，只能且等且看。

所以，在中国市场上，沃尔沃要想有所作为，就不要对政府采购寄予太大希望，要回到根本途径上来，要从市场上寻找源头活水。

新品推出缓慢影响竞争力

从吉利并购沃尔沃到现在，沃尔沃基本还是在吃老本，没有让人眼睛一亮的新车推出。好在首款全新旗舰车型 XC90 将揭开神秘面纱。

专业人士认为，XC90 搭载了两项全球首发的安全技术——路面偏离保护方案和交叉路口自动刹车技术，也搭载了主动防撞技术。沃尔沃承诺，带有这两项技术的 XC90 将是有史以来最安全的汽车，没有之一。

沃尔沃 XC90 锁定的直接竞争对手是宝马 X5 和奥迪 Q7。这款车也彻底改变了沃尔沃车型深沉内敛的传统，变得新潮起来，前脸被完全重新打造，具有更大的格栅、全新设计的车标以及触屏控制中心、水晶档位杆和输出 400 马力的动力系统。

据说，李书福曾到瑞典亲自指点这款车，称其“后排空间不够大”。项目主管和设计团队于是推倒重来，给 XC90 打造了一个“奢华的内部空间”。

综合沃尔沃高管接受媒体报道的相关资讯，我们看到，沃尔沃希望凭借这款车型与德系三强全面火拼。该项目主管 Dennis Nobelius 在谈到该款车型时说："我们真的很想打败宝马。"

但 2013 年宝马全球销量达 165 万，而沃尔沃仅为 42.8 万辆，可见两者差距之大。如果沃尔沃不断有新品推出，价格覆盖面广，让消费者有更多选择，或许对促进销量有明显作用。仅凭一款车型就要打败宝马，那是有些勉为其难。

（2014 年 1 月 15 日）

2014 年林肯汽车卷土重来，希望在中国市场奋发有为。林肯汽车是否会重蹈覆辙，很难做出判断。现在卷土重来，不见得就是林肯汽车的福音，毕竟现在的中国豪车市场已经是血雨腥风的红海了

卷土重来的林肯汽车或重蹈覆辙

羞辱与复兴

以美国废除农奴制，实现南北统一的第 16 任总统亚伯拉罕·林肯的名字命名的林肯汽车，正在让这个伟大的名字蒙羞。

1990 年，林肯汽车在全球销量达到最高峰 23 万辆，在美国豪华车品牌中销量第一。但其后 20 多年来，逐年下跌，到 2013 全球销量仅为 81649 辆，仅为同胞兄弟凯迪拉克的一半，奔驰的四分之一，在美国豪车销量排行榜上跌到了接近垫底的第八。更难堪的是，现在的林肯汽车已经彻底沦陷，除了在美国本土占有一席之地外，在美国以外其他国家和地区市场，毫无建树。

在全球第二大豪车市场的中国，人们恐怕只知道林肯是美国历史上一位总统的名字，很少有人把林肯与豪华汽车品牌联系在一起。事实上，早在 20 世纪 80 年代，林肯就开始进入中国，时间与现在中国豪车市场做得最好的奥迪差不多，但在业绩上却有天壤之别。一个是豪车销售领头羊，

一个连羊尾巴上的毛都不是——品牌力不强直接导致林肯汽车在遭遇滑铁卢，2008年林肯汽车不得不黯然退出中国市场，退守美国本土。其时正值全球经济严重衰退，而中国经济却是一枝独秀，其他豪车品牌纷纷加大拓展力度，把中国市场作为“救命稻草”。

从中国市场退场，让林肯彻底沦为一个区域性品牌，甚至差点被卖身——林肯汽车东家福特有着出售豪车品牌的光荣传统，阿斯顿·马丁、捷豹、路虎、沃尔沃曾经都是福特旗下的豪华车品牌，但现在都已经易主，仅剩下凯迪拉克和林肯这两个由“美国汽车工业精密大师”亨利·马代恩·利兰创造的本土品牌。

产品不受欢迎带来的品牌不响、销量不振，是林肯汽车退出中国市场的根源。做出这一不明智决策的是当时福特CEO穆拉利，他把主要精力都放在福特身上，任职期间拒绝对林肯进行超出正常水平的投资，甚至考虑出售或者关闭这个品牌，所以，林肯汽车被处于长期搁置状态。对林肯汽车来说，值得庆幸的是，穆拉利已于2014年7月卷铺盖走人，其继任者马克·菲尔兹（Mark Fields）迫不及待地纠正其错误，准备让林肯汽车重生，计划在未来五年内投入50亿美元，打造全新豪华车品牌，生产全新林肯汽车，实现林肯汽车的全面复兴，希望在2020年将其全球销量提升2倍，达到30万辆。作为这个伟大复兴计划极其重要的一部分，林肯汽车不得不在今年11月卷土重返中国市场，借助北京福瑞林肯中心，上海永达林肯中心，杭州和诚林肯中心同时开业之际，隆重推出中型轿车林肯MKZ和紧凑型SUV车型MKC，定价相当具有亲和力，其中中小型林肯MKC SUV尊享版市场指导价为339800元起，尊雅版前驱为人民币379800元起，尊雅版全驱为人民币397800元，尊耀版为人民币438800元。

从官方公布的进度来看，林肯汽车对蓬勃发展的中国豪车市场极具野心，承诺到年底发展4S店5家，到2016年将在全国50个城市开设4S店达60家。尽管林肯汽车不愿透露届时在中国销量的具体数字，但业内资深人士预估，林肯汽车在2020年要实现30万全球销量，中国市场起码得销售10万辆才有可能。

对于曾经在中国市场失败的林肯汽车来说，要在短短五六年内，将销量从零提升到10万辆，无疑是一个十分艰巨的任务，有很长的路要走。

热屁股贴上冷板凳?

卷土重来的林肯汽车，为取悦中国消费者，用心良苦，不断降低身段，争取以新面貌示人。

第一次进军中国，林肯汽车借助的是福特渠道。在福特渠道，一方面无法为林肯带去目标消费客户，另一方面林肯汽车被福特汽车淹没，根本无法凸显自身优势。现在林肯汽车吸取经验教训，独立经营自己专属的4S店。但同时要面临品牌提升，市场培育问题，估计在相当长一段时间内没有实际效果，这考验林肯汽车的决心和耐心。

在产品方面，林肯汽车尽量做入乡随俗的改变，推出的MKC和MKZ，在车身设计、后排空间和内饰上都做出了相当大的调整，以迎合中国消费者。在产品价格上，一让到底，接近地气，把“美国总统专座”豪车品牌价格调到了中国富裕阶层，甚至中产阶级都能接受的水准。

对“美国公主”的秋波暗送，眉目传情，中国消费者是否敞开胸怀，欣然接纳?

现在下结论尚为时过早。但从历史和现状分析，我们不难找出一些蛛丝马迹来推测出其结果。

首先林肯只是一个区域性豪车品牌，除美国以外，在其他国家和地区，品牌知名度和认可度并不强。即使是在占尽天时地利人和的美国市场，现在林肯汽车也在走下坡路，销量和市场份额连续出现多年“双料下滑”。这不得不让人担心林肯汽车的整体运势。

其次，在中国市场，林肯汽车曾经以失败告终，现在卷土重来，是否会重蹈过去覆辙，很难做出判断。尽管现在林肯在努力，但以前在中国，林肯汽车也很努力。进入中国市场那么早，却是波澜不兴，搅不起浪花来。可见卷土重来后，不见得就是林肯汽车的福音。林肯第一次进入中国市场的时候，豪车市场还是一片蓝海，现在早就是血雨腥风的红海了。除了呼风唤雨的一线品牌德系三强奥迪、宝马、奔驰外，二线的凯迪拉克、雷克萨斯、沃尔沃、英菲尼迪等都在发力，他们推出产品的速度，他们在产品上做出的改变——国产化就是其做出改变的一个重要举措，他们在价格上做出的让步，都对林肯汽车形成强大挤兑。林肯汽车凭什么实现突围？

林肯汽车想要突围，除了颇具优势的性价比，有一个关键，就是要消弥林肯汽车定位与中国消费者心目中的“林肯”之间的差距。在美国，林肯是总统座驾，在中国，“国家元首座驾”的桂冠给了一汽红旗。如果奔着国家元首威名去，中国消费者更愿意选择红旗。林肯汽车在中国定位十分尴尬：价格高了，叫好不叫座；价格低了，容易被消费者质疑是否与其尊贵地位相匹配——因为在中国，消费者如果愿为林肯汽车买单，那肯定是奔着其独一无二的身份去的。

中国市场或许与其他市场的消费习惯不一样。一个新品牌落地，先想以价格优势取得销售上的突破，消费者反倒容易持币观望。如果先是以高端产品切入，在品牌上形成突破和辐射，再推中低端品牌，倒是极易打开局面，取得立竿见影的奇效。所以，中国消费者或许更愿意买林肯更高价位的林肯领航者，而不是林肯城市系列——这是林肯汽车在中国市场推出的主要车型系列，以彰显自己的身份和品位。而林肯汽车在中国市场选择率先推出 MKZ 和 MKC 或许并不是一个英明决策，因为在中国消费者心目中，林肯并不是一个卖低端产品的品牌。

出新与守旧

自 1939 年美国总统富兰克林·罗斯福以来，林肯汽车凭借其杰出性能、高雅造型、无与伦比的舒适被白宫选为美国总统专车。在美国，林肯汽车是与总统、社会名流、黑社会大佬紧密联系在一起。

这些用户特性并不在于求新求变，跟随时代潮流，而在于安全结实，这使得林肯跟不上大众消费需求的变化，显得与市场脱节。

林肯在中国将目标消费者锁定为新贵阶层。所谓“新”就是年轻，也即低龄化，所谓贵，就是品位和身份。年轻人口味是最具个性的，最难调的，也就是说特别挑剔。所以，林肯中国区总裁庞立博（Robert Parker）称：“今天的中国豪华车消费者需要个性化定制和能够反映个人风格的产品。”这说明以前在中国市场的失败经历加深了林肯对中国市场和消费者的认识。根据这些宝贵经验，林肯汽车做出了相应改变。如赋予 2013 年 MKT 更多新设计，前格栅唯一的横条采用更为密集的细条垂直板条进行装饰，保护杠改为三横条模式，显得更为细长。左右雾灯的装配空间调整为配合保险杠造型，新发动机盖添加了更多圆润线条，发动机采用 3.5 升 Ecooost 发动机和 3.7 升 V6 发动机。而在 2016 年准备投放中国市场的五款全新车型，包括推出全尺寸四门中型轿车 MKX 和一款大型豪华 SUV——林肯领航员，后者采用 5.4 升 3 气门新型发动机，最大输出功率达 224 千瓦，6 速自动变速器，噪音更小，转速异常平稳，车身高大威猛，视野开阔，内饰精雕细琢，美国胡桃木和高级真皮材料，丝光镍饰件和白色发光二极管，营造出一个豪华，浪漫，极具现代感的内部环境。

但总体来看，林肯汽车并没有因为中国市场作出根本性改变，造型陈旧、设计落后、内饰老化仍然是林肯突出特点，整体设计缺乏贵气，材质和做工也不显档次，比起同胞凯迪拉克，早就内饰“欧化”——高档化，精致化来，林肯汽车慢了显然不止一拍。与其他一线豪车品牌比，也慢了好几拍。

当然，中国消费者也在质疑林肯汽车的诚意和质量。例如，林肯汽车MKC新车其实是基于福特集团福特Kuga，也就是国产翼虎打造的，基本上是换汤不换药。而林肯汽车MKZ混动车最近因为变速器故障被大规模召回7153辆。4月，由于前排座椅存在问题，被召回43135辆MKZ。10月美国宣布由于油箱加固支架可能受到侵蚀，有可能导致燃油泄漏，引发火灾，召回20.4万辆SUV，其中就有涵盖福特锐盖和林肯MKX。

一个新品牌在中国打开局面，或许时间积累很重要。林肯汽车已经错失了中国市场黄金十年。由于在北美市场逐渐失宠，林肯汽车不得不重返中国，尝试摆脱过度依赖美国市场的现状。但从美国市场和林肯汽车在中国市场曾经的表现来看，或许可以说，属于林肯汽车的时代已经过去。

（2014年12月3日）

在中国豪车市场，雷克萨斯的日子是越来越难过了。之前其市场份额仅次于德系三强，坐四望三，被认为是德系三强在中国的潜在对手。如今先是被捷豹路虎超越，2014年上半年又被沃尔沃迎头赶上，甚至被挤出了五强之外。

雷克萨斯正错失中国机遇：动作迟缓透露傲慢

无论是在全球最大豪车消费市场的美国，还是在全球增幅最快、市场潜力最大的豪车消费市场中国，日系豪车三强之一的雷克萨斯，都处在煎熬之中。

在2011年之前的美国豪车市场，凭借丰田的雄厚资源和优势，雷克萨斯一直是豪车销量冠军。但就在这一年，宝马和奔驰争先恐后地超越了雷克萨斯。

到现在，雷克萨斯与奔驰、宝马的差距已经明显拉开：2014年上半年，美国豪车市场，宝马销量居首，为157382辆，奔驰销量为151624辆，而雷克萨斯销量为138689辆。

在中国豪车市场，雷克萨斯的日子是越来越难过了。之前其市场仅次于德系三强，坐四望三，被认为是德系三强在中国的潜在对手。但如今，雷克萨斯先是被捷豹路虎超越，2014年上半年又被沃尔沃迎头赶上，甚至被挤出了五强之外。

其实，2014年上半年雷克萨斯的销量取得了不错的增长，增幅达到31.2%。孤立地看，还算过得去。但比较来看，就“泯然众人矣”了。首先是上半年中国豪车平均增幅达32%，也就是说，雷克萨斯处在平均线以下。其同胞兄弟英菲尼迪增幅达130.2%，讴歌增幅达78.2%。排在雷克萨斯之前的捷豹路虎增幅为48.5%，沃尔沃为34%，紧随其后的追赶者凯迪拉克增幅为71.7%。“加速度动力”都比雷克萨斯强劲，这种发展趋势将导致雷克萨斯距离领先者越来越远，距离追赶者越来越近，随时有可能又被超越。

最新出台的前三季度中国豪车销售统计数据，对雷克萨斯而言，是个不折不扣的噩梦。与德系三强、捷豹、路虎和沃尔沃的距离拉得更开，排名其后的凯迪拉克将距离拉得更近，销量仅相差2000多辆，甚至不用费多大力气就可完成超越。

业内人士形容雷克萨斯在中国市场的表现是“逆水行舟，不进则退”。

对中国市场重视程度不够

雷克萨斯是日系丰田1983年推出的豪华车品牌，2001年进入中国市场，2004年单独建立营销网络。其另一个响当当的名字叫做“凌志”。但很多人都难把雷克萨斯与凌志画上等号。或许用凌志这个品牌，在中国有更好的群众基础，更具有中国特色，更好记忆和传播。但这个品牌被一家中国拖拉机厂抢先注册了，而且不愿意拱手相让，所以，其不得不用在中国消费者听起来更为拗口的名字：“雷克萨斯”。

由于迄今为止，雷克萨斯的全球销量里面，有一半是在美国市场完成的，所以，其重心主要在美国市场。但在美国市场，雷克萨斯前有堵截，后有追兵，牵扯了大量精力和体力。基于此，雷克萨斯在相当长一段时间内对中国市场是无暇顾及。换句话说，雷克萨斯对中国市场比较轻视。这种主客观因素的综合作用，正是导致其他豪车品牌在中国大口吃肉，大碗喝酒，而雷克萨斯只能吃些残羹冷炙的根源所在。

当然，雷克萨斯不愿坐以待毙。从目前雷克萨斯的表现来看，其拓展中国市场可以用“意志不坚，决心不够，动作十分迟缓”来概括，雷克萨斯在中国表现不尽如人意，全在情理之中。

在美国市场，雷克萨斯一退再退，并非因为不重视，而因为心有余而力不足。作为一个年轻品牌，在德系三强面前，雷克萨斯品牌底蕴不足，车辆性能不够，甚至车型的多样性跟德系三强都不在一个重量级别上。数年前，雷克萨斯之所以能雄踞美国豪车市场的销售冠军，一是由于丰田车在美国的渠道和其他资源完全可以被雷克萨斯所用，是母品牌的荫庇作用——丰田在美国销量最大，其渠道和售后体系完全可以为雷克萨斯服务；二是由于德系三强对美国市场的重视度不够。现在宝马和奔驰完成对雷克萨斯的超越，全在情理之中。可以肯定，将来奥迪以及美国本土的凯迪拉克，都有超越雷克萨斯的可能。

但现在丰田作为日系品牌车，其大众化、平民化的特质，与高档车、奢华豪车形象相去甚远——对豪车来讲，高端、大气、上档次是一种内在潜质和本能。雷克萨斯的日系血统，让豪车的这种天生优势荡然无存。这种认识，在中国消费者心目中更加根深蒂固。这或许是雷克萨斯在中国一直难有作为的重要因素。

对其他品牌来说，中国豪车市场的发展潜力是无限的，而对日系品牌来说，这个市场潜力却是有限的——鉴于种种综合因素，日系品牌要在中国市场做到德系三强的份儿很难。抢夺这种有限的资源，其同胞兄弟英菲尼迪或给雷克萨斯树立了一个良好的榜样——谋事在人，成事在天，只管努力去做，而不考虑眼前结果。

当然，雷克萨斯也在“知其不可为而为之”，把宝马 MINI 品牌副总裁朱江招至麾下，负责品牌形象和市场营销。但朱江在雷克萨斯与英菲尼迪中国事业总部总经理戴雷在英菲尼迪享受到的待遇和发展空间，或许不同。在丰田中国公司架构中，戴雷可以独立做决策，上面只关心他的业绩。在雷克萨斯中国，朱江仅为副总经理，前面还有执行副总经理江积泽也。朱江必须向雷克萨斯执行副总和丰田中国高层汇报，空间比较有限。朱江或许能对中国豪车市场的发展变化做出快速反应，但从汇报和沟通到形成决策、执行决策，过程比较漫长。

不国产化或让雷克萨斯错失中国机遇

在中国车市发展，洋狮都离不开土狼。这是由特殊国情决定的。

无论是本田、日产、丰田，还是德系三强，都概莫能外。选择与中国品牌合作，整合资源，实现本土化，是洋狮们开拓中国市场、扩大销售的多快好省之路。

从现在看来，通过单打独斗在中国市场获得成功的案例很少。德系三强在中国市场吃香喝辣，与其较早、较彻底的国产化密不可分。

1988 年，奥迪与一汽签署了中国汽车工业史上第一个标准的高档车技术转让协议，拉开了豪车们国产化序幕。在全球豪车市场并未首屈一指的奥迪，在中国市场稳居冠军多年，完全得益于其对国产化的认识和“捷足先登”。

这两年，其他二线豪车品牌纷纷效仿德系三强，加快国产化步伐，唯恐落后。沃尔沃干脆委身给了中国自主品牌吉利，国产化进行得最彻底。英菲尼迪与东风合资，今年年底第一辆完全国产化车型将面市。凯迪拉克将于2015年在中国新建工厂。

与这种大趋势背道而驰的是雷克萨斯国产化却迟迟没能提上日程。这种纯粹进口的模式，使雷克萨斯必须承担25%的进口税。这使得其成本大大提升，在残酷的市场竞争中，导致价格体系不灵活，影响决策，也影响利润，让竞争力大打折扣。

国产化对整合资源、优化产品性价比、提升产品竞争力的作用不言而喻。与之对应，不国产化的劣势之多，成为雷克萨斯不能承受之重。实现了国产化的豪车品牌与没有实现国产化的豪车品牌，放在一起比较竞争力，双方高下立判。不国产化除了在质量上略有保证外，其他可能是百害无一利。与之相对应，不国产化的劣势很多。不能实现国产化，在大家都国产化的背景下，雷克萨斯的竞争力在哪里?

首先，从情理上说，不实现国产化会让中国消费者觉得你对这块土地和在这土地繁衍生息的人们不够重视，而中国消费者对日系品牌本来就有一种天生的抵触情绪，不国产化会使得这种情绪更加严重。其次，不实现国产化，就无法满足消费者多样化、个性化需求。如果把欧美日消费者的需求模式复制到在中国销售的产品上来，想大获成功，那是大错特错。在汽车，特别是豪车领域，这种消费观表现得更为突显。中国消费者对于自己的座驾有特殊要求，如在座位高低、内部空间、后备箱空间等方面都有自己与众不同的需求。如果不能根据中国消费者需求来量身定做豪车，又怎能引起消费者认同?再次，不国产化就无法整合优质本土资源为己开疆拓土所用。如果单纯地凭借从其他品牌挖几个高管过来，就想整合其他品牌资源，那就显得过于单纯和幼稚了。德系三强在中国的领导地位之所以无法撼动，其中一个关键因素就是与中国合作伙伴的“联姻”。

如此一来，雷克萨斯拓展中国市场，在情感上没优势，在品牌上没优势，在价格上没优势，在产品性能上没优势，其在中国发展，困难程度可想而知。明后年，中国或将超越美国，成为全球最大的豪车市场。其他豪车品牌都在发力，希望搭上中国豪车快速增长的“高铁”。从雷克萨斯目前状况来看，不能实现国产化，或使其错过这趟决定其命运前途的“高铁”。

（2014 年 10 月 22 日）

通用汽车对凯迪拉克的重新发现和重视，源于豪车市场的快速增长的利润空间。通用汽车其他品牌已经遭遇发展瓶颈，基本上处于停滞状态或者进入下滑通道，要有新的突破，或许比较艰难。从这个意义上来讲，凯迪拉克在某种程度上代表着通用汽车的未来命运，关系其生死存亡

凯迪拉克：廉颇老矣，尚能饭否？

作为美国汽车制造领域硕果仅存的全球豪车品牌，凯迪拉克陷入了既落寞又责任重大的冰火两重天的境地。

这个风靡全球的好莱坞大片中不可或缺的经典道具，正在苦苦挣扎于梦想和现实的矛盾纠结之中。

2013 年凯迪拉克全球销量仅为 25.1 万辆。这个数量在通用汽车 2013 年全球销量 971 万辆的大盘中，小到可以忽略不计；与豪车品牌的德系三强 ABB（奥迪，宝马，奔驰）比较起来，也是不及其一个零头。

但偏偏就是这样一个“小品牌”，却承担着通用汽车继往开来的历史重任：一方面是传统汽车市场已经陷入滞涨和低利润状态，通用汽车其他品牌能够维持现状就已经不错了，2014 年上半年，通用全球销量为 492 万辆，同比仅略微增长 1.4%——其旗下品牌雪佛兰甚至出现了大幅下滑趋势。一方面是全球性豪车市场逐鹿大幕刚刚拉开，特别是中国这种新兴市场，“豪车的高速公路刚刚铺好通车”，可以任由豪车品牌纵横驰骋，前程

无限，所以，通用汽车把凯迪拉克作为未来市场和利润的新增长点来看待。据有关研究统计，到2016年中国将超越美国，成为全球最大的豪车单一国家市场。

重心失衡的凯迪拉克

通用汽车战略重心正在向凯迪拉克倾斜。最近，凯迪拉克在纽约成立总部，从通用剥离出来实现单独运营。这是通用汽车准备做大做强凯迪拉克的一个强烈信号——通用汽车开始了重整凯迪拉克旗鼓的决心，在豪车增长最快的中国市场，凯迪拉克也是加快了其国产化步伐，将于2015年在上海金桥兴建新的凯迪拉克工厂，并在未来5年内至少每年引入一款凯迪拉克全新产品。

通用汽车对凯迪拉克的重新发现和重视，源于豪车市场的快速增长的利润空间。通用汽车其他品牌已经遭遇发展瓶颈，基本上处于停滞姿状态或者进入下滑通道，要有新的突破，或许比较艰难。从这个意义上来讲，凯迪拉克在某种程度上代表着通用汽车的未来命运，关系其生死存亡。所以，振兴凯迪拉克，丝毫不容有失。

在通用汽车各大品牌中，销售表现有悲有喜。其中销量规模最大的为雪佛兰，上半年全球销量为2369557辆，同比下跌5.2%。欧宝/沃克斯豪尔为573955辆，微增3.7%。别克为573506辆，同比攀升12.3%。凯迪拉克为125028辆，同比增长11.7%。凯迪拉克的增长，尽管不如人意，但还是让通用汽车感到了一丝欣慰。

在通用汽车官方划分的五大区域中，上半年大中华销量1731282辆，同比增长10.5%；通用北美销量1674434辆，同比增长2.0%；通用欧洲销量673643辆，同比下跌5.7%；通用南美销量425211辆，同比下跌

14.5%，跌幅最大；通用国际运营部销量417367辆，同比下跌3.7%。除了大中华区业绩可圈可点之外，其他地区黯淡无光。

在大本营美国市场，凯迪拉克形势却是并不乐观。2014年8月，美国豪车市场整体增长8%，但凯迪拉克同比下降了5%，出乎大家意料。据悉，美国经销商已经连续数月库存积压，成为巨大困扰。只有在中国市场，让凯迪拉克威风八面——上半年，凯迪拉克在中国销售了33760辆，增长幅度达71.7%，在豪车增长中名列前茅。所以，凯迪拉克是“美国开花，中国香”，中国市场快速升级为凯迪拉克全球市场的重中之重。

但纵横比较，我们不难看出，作为全球最大汽车家族通用汽车的成员之一，凯迪拉克在全球销量和中国销量都难言强大，甚至可以用“积弱”来形容。这是通用汽车和凯迪拉克的一个共同心病。但凯迪拉克在通用汽车全盘战略中的重要性是不言而喻的。如果通用汽车把走向未来的希望寄托在凯迪拉克身上，至少从目前来看，难免有些头重脚轻，严重失衡，有漫长的路要走。

相比于英菲尼迪、雷克萨斯、讴歌这些豪车品牌的后起之秀，凯迪拉克历史悠久，底蕴厚重。1902年凯迪拉克品牌成立，2004年进入中国市场。但这么多年的历史积累，这么雄厚的技术和文化积淀，却帮助凯迪拉克做得有声有色，这其中肯定是有问题的——要么是运营有问题，要么是产品有问题，要么是产品和运营都有问题。与凯迪拉克同时代的德系三强，1900年成立的奔驰，1909年成立的奥迪，1916年成立的宝马，早就确定了在全球豪车市场的绝对领导地位，把凯迪拉克远远抛诸身后了。

所以，对凯迪拉克来说，悠久历史和厚重底蕴并没转化为其经营优势，这不得不是一种悲哀和失败。鉴于此，将凯迪拉克比喻为年迈“廉颇”，或许并不为过。现在凯迪拉克想重振雄风，很想问通用全球总裁艾克森和凯迪拉克全球总裁约翰·德·尼琛一句：廉颇老矣，尚能饭否？

定位错了？

与德系三强相比，车型不多，消费者选择面窄，是凯迪拉克一个明显突出的问题。目前，凯迪拉克产品阵容有6个系列12款车型。轿车：紧凑型ATS\，中型CTS/CTS-V、大型XTS；SUV：中型SRX、大型凯雷德；电动车：ELR。这种过于单调的产品结构压缩了消费者的选择空间，也无法在细分市场上进行很好的区隔。

作为凯迪拉克的“假想敌”，奔驰2014年推出了13个产品系列共计65个车型，包括A级掀背车，B级MPV，C级轿车/轿跑/旅行车，CL级轿跑，CLA级轿跑，CLS级轿跑/旅行车，E级轿车/轿跑/旅行车/敞篷车，G级SUV，GL级SUV，GLK级SUV，M级SUU，R级MPV，S级轿车，SL级/SLK级跑车，SLS AMG级轿跑和跑车。

这样一比较，在细分市场的可选择性上，奔驰与凯迪拉克的距离已经明显拉开了。但凯迪拉克是铁了心要与奔驰、宝马、奥迪一较高下，其在未来准备推出的两款全新车型，包括旗舰轿车和小型SUV，在规格上分别与宝马7系和别克昂拉相当，大型后驱旗舰车售价或达100000美元，其竞争目标直接针对奥迪A8、宝马7系、梅赛德斯-奔驰Sxe3和雷克萨斯LS。

无论是车型的多样性，还是品牌知名度和美誉度，凯迪拉克与德系三强，都不是一个重量级别上的选手。这种定位，无疑是高估了自己实力，找错了对象，充其量只能算是一种“傍大款”的营销行为——也许是凯迪拉克的一厢情愿，把自己和某大款捆绑在一起，短期看，对于提升知名度是有一定作用的，但同时也带来负面影响：当消费者认真比较起车辆的产品性能、品牌价值，以及销售价格，没有明显优势的凯迪拉克能脱颖而出吗？买车，特别是买豪车，对任何消费者来说，都不是一件小事，不会视同儿戏，都需要认真甄别，货比三家。如此以来，这种傍大款行为岂不是为他人做嫁衣裳了？好不容易把消费者卖力吆喝过来了，结果消费者却买了竞争对手的产品回去，这是不是一种得不偿失？

在市场的灵活性上，是凯迪拉克值得深思的另一个问题，市场权威称凯迪拉克继承了通用汽车的大企业通病，显得过于呆板，不知变通。在美国市场，经销商那儿积压的库存已经很多了，要求降价处理的呼声很高。但新上任的凯迪拉克品牌总裁约翰·德·尼琛近日强硬地表示，凯迪拉克不会在价格上妥协，不会通过降价或提高折扣力度来刺激不景气的美国销量，这也导致经销商普遍不满，也在凯迪拉克与经销商之间的合作撕裂了一道鸿沟。美国经销商指责凯迪拉克的价格策略，不应将价位定在与宝马、奔驰、奥迪针锋相对的水平，这容易致使客户流失。在中国市场，颇受国家发改委和消费者关注的豪车“零整比”，凯迪拉克为330%。这个数据在豪车整体品牌中虽然算是过得去，但仍然算是比较高的，值得注意和警惕，很有调整必要，凯迪拉克是坚持自己，还是屈服于发改委代表的国家意志和中国消费者的强烈诉求呢？

质量问题

与其他汽车品牌一样，凯迪拉克的质量问题也颇受诟病，召回事件困扰其进一步发展壮大。

据媒体报道，最近，上海通用汽车有限公司按照《缺陷汽车产品召回管理条例》，向国家质检总局备案了召回计划，决定从9月26日起，召回2009年7月9日至2014年8月15日期间生产的部分进口凯迪拉克SRX汽车，共计107016辆，问题是其后悬架调节连杆装配有问题，其螺母扭矩可能未达到标准要求，长期使用后会发生松动，从而存在安全隐患。这个问题只是凯迪拉克曝光出来的质量问题的一个侧面。

或许比起其他汽车的召回数字，凯迪拉克的这个数字并非大得惊人。但前提是凯迪拉克销售基数本来就小得可怜，在 2009 年 7 月至 2014 年 8 月期间，凯迪拉克在中国的销量也就只有那么一点点大。10 万辆这个数字，差不多相当于凯迪拉克在中国市场前三年销量的总和，换句话来说，也就是凯迪拉克产品存在问题的概率是相当高的，或许每辆车都可能存在让人担心的质量问题。

打仗还需自身硬。对于靠质量积累口碑的豪车来说，任何一次质量事故，对品牌的冲击都有可能是致命的，尤其是在凯迪拉克品牌相较于德系三强还只能算是一个弱势品牌的当下，不难据此得出结论，凯迪拉克这么多年来没有做出规模和影响来，与其产品质量不过关有着必然联系。所以，建议凯迪拉克与德系三强比，不要把重心放在产品价格上，而是比质量，把质量做好，做出口碑来，或许是凯迪拉克拳打奥迪，脚踢奔驰，口咬宝马的唯一出路。

（2014 年 10 月 15 日）

在中国市场的良性发展和巨大市场潜力，让捷豹路虎全球总裁施韦德热血沸腾，决定进一步加快了在华本土化步伐，与中国民族品牌奇瑞汽车携手，计划共同投资109亿人民币，在江苏常熟建设年产能13万辆的生产基地正式实现投产。前途是美好的，道路是曲折的。要跻身豪车第一阵营，捷豹路虎任重道远，关键要调节好自己的身体机能，而不是目前这样失衡，跛着腿走路

捷豹边缘化影响捷豹路虎发展

原产英国的捷豹和路虎，虽然贵为全球豪华车品牌，经历却是跌宕起伏，漂忽不定。由于经营不善，一直都被汽车豪门当作“包袱”，甩来甩去。

1989年美国福特汽车收购了英国捷豹。1994年德国宝马收购了英国路虎。2000年福特从宝马手中收购了路虎。2002年，福特公司将其合并为一个业务部门，这对难兄难弟开始以合体身份出现在世人面前。2008年，印度塔塔汽车从福特公司收购了捷豹路虎业务，正式成立捷豹路虎汽车公司。

近两年，笼罩在捷豹路虎头上的阴霾开始消散，特别是中国豪车市场和SUV市场扬鞭跃马式增长，让其尝到了甜头。2013年，捷豹路虎在华销量同比增长29.8%，达95237辆，带动全球销量同比增长18.8%，达

425006辆，创下历史新高。今年前三季度，捷豹路虎在华销量同比增长38.7%，达92265辆，带动全球销量同比增长13.1%，达351153辆，在华销量贡献占其全球26.6%。并且前三季度在华销量逼近2013年总数，进入十万辆俱乐部指日可待。业内人士预测，捷豹路虎2014年在华销量有望达到惊人的12万辆，进一步强化豪车第二阵营“领头羊”地位，拉近与德系三强ABB（奥迪、宝马、奔驰）距离。

2012年是捷豹路虎在华销售具有关键意义的一年。这一年，凭借73347辆的销量一举超越本土英国市场，使中国成为其销量最大的单一国家市场。这种超越使得中国市场在捷豹路虎全球战略格局中风景这边独好，地位越来越凸显。

在中国市场的良性发展和巨大市场潜力，让捷豹路虎全球总裁施韦德热血沸腾，决定进一步加快了在华本土化步伐，最近与中国民族品牌奇瑞汽车携手，计划共同投资109亿人民币，在江苏常熟建设年产能13万辆的生产基地正式实现投产，首款车型为最被市场看好的畅销车型路虎极光。捷豹路虎希望国产化后，能把销售提升到一个新境界，向第一阵营发起冲刺，争取占到中国高端SUV市场份额的10%。据有关数据显示，2020年，中国豪车市场将达到450万辆，其中SUV高端车容量达到120万辆，捷豹路虎心向往之的愿望是跻身中国豪车第一阵营。

前途是美好的，道路是曲折的。要跻身豪车第一阵营，捷豹路虎任重道远，关键是要调节好自己的身体机能，像一个正常人那样去奔跑冲刺，而不是目前这样极度失衡，跛着腿走路。

失衡造成跛脚局面

纵观捷豹路虎这些年在全球市场的销售表现，内部一直都处在严重失衡状态，路虎虽然呈现缓慢上升，但捷豹在集团整体销售中的占比却是在逐年下降。2002 年，捷豹路虎全球总销量为 30.5 万辆，其中捷豹销售了 13.03 万辆，路虎销售了 17.46 万辆，基本上是四六开格局，还算是比较平衡的。

但从那以后，捷豹销量逐年下跌，占比更是坐过山车，加速下滑。2004 年捷豹销量还销售了 10 万辆，2005 年却跌破了 10 万辆。到被福特出售前的 2007 年跌至 6.05 万辆。2010 年和 2011 年，分别跌破 6 万辆和 5 万辆。2013 年，捷豹路虎全球销量为 425006 辆，其中捷豹销售 76668 辆，占 18%，路虎销售 348338 辆，占 82%。

2014 年前三季度，捷豹品牌车型表现同样不佳，其两款主力车型 XF 和 XJ，其中 XJ 销售 14314 辆，同比下挫 3.1%。XF 销售 37271 辆，同比增 4.3%。只有捷豹 F－TYPE 暴涨 90.2%，但绝对数量依然不大，仅销售 8808 辆。路虎揽胜极光销售了 93899 辆，增 2.3%。新揽胜和新揽胜运动版增长最快，39293 辆，增 22.7%，7746 辆，增长 49.2%。从中可以看出，捷豹家轿多款车型都销售数量有限，难以实现规模化销售——平均起来，一些车型全球日均销售仅屈指可数的三五十辆，恐怕连生产线工人和销售人员的工资都赚不到；而路虎特色越来越凸显出来。

捷豹为家轿，路虎为 SUV。从以上数据，我们可以看到，市场对捷豹路虎的认可，重心越来越向路虎倾斜，也就是 SUV 特色越来越浓。而捷豹家轿越来被越边缘化。换句话来说，捷豹路虎头重脚轻的痼疾越来越明显，这种身体失衡影响捷豹路虎良性发展，甚至随时都有跌倒可能。要冲击中国豪车第一阵营，捷豹路虎首要任务是把捷豹销量提上来。虽然 SUV 增势喜人，市场潜力巨大，但家轿的市场容量仍然远大于 SUV 车。所以，捷豹路虎的前途，不是由路虎决定，而是取决于捷豹。如果捷豹越来越式微，那对捷豹路虎合体来说，这个病是致命的。从目前捷豹路虎在中国策略来看，包括全球 CEO 施韦德和大中国区 CEO 鲍勃. 格蕾斯还没意识到这个问题的严重性，或者说缺乏有效解决途径。

捷豹路虎发展严重失衡还表现在区域市场此消彼长上。按其销量排位，中国，英国，美国，意大利和俄罗斯是其全球五大市场，共计占其全球销量 70% 左右。但其过度依赖中国市场的趋势越来越明显。2012 年，捷豹路虎全球销售 357773 辆，同比增长 30. 4%，其中在中国销售 73347 辆，同比增长 74. 4%，在捷豹路虎全球销量中占比约为 20%。前三季度，捷豹路虎全球销售 351153 辆，其中中国销售 92265 辆，占比逼近 30%。

这种过于依赖某个单一市场情况，容易造成一荣俱荣，一损俱损的被动局面。我们看到，这种情况已经显露出来。由于中国政府反腐力度不断加剧，以及针对外资品牌豪车启动力度空前的反垄断调查，已经严重影响到外资豪车在中国的销售。据英国路透社预测，2014 年捷豹路虎在华销量将减半，从 2013 年的 40% 降至 20%。鲍勃 · 格蕾斯为这种下降找了一个让人难以信服的理由：由于捷豹路虎绝对数量越来越大，导致捷豹路虎现在难以继续做到两位数增长速度，明年增长将比今年缓慢一点，不会出现近几年的迅猛增长。

这种解释听起来貌似有理，其实是经不起推敲的。相比于第一阵营的德系三强 ABB，捷豹路虎在华的销售增长潜力具有无限想象空间。鲍勃 · 格蕾斯的说辞实际上反应出鲍勃 · 格蕾斯的悲观和消极心态。

竞品冲击和质量问题

两种主要因素导致捷豹路虎在华销量放缓，一个来自内部，一个来自外部。

内部因素是其产品质量问题，外部因素是竞争对手相继推出 SUV 车型，蚕食鲸吞捷豹路虎的传统优势市场。

目前中国汽车市场 SUV 占比约为 18%，而美韩等成熟的欧美市场，SUV 占比约为 30%。所以，SUV 在中国尚有很大发展空间。近年来，由于崇尚个性和运动的 80 后、90 后成为中国车市消费主力，拉动了中国 SUV 市场的快速增长。2010 年新购车主中，80、90 后占为 38%，而 2013 年这一比例上升到 52%。这些显著的市场变化引起了相关汽车品牌的高度关注，他们纷纷推出了各种价位的 SUV 车型加入竞争，让 SUV 瞬间由蓝海变成血雨腥风的红海。尽管捷足先登的捷豹路虎在中国豪华 SUV 市场占据领导地位，但受到竞争对手的冲击也首当其冲。

除捷豹路虎以外，还有其他 17 家汽车品牌加入中国 SUV 战团，特别是在中国豪车市场，稳居第一阵营的德系三强，针锋相对地推出了与捷豹路虎产品相抗衡的车型。捷豹路虎在中国汽车市场主推揽胜，发现和神行三大系列共 6 款 SUV 产品。奥迪推出了 Q3，Q5，Q7 三款产品；宝马推出了 X1，X3，X5 三款产品，以及 X4，X6 两款跨界产品；奔驰推出了 GLK，GL，G 和 M 四个系列 SUV 产品。凭借他们在中国市场的良好口碑，以及积累下来的雄厚资源优势，德系三强在 SUV 市场表现十分强劲，对捷豹路虎形成巨大冲击。由于较早实现国产化和规模销售，德系三强在价格上有相当优势。进口路虎极光目前起售价为 57.8 万，奥迪 Q5 起售价则为 35.85 万。更让捷豹路虎难堪的是，作为老牌汽车品牌，捷豹路虎连自己的发动机都没有，目前基本上靠老东家福特提供。所以，捷豹路虎相关产品在品牌和价格上，是没有优势可言的。

此外，豪车第二阵营增长领先的凯迪拉克、英菲尼迪相继推出 SUV 产品，在中国市场颇受消费者青睐，份额不断水涨船高。前三季度，无论是凯迪拉克，还是英菲尼迪，其增长速度都要远高于捷豹路虎。凯迪拉克增速高达62.6%，英菲尼迪则是实现了翻番的惊人增长。而彻底国产化的沃尔沃在9月份推出了在华首款SUV车型XC CLASSIC。以宝马X6、保时捷卡宴、本田歌诗图、讴歌ZDX、英菲尼迪FX为代表的SAC产品不断丰富，形成一个与传统SUV外观风格迥然不同的细分市场，其前卫动感个性，让年轻消费者更加注意和增添好感。

质量问题是捷豹路虎开疆拓土面临的另一课题。消费者普遍认为“陆虎小毛病不少”。对于汽车来说，小毛病都有可能是致命的。最近捷豹路虎层出不穷的召回事件印证了这种观点。2014年4月，由于增压空气冷却器管路制造过程中，其中一个挠性软管和对应喉箍可能未正确定位，使得接头喉箍可能未达到所需加紧力，导致发动机在未发出预警情效忠下熄火，在中国大陆召回捷豹XF汽车3789辆、捷豹XJ汽车1492辆，合计5281辆。2014款路虎揽胜车型的转向、危险双闪警告灯失效不工作，导致路面上其他车辆驾驶员无法判定此车的预定方向，提高发生撞车事故几率被召回5238辆。8月，由于前排乘客侧安全气囊存在失效陷患，在北美和加拿大召回4.7万辆路虎——这个数，对捷豹路虎在北美市场销售来说，是十分惊人的，相当于其一年销售总量。

作为倾向于运动型的豪华车品牌，消费者或许对其质量要求更高更严。这足以引起即将国产化的捷豹路虎的高度重视。包括捷豹路虎自己以及广大消费者在内，都在担忧这样一个常识性问题，那就是国产化是否会引发产品质量下降。如果捷豹路虎不能处理好这个问题，那国产化或许就是捷豹路虎的阿喀琉斯之踵。

国产化为冲突埋下隐患

在国产化方面，捷豹路虎是起了个大早，赶了个晚集。

早在2010年，捷豹路虎就在上海成立了中国总部，在北京和上海设立了培训中心，在苏州，北京和上海设立了配送中心，在北京和广州设立了体验中心。

但推动国产化上，却是一波三折，在与奇瑞合作之前，一直没有找到联姻的主儿。

捷豹路虎先后与江铃、吉利、长丰、长城等多家中国车企进行过洽谈，但都以失败告终。

一汽、上汽、广汽、北汽，或许是捷豹路虎更为理想的合作伴侣。但由于他们实力强大，且与其他外资品牌都有较好合作，捷豹路虎难以插足其中，即使有机会，也很难掌控话语权。所以，最后不得不委曲求全，下嫁奇瑞。

与捷豹路虎显赫的豪门身份相比，主要车型销售一直难以突破十万元门槛的奇瑞，双方显然是门不当、户不对。双方合资合作后，偏向中低档市场定位的奇瑞的销售资源对捷豹路虎的销售到底能起到多大促进作用，尚有待进一步观察。

对捷豹路虎和奇瑞来说，在中国市场的合资合作都是花姑娘上轿——头一回，没有相关经验可资借鉴。从谈判到携手合作，一路走来，双方在具体人事安排、战略规划、主推产品、质量控制、销售模式、网络建设等的分歧已经显山露水。尽管目前双方在基本利益一致的前提下，都能以忍字为先，顾全大局，没酿成明显冲突。但以后随着合作进一步深入，双方在利益分配上的分歧将更加尖锐。

如何化解这种矛盾，检验着奇瑞董事长尹同跃与捷豹路虎全球CEO施韦德和大中国区CEO鲍勃·格蕾斯的智慧和处世哲学。

奇瑞捷豹路虎是由奇瑞汽车，英国捷豹汽车，英国路虎汽车，捷豹路虎汽车贸易上海公司分别持股50%、5%、20%和25%，在利益上各有各的诉求，人事关系错综复杂，特别是在营销整合上，面临进口车公司所代表的外方，以及国产化的中方和外方的“三方角力”局面。这导致在国产车利益分配上处于拉锯状态，整合计划一拖再拖，迟迟难有实质性进展，为未来发展埋下隐患。

在国产化主推车型上，多方已经在明争暗斗。按照以前规划，捷豹路虎打算把在华最畅销的三款车型路虎揽胜极光，全新一代神行者和入门级捷豹路虎XF投入国产。但此举是被认为是与现有进口车经销商“抢夺蛋糕”。因为国产后，其价格将下调15%，无疑会对进口车市场形成巨大冲击和客户分流。这种分歧造成捷豹路虎一度动了更换首批国产车的念头。

随着将来国产车陆续上市，与进口车经销商之间的冲突将进一步加剧。最近传来消息，为规避矛盾，他们将采取国产车与进口车并网销售的措施。如此以来，在同一张营销大网中，在同一个4S店里，如何将国产车与进口车做好区隔？难道仅仅是左右手互搏的价格大战？

（2014年10月29日）

在中国市场DS籍籍无名，是豪车中的“新丁”；但在法国本土，DS威风八面，身份显赫，没有任何品牌与其抗衡。1955年诞生以来，从戴高乐到奥朗德，DS都是法国总统座驾的不二之选，有“总统座驾”美誉。让人遗憾的是，就是这样一个好品牌，却没有走出法国，成为法国设计和制造的骄傲

DS：用钱砸出来的快速成长

在中国市场名不见经传的法国豪车品牌DS（谛艾仕）却在中国市场获得了出人意料的野蛮生长。

在中国市场，2013年DS还只销售了屈指可数的4052辆，但今年前三季度DS却销售了17023辆，这个数量比DS上年全年销售总数增长了4倍。凭借这一抢眼数据，DS一举跻身中国市场豪车排行榜十强行列，并使中国市场在DS全球市场中占比达到16%，变得重如泰山。

虽然在中国市场DS是藉藉无名，是豪车中的“新丁”；但在法国本土，DS却威风八面，身份显赫，没有任何品牌与其抗衡。从1955年诞生以来，DS就深受法国政要青睐，从戴高乐到奥朗德，DS都是法国总统座驾的不二之选，有“总统座驾”美誉。中国总理周恩来对其突出性能，都是赞不绝口。

让人遗憾的是，就是这样一个好品牌，却没有走出法国，成为法国设

计和制造的骄傲。这是法国工业史上的一大憾事。2010年标致雪铁龙汽车集团（PSA）决定重启DS复兴计划，让DS重出江湖。

PSA对复出后的DS在资源上重点倾斜，使DS在销售上节节攀升，大获成功。到2012年，DS在全球销量上已经成功超越凯迪拉克、讴歌、英菲尼迪，成为全球第七大豪车品牌。2013年DS更上层楼，全球销量达到123000辆。

DS于2012年进入中国市场，这是活跃在中国市场的豪车品牌中进入中国市场的时间最短的。前两年，DS业绩表现平平，乏善可陈。但今年突然灵光乍现，呈现几何级数的增长，成为豪车中的增幅冠军。

这种咄咄逼人的增长态势如果能够持续，或许用不了多久，DS就可以脱离豪车第二阵营，跻身于第一阵营，与德系三强ABB（奥迪、宝马、奔驰）平起平坐，彻底改变中国豪车格局。

这正是DS中国目标。PSA新任首席执行官唐唯实（Carlos Tavares）称，中国是DS赖以倚重的战略市场，DS在中国的目标不在第二阵营，未来要与ABB展开角逐。

多种偶然因素综合作用

前途和愿景是美好的，但道路却是曲折的。

笔者以为，DS在中国市场取得让其他豪车品牌“羡慕嫉妒恨”的增长，是一种泡沫式虚假繁荣。如果能把这种爆发式增长较长时间地维持下去，那才是DS的本事。

一个品牌拓展一个新市场，如果在零的基础上起步，由于基数小，起点低，在开始几年，取得超乎意料的增长，并不艰难，只要认真做事，都可以做到。

从 DS 扎根中国市场的一系列动作来看，DS 取得这种成绩，是用心的态度和多种偶然因素的综合作用。

在中国流行一句俗话：种瓜得瓜，种豆得豆。从进入中国市场伊始，DS 就十分重视这片土地，完全摈弃了豪车品牌的倨功自傲，高高在上，而是采取谦卑态度，很接地气的柔和手段，来拉近与在这片土地上繁衍生息的消费者的距离。

DS 在中国市场销售的产品，除了纯进口的 DS 3、DS 4、DS 5 外，还根据中国消费者诉求，推出了国产化的 DS 5、DS 5LS，以及 DS 的首款 SUV 车型——DS6。与其他豪车品牌不同，DS 把 DS 6 的全球首发式放在了中国。这种做法说不上绝后，但肯定是空前的。这让中国消费者感到很受用——从来没有豪车品牌如此以实际行动尊重中国市场和中国消费者。国产化为 DS 快速拓展中国市场立下奇功。据统计，今年上半年，国产化 DS 在华销量为 9777 辆，占其在华总销量的 90% 以上。

中国市场还是 DS 在全球市场的一块“实验田”，享受很多类似“经济特区”的特权。在其他国家，DS 标识是与雪铁龙标识一起出现的。由于雪铁龙本身市场定位与高端相去甚远，所以，这种做法让 DS 豪车身份大打折扣。但在中国市场，除最初 DS 5 外，现在 DS 车辆的前脸标识已与雪铁龙没有关系，DS 以单独标识出现。换句话说，在中国市场，DS 已经作为独立品牌在运作了，以与雪铁龙做出严格区隔，与德系的 ABB 直接竞争。

由于在中国市场品牌认知度很低，DS 别出心裁地邀请了“中国人最熟悉的法国人”苏菲·玛索担任形象代言人。让 DS 更加意料不到的是，2013 年苏菲·玛索被请到中国最有影响力的传播平台——中央电视台春节联欢晚会来献唱。这无疑十分有利于促进 DS 在中国的品牌传播。

当然，DS 在中国取得的骄人成绩与其营销政策息息相关。DS 在中国的渠道扩张十分迅速。有别于欧洲 DS 沿用的是雪铁龙的销售渠道，在中国市场 DS 的渠道亦是独立门户。迄今 DS 在中国已经建立了六七十家 4S 门店。为支持 DS 快速发展，DS 请来了对中国市场十分熟悉的，原来负责雷诺中国区的陈国章来担任中国及东南亚地区总裁。在负责雷诺中国区期间，陈国章创造了销售奇迹，把雷诺中国区销量从 2008 年的 800 辆带进 2013 年的三万多辆，实现了增长 40 多倍的奇迹。在雷诺工作积累的经验和资源，为陈国章带领 DS 冲刺，提供了保障。据说，陈国章上任后不久，就带领雷诺经销商团队到法国考察 DS 设计、生产和运营。

在中国市场 DS 功成名就的另一个重要因素就是价格。作为豪车品牌，价格高一般都是高高在上，让普通消费者忘而却步。但 DS 却是反其道而行之，祭出了与其豪车品牌地位极不相称的低价格。有竞争对手颇有微词地把 DS 的低价圈地运动定义为价格战。就拿 DS 6 来说，起步价仅为 19.3 万元。这种低廉价格，为 DS 实现快速扩张，打开了方便之门。但以后 DS 产品要重上高价路线，恐怕也没那么容易了，这就是价格对品牌的伤害。

用钱砸出来的“大跃进”

复出后的 DS 野心勃勃，为自己树立了宏伟大的发展目标。这目标，既有全球是，也有中国的。全球目标是 2018 年销售超过 70 万辆，中国是 20 万辆。

早在进入中国之初，DS 就制定了到 2015 年销售 20 万的目标。也就是说 DS 要在明年就实现这个目标。虽然 DS 在中国市场增长很快。但要在 2015 年实现这个目标，肯定不现实，因为这意味着 DS 要利用一年的时间将销量提升 10 倍。

年销售 20 万辆豪车，那就意味着 DS 彻底脱离豪车二线阵营，进入豪车第一阵营行列，与德系三强 ABB 并驾齐驱，占据中国豪车市场 10% 份额，这足以改变目前市场格局——这也是其他二线豪车品牌在华发展的“中国梦”。

为实现这个中国梦，DS 在拼命烧钱用于市场推广和渠道建设。虽然装修一个 4S 店价格高达数百万，但 DS 在中国并没有像在欧洲那样沿用雪铁龙的营销网络，而是另起炉灶。前三季度，DS 在中国已经建立了 60 多家 4S 店，覆盖了 50 多个主要城市。而据其计划，到年底将扩大到 100 家；2016 要在 108 个城市拥有 189 个经销商。

新上任的陈国章相对前任，在烧钱上显得较为谨慎，他也没有承诺在 2015 年实现销售 20 万辆的目标，而是圆滑地表示：“给我三年时间，DS 品牌一定超越所有二线豪车品牌，我说到做到。”

对 PSA 来说，DS 承担的另一个重要而艰巨的历史使命是帮助标致雪铁龙提升利润率，实现赢利，并且把 DS 赢利的时间节点定在 2015 年。唐唯实认为“德国汽车主要是从他们旗下的高端品牌中盈利，而 DS 是 PSA 的高端品牌”。从唐唯实要求 DS 赢利的时间点上看，显得有点急功近利。

2013 年标致雪铁龙集团实现总营收 541 亿欧元，同比下降 2.4%，其中汽车业务实现营收 365 亿欧元，同比下降 48%，净亏损 23.17 亿欧元。所以，DS 是否赢利十分重要和关键。PSA 希望到 2018 年，整车部门经营毛利率达到 2%，在后续覆盖 2019 ~ 2023 年中期规划设定的目标为 5%。

但 DS 在华市场却与 DS 复出初衷背道而驰。这是因为其一，DS 虽然是豪车品牌，但在中国销价并不与豪车相称。既然价格上不去，影响利率就是一种必然。目前 DS 在中国市场仍然处于亏损状态。其二是 DS 在中国还处于投入阶段即烧钱阶段。据陈国章透露，2014 年 DS 在中国投入市场费用为10个亿，换句话说，DS在中国市场的高成长是用这笔巨额资金砸出来的。而陈国章也明确表示，这种德系三强式大手笔投入宣传，以建立庞大销售规模的做法，DS是不会亦步亦趋的。言外之意，从陈国章10月1日上任伊始，将逐步削减DS在中国市场的宣传投入，这在2015年将达到高潮。陈国章做法势必影响到DS日后发展——毕竟DS对中国消费者来说，还是一个比较陌生的豪车品牌，需要多曝光来提升品牌知名度，刺激消费者购买神经，而这一切，需要用白花花的银子来铺路。

如果2015年DS真的开源节流，大举缩减品牌宣传和市场拓展费用，那么其今年这种暴发式增长还能持续吗？笔者不敢妄下断论，只有让市场和时间来回答。

（2014年12月24日）

2014 年底，英菲尼迪与东风汽车携手打造的第一款国产化车型在襄阳下线。这种全面国产化，让消费者对英菲尼迪质量安全的忧虑不断提升。事实上，消费者更愿意相信欧美车系质量，这是共识。国产化只能让这种共识与日俱增。这是英菲尼迪不得不面对的现实

英菲尼迪圆中国梦要跨四道坎

英菲尼迪 2014 年上半年在中国的销售业绩突然华丽转身：共销售汽车 13954 辆，同比增长 130%，毫无争议地摘取了豪车品牌增幅冠军，比整体豪车平均增幅的 4 倍还多。

而透过这个冰冷的数据，我们似乎可以触摸到日系豪车市场回暖的迹象。但我更愿意相信，英菲尼迪夺得销售增幅冠军，更多的原因是事在人为——2013 年 5 月德国人戴雷及其追随者的加盟，让英菲尼迪在华如虎添翼。

被喻为“中国通”的戴雷，从 2007 年起担任华晨宝马营销高级副总裁，负责宝马在中国的市场营销和品牌管理，在其领导下，宝马在华销量增长了 8 倍，经销网点从 70 家增加到 350 家，为宝马发展立下汗马功劳。英菲尼迪把戴雷招至麾下，就是希望快速实现英菲尼迪的中国梦。

英菲尼迪希望到 2016 年，占有国内豪车市场份额的 10%，实现 50 万辆销售目标。

从2013年的17108辆，再到3年后的50万辆，这确实是一个很大的坎。戴雷能否将英菲尼迪复制成下一个“宝马”呢？

英菲尼迪要实现中国梦，到底要扫清哪些拦路虎？

性价比之祸

性价比是拉动产品销售的本质驱动力。在互联网时代，由于信息更为公开透明，性价比对销售的拉动作用更为凸显。

与强手如林的竞品相比，英菲尼迪无论是在产品质量上，还是在销售价格上，都难有让消费者弃其他豪车品牌、转投英菲尼迪怀抱的优势。

2014年年底，英菲尼迪与东风汽车携手打造的第一款国产化车型将在襄阳下线。这种全面国产化，让消费者对英菲尼迪质量安全的忧虑不断提升。事实上，消费者更愿意相信欧美车系质量。这几乎是所有中国人的共识，国产化只能让这种共识与日俱增。这是英菲尼迪不得不面对的现实。

英菲尼迪有些产品的质量确实存在问题。据外国媒体报道，最近美国高速公路交通安全管理局对英菲尼迪I35、X40、FX35、FX45进行了召回处理，原因是驾驶室前部侧气囊在爆开时可能产生过高的内部压力，使得充气装置存在破裂隐患，碎片能伤及车内乘客。

比较性价比，一个例子一目了然。最近，由雷诺—日产联盟和戴姆勒股份公司在美国田纳西州联合兴建的发动机厂正式投产，为奔驰的C级和英菲尼迪的Q50配套2.0升涡轮增压四缸汽油发动机。Q50销售指导价在32.58万元至44.98万元之间，奔驰C级指导价在31.5万元至46.8万元之间，两者相差无几。在这种情况下，消费者是愿意选择英菲尼迪Q50，还是选择奔驰C级轿车？

品牌渠道之障

对消费者来说，品牌是刺激其购买的关键因素。

在豪车品牌里混，那就一定得注重深化品牌内涵，扩展品牌外延，提升品牌美誉度。把英菲尼迪与这些豪车品牌放在一起，品牌含金量孰轻孰重？

销量正是这种品牌含金量多少的折射。上半年虽然英菲尼迪销量增幅可观，但从绝对数值上看，除了比讴歌强一点，在这一干豪车品牌当中，英菲尼迪还是一个末流角色。从这里，可以掂量出英菲尼迪打造品牌道路的漫长和艰辛。

或许出于这种原因，英菲尼迪不惜重金，赞助了炙手可热的《爸爸去哪儿》《舌尖上的中国》《极速前进》等栏目。但这种快餐式品牌推广方式，对深化品牌内涵，提升品牌美誉度，实际意义可能要大打折扣。

而且从英菲尼迪财报上看，英菲尼迪仍然处于投入期，利润基本上为零，在中国市场或许还处于赔本赚吆喝的阶段。不知道这种烧钱的方式，英菲尼迪能忍耐和坚持多久？

如果需要提升品牌自身底蕴，英菲尼迪还得寻找其他有效途径。

在中国市场精耕细作多年的戴雷，能给英菲尼迪带来庞大的渠道资源。但戴雷并非万能的，要经销商在宝马和英菲尼迪之间做出选择，需要考虑的因素可能很多，关系是一方面，利益是另一方面。戴雷怎么保证卖英菲尼迪比卖宝马能让经销商赚到更多的钱呢？

英菲尼迪与东风汽车联姻，外界本来以为英菲尼迪可以整合东风渠道为己服务。

但英菲尼迪过早地把这扇门关上了。销售总监何阔直言不讳：国产化后，将一个品牌，一个渠道，一个团队。这等于把东风汽车排除在销售渠道之外。当然，这也为英菲尼迪与东风汽车联姻后的正常关系埋下了隐患——在英菲尼迪国产化道路上，东风汽车愿意一直担当一个配角，让英菲尼迪吃肉，自己喝汤吗？

日系血统之殇

由于历史原因和现实政治因素，日系汽车与中国消费者之间存在一道难以逾越的天然鸿沟。这使得英菲尼迪还要“看天吃饭”。2011 年，英菲尼迪在华销量 1.9 万辆；2012 年不增反降，为 1.6 万辆，正是这种情况的折射。

为取悦中国消费者，英菲尼迪不惜背叛日本血统，大力推行“去日化”。

英菲尼迪去日化从诞生那天就在进行。如品牌名称欧美化，诞生地选在北美而非日本，把全球总部从美国迁到香港，在中国公司用人上一改日企惯例，大胆启用非日本人，大刀阔斧地推进国产化。其国产化步伐在日系豪车中迈得最快，最为彻底。

而且英菲尼迪根据中国消费者实情，彻底改变豪车品牌与生俱来的傲慢和偏见，在中国全力推广“敢·爱”的感性诉求，希望抓住年轻消费一族。

这些措施确实取得了一定成效，但无法从根本上改变英菲尼迪日系血统的本质。这种出身成为英菲尼迪开拓中国市场无法绕开的障碍。

基于民族情感，让中国消费者接受英菲尼迪需要跨越太多心理障碍。这是相当一部分中国消费者的共识，也是英菲尼迪一直在刻意隐瞒的一块心病。

新能源汽车之冲击

新能源汽车品牌特斯拉的成功，在全球掀起了一股电动车热。其在汽车行业的作用和影响，丝毫不亚于苹果推出 iPhone 在手机行业引发的技术革命和洗牌。

豪车品牌的深厚底蕴并不是僵化守旧的代名词。虽然由于企业运作惯性，传统企业要进行革命性创新比较有难度，但如果在这种技术潮流出现后却无动于衷，那最终的结果是落后就要挨打。

在新能源汽车上，作为豪车品牌的英菲尼迪已经意识到这种发展趋势，也曾承诺于今年推出新能源汽车。但很遗憾，2014 已经进入倒计时，英菲尼迪的新能源汽车还是只听到雷声响，不见雨下来。

产经观察人士洪仕斌称，英菲尼迪新能源汽车迟迟不见“孩子”生下来，肯定是受制于技术突破上的原因。即使某天生下来了，与特斯拉相比，如果落后太多，也只能是一个汽车产业的笑话而已。这或许正是英菲尼迪新能源汽车迟迟不能推出来的真实原因。

新能源汽车是世界汽车的未来。对于后起之秀的英菲尼迪来说，这更为重要。这种未来之痛，现实之痒，英菲尼迪如何破解，还真是一个棘手难题。

但是如果不能在新能源汽车领域迎头赶上，那就意味着英菲尼迪正在失去未来。

（2014 年 8 月 28 日）

面对政冷经冷的中日关系，希望在中国市场有所作为的英菲尼迪，不得不采取四步来去掉身上“日系车”标签，尽可能与日系品牌做出切割

英菲尼迪在华加快“去日化”步伐

鉴于历史原因和政治因素，近年来日系产品在中国遇冷现状持续，汽车领域表现更加凸显，这促使英菲尼迪（Infiniti）不得不加快了“去日化”步伐。目前，英菲尼迪国产化正在紧锣密鼓地进行。据其官方消息，2014 年 11 月，完全国产化的英菲尼迪将上市。英菲尼迪对国产化寄予厚望，将其作为拓展中国市场的里程碑。但产经观察人士洪仕斌认为，这是英菲尼迪“去日化”最狠一招，有刮骨疗毒的毅然决心。

坚决“去日化”

一切都基于逐利考量。

为讨好中国消费者，英菲尼迪正在背叛纯正的日本血统，这让日本民众或多或少感觉不爽，但又不得不面对现实。

目前中国豪车市场是仅次于北美的全球第二大市场，由于不断有人涌进富裕阶层，中国比北美更具市场潜力，是厂商家的必争之地。

这一点，英菲尼迪是看在眼里，放在心上，说什么都不愿放弃这块肥肉。对英菲尼迪而言，如果在中国市场无法雄起，占据一席之地，那么其

全球化战略将受到致命打击，其成为全球豪车品牌的梦想只能是海市蜃楼——如此以来，英菲尼迪面子和里子上都过不去。

英菲尼迪野心很大，总喜欢把自己与德国三大豪车品牌相提并论——尽管前者是侏儒，后者是巨人。但这种借力借势的招数，却让英菲尼迪在快速传播品牌上获益匪浅。

与假想敌比，英菲尼迪还有太长的路要走。2013 年德国三大豪车品牌在中国市场赚得盆溢钵满。其中奥迪销售了 488488 辆，宝马销售了 390713 辆，奔驰销售了 218045 辆；而英菲尼迪仅仅销售了 17108 辆，连零头都不到，差距可谓“天渊之别”。即使比起自己的同胞雷克萨斯来，英菲尼迪都有些汗颜——2013 年雷克萨斯在中国销售了 73000 辆。

或许空白意味着机会。英菲尼迪希望中国市场 2014 年增长 50%，销量突破 33000 辆；2016 年销量突破 10 万辆，2020 年销量突破 20 万辆。从今年上半年来看，英菲尼迪取得了开门红，迄今已销售 13954 辆，同比增长了 80%，今年完成任务问题不大。在公关稿中，英菲尼迪大张旗鼓地宣称其增长居各豪车品牌之首。

但洪仕斌认为，英菲尼迪增长幅度并不值得炫耀，因为其基数实在太小，发力之初容易见效，但要实现中期 10 万目标，长期 20 万目标，就比较困难。

对这种困难原因，英菲尼迪有充分估计。在英菲尼迪前进道路上，至少要搬掉五个“拦路虎”，即品牌、渠道、产品质量信任、历史情感和现实政治困境。而这五个“拦路虎”，正是英菲尼迪坚持“去日化”的强大理由。

“去日化”四步曲

英菲尼迪“去日化”是蓄谋已久，从一开始就在积极布局了。

首先是给品牌命名。英菲尼迪命名有别于其他日系汽车品牌，显得欧美味十足。日产的丰田、本田、三菱、五菱这些汽车品牌，深受汉文化影响，一看便知非中即日。英菲尼迪命名则是显得洋味十足。洪仕斌认为，这正好抓住了中国消费者的崇洋心理，容易助其往高端上靠。

其次是诞生地选择。英菲尼迪明明是日产旗下品牌，但诞生地却选择在北美，这是希望与日系品牌做出切割。目前，英菲尼迪面向中国市场的推广文稿中，包括百度词条，已经统一不提英菲尼迪的日系血统了。由于众所周知的日本政治因素严重伤害了中国消费者的民族感情，英菲尼迪自己也是心知肚明，如果再标榜为日系车品牌，那在中国市场上是寸步难行，没有美好前途和光明未来的。

第三是在用人上。或许，英菲尼迪内部有很多日本高管，但中国区CEO一职，则是打破日企惯例，由非日籍人来担当。以前的吴征宇是中国人，出身于东风汽车；现在的戴雷，是德国人。或许他们背后要向日本主子汇报，但至少在台面上，他们是一方诸侯，可以“我的地盘我做主”。

第四就是国产化。国产化是英菲尼迪“去日化”中最为彻底的“杀手锏”。其带来的后续影响也是最持续、最不可预测的。英菲尼迪实现国产化，是为了接地气——除整合东风汽车的雄厚资源，特别是需要借助东风汽车强大的销售渠道，也是从成本上进行综合考量。这也是目标消费群最在意的地方。英菲尼迪既然是豪车品牌，那消费者对其质量是有特别要求的。国产化后的英菲尼迪在质量方面能否与豪车质量相匹配？特别是与竞争对手德系豪车比较呢？还有一个就是价格与产品定位。国产化后的英菲尼迪如何调整价格？如果价格过高，消费者肯定不买账；如果价格过低，那英菲尼迪还能跻身豪车阵营吗？

去日化后果

目前，英菲尼迪在推“敢·爱”诉求，有人调侃说其是“敢去日化”，“爱中国市场”，但其“去日化”是否能够成功，还有待时间检验。

消费者的眼睛是雪亮的。有网友对英菲尼迪“去日化”评论到：在中日政冷关系没有根本性改善的前提下，英菲尼迪无论如何伪装，从本质上来讲，都是日本品牌。基于历史、现实原因，以及民族情感，要接受英菲尼迪需要跨越太多心理障碍。这也是相当一部分中国消费者的心声。

（2014 年 7 月 25 日）

无论是对东风还是日产，合资公司都处在未来发展战略高地上，谁都想主导。在权力分配上，各不相让，寸土必争。双总监架构就是这种形势下，双方斗争之后，互相妥协和平衡的结果——从第一回合，东风和英菲尼迪是棋逢对手，将遇良材，大家打了个平手

英菲尼迪国产化、双总监架构为日后冲突埋下隐患

千呼万唤始出来，犹抱琵琶半遮面。

经过艰难的拉锯博弈，在英菲尼迪国产化项目上唱主角的东风英菲尼迪汽车有限公司组织架构和人员终于尘埃落定。

高层人事安排与业界预料的一样，没有什么悬念。东风集团党委书记、董事长徐平出任董事长，英菲尼迪中国总经理戴雷出任总经理，东风集团总经理助理、东风日产乘用车公司副总经理任勇和原东风集团规划部副部长雷新出任副总经理。

但在执行层面上，却是另外一番热闹景象。合资公司下设销售、售后、市场、网络发展、业务发展与战略规划、财务、人事等部门，除了市场部和财务部外，各部门均设立双总监职位，分别由英菲尼迪和东风以及东风日产委派具体人选。

双品牌架构是斗争和妥协的结果

这种双总监架构，让局面变得十分复杂——在徐平和戴雷表面和气的下面，却是潜流暗涌，给合资公司的未来运营和发展前途蒙上一层阴影。

豪车增长速度最快，市场潜力最大的中国是英菲尼迪的未来发展战略的重中之重，如果在中国市场英菲尼迪不能有所作为，英菲尼迪未来就会注定失败。这种市场定位，可以从英菲尼迪不断重视中国市场，并为此付出努力可以看得出来。

1989 年日本尼桑汽车公司在美国创立英菲尼迪，主要生产高性能轿车、跑车和越野车，多年来一直在北美市场耕耘。2011 年 6 月日产提出 “Nissan Power 88” 中期发展计划，争取在 2016 年抢占豪车市场 10% 份额，销售达到 50 万辆。日产内部早就达成共识，要实现英菲尼迪发展，中国市场是决定性因素。2006 年英菲尼迪尝试进入中国；2007 年正式登陆中国市场，并且确定了“建立独立于日产品牌的推广和销售渠道”的发展原则；2010 年英菲尼迪中国总部成立，提出在 2016 年实现销售 10 万辆，夺得 10% 占有率的目标。为更好地接“中国地气”，2012 年英菲尼迪全球总部迁至香港，宣布 2014 年底彻底实现国产化。

东风与日产合作由来已久。英菲尼迪国产化项目在数年前即已开始，初期倾向于采用“奥迪模式”，在现有合资体系下成立事业部。但计划不如变化快，现在东风英菲尼迪不是以事业部身份亮相，而是被拔高，为东风和日产合资的东风有限旗下的独立子公司，与东风日产相提并论。

合资公司身份的变化凸显了双方对新公司的高度期待——进入高端汽车领域，东风一直是“此路不通”，与英菲尼迪合作，或让其“山重水复疑无路，柳暗花明又一村”，是未来提升产品定位和品牌战略的关键一步；

对英菲尼迪而言，中国市场是其未来最大机会，甚至英菲尼迪在全球市场是否成功，都要看中国市场脸色。

所以，对两位东家来说，合作项目都处在未来发展战略高地上，谁都想主导。在权力分配上，大家各不相让，寸土必争亦在情理之中。双总监架构就是这种形势下，双方斗争之后，互相妥协和平衡的结果——从第一回合，东风和英菲尼迪是棋逢对手，将遇良材，大家打了个平手。

从双方合资意向接洽之初，这种博弈就一直存在，并且贯穿始终。据消息人士透露，在英菲尼迪国产化项目之初，双方达成的协议是没有一岗双位架构设置的打算的，而是由合资公司的一个团队来管理市场营销、售后、产品规划等事宜，东风日产只负责生产管理，在英菲尼迪未来发展中地位并不显赫。前不久英菲尼迪销售总监何阔还曾经直言不讳地说：国产化后，将一个品牌，一个渠道，一个团队。这种话语权不均等的合资合作模式，在一定程度上可以避免了双方在经营管理过程中产生的利益纠葛，保证项目推进效率更高，对市场反应更加灵敏。

由此可见，在项目洽谈之初，英菲尼迪处于强势地位，东风则是处于下风。后来形势向着有利于东风的一方发展，英菲尼迪近两年剧烈的高层人事变化让东风捡了一个便宜。2013 年作为项目洽谈之初时的负责人之一的英菲尼迪中国事业部总经理吕征宇被调离岗位，来自宝马的戴雷出任英菲尼迪中国总裁。

吕征宇是东风总部所在地湖北十堰出生，是土生土长的十堰人。虽然从相关资料上不能查到吕征宇发迹之前与东风汽车的密切关系，但可以肯定，吕征宇与东风渊源颇深。东风认为吕征宇是完全可控的。这正是东风在合作之初，并不愿意表现得特别强悍的原因之一。后来，吕征宇走了，英菲尼迪全球总裁约翰・德・尼琛和日产执行副总裁安迪・帕默最近也相继离职，合作的熟人都更换了一个八九不离十。东风这才意识到问题的严重性，强化了自己在合资公司运营中主导权的争夺。这是双总监架构产生的根源。

为日后发展埋下隐患

在打开扑鼻香槟庆贺的美妙时刻，徐平和戴雷都很清楚：无论是对谁，合资公司的成立都具有里程碑意义。这是双方携手合作的高度共识。

走向高端，能解决东风汽车的品牌溢价和利润问题，这困扰了东风汽车很多年，也可以说，代表东风汽车未来发展的战略重心所在。

对英菲尼迪来说，能否实现在中国和全球豪车市场的发展目标，与东风合作具有决定性意义。这个项目成功与否，也关系到戴雷在英菲尼迪中国区总裁宝座位置上的稳定。

所以，在做大做强英菲尼迪国产化项目上，双方的利益是高度一致的。

但从双总监架构设置上，可以看出，东风与英菲尼迪在具体利益诉求上，却都不肯让步，都想主导英菲尼迪未来发展。

原来英菲尼迪单方面计划的，东风只负责生产管理的设想，现在已经碰了钉子，双总监架构设置意味着不仅是生产管理，而且合资公司运营的方方面面，东风话语权都是在与时俱进，不断加重，现在不仅与英菲尼迪平起平坐了，甚至稍有胜出，这也帮助东风坐实了将来与英菲尼迪争斗的权力基础。所以，东风英菲尼迪双总监架构设立，为日后英菲尼迪国产化项目在中国发展埋下了较大隐患。

双总监架构不仅造成人浮于事的现象，而且容易导致内部员工出现自然而然的站队现象，使内部员工分成泾渭分明的两派，成为冲突和内耗的根源。

双总监架构下，出现问题，意见又不能统一时，到底该听谁的？

这既影响决策效率，又容易造成人为裂痕。

现中国豪车市场也在发生剧烈变化，决策反应十分重要。反应慢了，容易贻误战机，被快鱼吃掉——何况在一篮子混迹中国市场的豪车中，英菲尼迪销量和品牌都处在弱势地位。

这种双总监架构设置，随着企业越做越大，冲突或内耗将更为严重。做好了，在权力和利益分配上，由于所代表利益方不一样，可能各不相让，尽量为东家多捞点。出现事故，又容易彼此推卸责任，出现拖沓扯皮现象，导致消费者出现不满情绪，从而影响正常运营和品牌口碑塑造。

东风英菲尼迪在双总监架构下，如何协调关系，让合资公司减少内耗，让英菲尼迪国产化项目快速运转起来，既左右东风英菲尼迪日后发展，也考验着徐平和戴雷的经营智慧。

（2014 年 9 月 24 日）

民族情感和民族情结，是日系豪车在中国市场遭遇滑铁卢的根源。对日本品牌，中国多数用户都有一种天然排斥心态。现实政治因素加剧了中国消费者的这种认知。只要日本政府在历史认知和钓鱼岛归属问题上没有根本性转变，日系豪车就很难在中国受到热烈追捧

销量排名垫底的讴歌在华是坚守还是退出?

是坚守还是退出?

在中国驾驶豪车彰显地位和身份的有钱人越来越多了，一二线城市的大街，满眼都是豪车奔跑的身影。其中，德系三强 ABB（奥迪、宝马、奔驰）随处可见，捷豹路虎、凯迪拉克、沃尔沃若隐若现，而日系三强（雷克萨斯、英菲尼迪、讴歌）则是偶尔可见，尤其是讴歌更是“踏破铁鞋无觅处”，难见芳踪——即使有幸看到 Acura 标识，也鲜有人知道，那就是日系豪车三强之一的讴歌。

这种发展现状让本田总裁伊东孝绅、广汽本田总经理水野泰秀、本田（中国）讴歌事业部部长渡边康治忧心如焚，成为他们的“共同心病”——因为现在豪车品牌都有共识，那就是全球豪车市场的未来在中国。如果不能在中国市场有所作为，那就意味着没有明天，至少明天不会有阳光普照。

近年来全球经济发展放缓，但并没有影响豪车需求，特别是中国市场，豪车消费刚刚觉醒，呈现高速增长。今年上半年豪车增幅高达30%左右，远超车市整体增幅7%。目前中国豪车销量仅次于美国，居世界第二。据麦肯锡报告估计，到2016年中国豪车销量将达225万辆，从而超越美国，成为世界最大。如果不能赶上“中国速度”，无论是哪个品牌，受损的不仅仅是利益，更是关乎明天的赌注。

但中国豪车喜人的发展势头，似乎与日系豪车三强没有多大关系。在豪车销量座次排位中，日系三强没有进入前五的——以前雷克萨斯曾在前五，但已被捷豹路虎和凯迪拉克相继超越，2013年日系三强的年销量总和都没有十万辆。如果以销售数据来衡量，相比于德系三强，日系豪车三强在中国市场表现，可以改称“日系豪车三弱”，而“三弱”之最的讴歌，处境最为尴尬。其销量可以用“惨不忍睹”来描述。

讴歌英文名字是Acura，源自拉丁语，Accuracy意为精准，精确，1986年成立，2006年9月进入中国市场。但翻看讴歌在华销售数据，8年来一直乏善可陈。2011年销售4014辆；2012年在2011年基础上被腰斩，仅销售2300辆；2013年虽然同比翻番，但绝对数值不大，仅销售4600辆。尽管还没看到讴歌今年前三季度具体销售数据，但业内人士估计，讴歌今年在华销量约在5000辆左右徘徊，不会有明显起色。在十多个到中国市场逐鹿的世界豪车品牌中，讴歌销量排名一直都是垫底的。

针对这种销售情况，业内人士估计，以2013年为例，按照讴歌车型价格进行估算，讴歌在华销售额约为30亿~50亿。这个数字，对于一个汽车品牌来说，显得十分寒碜。针对讴歌在华的现实情况，以及可以预见的未来，有业内人士尖锐指出：如果讴歌不思变通，或者一直是日企谨慎思维和做派，中国市场将是讴歌“鸡肋”，是继续坚守，还是退出，都是一个严峻问题，甚至给其全球发展蒙上阴影。

讴歌最早是日系汽车三强针对美国市场推出的第一个亚洲豪车品牌。推出之初，大获成功，仅用一年多时间，即1987年在美销量就超过了任何一款欧洲豪车品牌。讴歌的成功，也促使丰田和日产相继推出了豪车品牌雷克萨斯和英菲尼迪。但这位日系豪车三强的老大哥发展后劲不足，28年过去也就只是在美国市场还算过得去。2013年讴歌全球销售约17.2万辆，其中美国市场销售165436辆，除美国之外其他市场，包括中国、日本、墨西歌、欧洲，讴歌总共销量不到8000辆，市场失衡情况异常严重，只能算是一个区域性品牌，算不上是一个全球豪车品牌。在美国市场，讴歌已经倾向饱和，没有太大的潜力可挖。这也是讴歌不得不把未来发展重心转移到中国的重要原因。

化不开的心结

民族情感和民族情结，是日系豪车在中国市场遭遇滑铁卢的根源。对于日本品牌，中国多数用户都有一种天然排斥心态。现实政治因素则是加剧了中国消费者的这种认知。这些年，中日之间以前维持的“政冷经热”现象已经逐渐向为“政冷经冷”演变。只要日本政府在历史认知和钓鱼岛归属问题上没有根本性转变，日系豪车就很难在中国受到热烈追捧。这就注定了日系豪车在中国发展的道路是漫长曲折的，想要获得成功，就要付出更多——甚至付出更多，也不见得会有回报。

光从品牌命名上考察，相比于雷克萨斯和英菲尼迪名字的西洋化，方便隐瞒日系车企血统，讴歌更容易让中国消费者知道其日本品牌的底细。这是制约讴歌在中国进行品牌传播的重要基因。如何让中国消费者排除政治因素和民族情感造成的对日系品牌的心理隔阂，是日系品牌需要共同面对的课题。

日本企业前些年出口中国的惯常做法，也让其在现在中国市场的激烈竞争中饱尝苦头，处于弱势。以前日本企业出口中国，是戴了有色眼镜的，往往把“一流产品销往欧美，二流产品留给自己，三流产品倾销到中国”。现在日本企业出口中国的这种传统做法，也没有从根本上扭转过来。这也导致中国消费者对日本品牌越来越不认可。由于讴歌新上市车型没有把中国作为首发市场，这种认识被中国用户进一步强化。观察人士认为，日系豪车三强在华拓展不接地气，而讴歌这种痼疾更加凸显，被认为是对中国用户有严重的“傲慢和偏见情结”。讴歌能否放低身段，像英菲尼迪那样，主动出击，扩大中国用户对其认知，提升亲近感？

当然，日系豪车三强销量不振，虽然是大环境使然，但决定性因素还在企业自身。同样是日系品牌，雷克萨斯今年前三季度在华销量达5.2万辆，排在豪车销量榜第六，这对讴歌来说，是一个短期内不可企及的天文数字。而英菲尼迪销售20787辆，突破了两万大关，增幅达91%，成为豪车品牌增长冠军。这对讴歌来说，同样难以企及。无论是雷克萨斯的销量，还是英菲尼迪的增幅，如果发生在讴歌身上，那都是可圈可点的。

俗话说，事在人为。正因为业绩不理想，所以，讴歌更应该反思和寻找自身问题，寻找解决问题的有效办法；否则，在中国市场就有被排挤出局的可能和风险。

迟来大师

集结号吹了8年，阵地却迟迟没攻下。问题究竟在哪？

对讴歌在华的自身问题，本田是心知肚明的，希望通过频繁地更换讴歌事业部负责人来改变现状。

2014 年 4 月，渡边康治接替津村卓哉，成为本田（中国）讴歌事业部部长。最近，广汽本田原副总经理阁先庆被抽调到全面负责讴歌国产化项目岗位。而据悉，渡边康治的任期将在 2016 年 4 月划上句号。

从目前来看，这些人事变动，并没有起到立竿见影的作用。这凸显了影响讴歌业务发展的一个更深层次问题，用中国人来说，那就是体制、机制和企业文化的问题。日本车企喜欢用自己人，而很难启用能力更强，对中国车市更懂的非日本人。对中国车市更懂、更有能力的人，在日本车企，充其量只能是一个参谋角色，很难有重大决策权。也就是说，日本车企是不放权的。

从体制上看，讴歌在华归属广汽本田，受日本管理层严格牵制，造成非日本籍高管不能“人尽其才，才尽其用”的困局。这种状况使得讴歌缺乏对汽车行业高级职业经理人的吸引力，使其陷入人才匮乏影响企业运营的恶性循环之中。雷克萨斯和英菲尼迪在任用非日本籍高管上，要比讴歌步伐更快，思想更解放，实际更放权。这也是他们做得比讴歌业绩理想的重要原因。讴歌高管虽然换来换去，但眼光都囿于本田和广汽，没有积极引入新鲜血液，对讴歌拓展中国市场作用十分有限。

本田（中国）总经理仓石诚司在接受媒体采访时，一针见血地指出，讴歌在华品牌影响力不够，宣传不足是重要症结所在。渡边康治上任后，把自己的工作归纳为三点：加强推广力度，提升品牌形象；强化销售网络建设；加强国产化，推出更符合中国消费者品位的产品。这些真知灼见正是讴歌问题的本质和出路所在。但说归说，做归做。说和做不是一回事，说和做了之后，是否产生如期效果，又是一回事。现在 2014 年又临近尾声了，我们看到，讴歌仍然是“雷声大，雨点小”，糟糕的销售现状仍在继续。

拿讴歌与日系三强的冠军雷克萨斯比，或许太难为讴歌了。拿讴歌与在华发展得并不十分理想的英菲尼迪比，讴歌依然处处显得像是一个“迟来大师”，要慢一拍。现在车市“快鱼吃慢鱼”特点越来越明显，要求企业市场反应速度地快。英菲尼迪从宝马挖来戴雷，大刀阔斧拓展市场，借助赞助《爸爸去哪儿》、《舌尖上的中国》、《极速前进》等节目，拉近了与中国用户的距离，让品牌形象大有提升。反观讴歌品牌推广，则是乏善可陈。在降低成本和提升销量十分见效的国产化方面，英菲尼迪亦是捷足先登，其第一款国产化豪车将于年底正式上市；而讴歌国产化项目计划是2016 年。在渠道建设上，讴歌计划年底发展到 50 家，英菲尼迪加盟经销商为 80 家，并且计划每年新增 25 ~ 30 家。特别是建设渠道的关键性问题，讴歌至今都是比较保守的。作为一个弱势豪车品牌，讴歌并没有推出让经销商怦然心动的销售激励措施，能让经销商有理由死心踏地跟着讴歌干！

国产化和质量困境

德系三强在中国市场之所以成功，一个重要原因，就在于其国产化很早，很彻底。这也被其他豪车品牌视为开拓中国市场的制胜法宝，争相效仿。

讴歌国产化也提上了日程，现在透露出来的信息是 2016 年。

对于讴歌 2016 年国产化，业内是持质疑声音的。按照国内惯常衡量标准，年销量突破 3 万辆门槛是豪华车品牌进行国产化的基准线。目前讴歌年销量不足 5000 辆，这是讴歌进军中国市场 8 年来的成绩单，现在要用一年多时间销量大跃进到 3 万辆，显然是勉为其难。也就是说，到 2016 年讴歌实现国产化的资格都没达到。但另一方面，市场不等人，要想在中国市场有所作为，讴歌国产化确实势在必行。如果不顾具体销售情况，霸王硬上弓，是不是有些牵强和急功近利？

尽管有意加快国产化进度，但对进口车和国产化的认识，讴歌自己都云里雾里。为打消中国用户对讴歌国产化后可能出现质量下降的担心，仓石诚司称国产化后产品质量不会打折，甚至有信心在某些方面超过进口车。这种说法就很像中国古代那个自相矛盾的寓言故事。国产化后，讴歌售价肯定要下来，进口车价格肯定高过国产车。如果如仓石诚司所言，国产车质量是要好过进口车的——这种情况难以让人相信，那么国产车比进口车更质优价廉，如此以来，谁还买讴歌进口车呢？质量好过进口车。但实际情况又是进口车价格肯定是高过国产车的。这样以来，谁还买进口车呢？仓石诚司的话是否透露出这样一个信息：讴歌国产化后，进口车将退出中国市场？如果国产化后，进口车不退出中国市场，那仓石诚司的言论是否可以理解为推销国产讴歌信口开河的忽悠之辞，是否是一种欺骗言论？

日本车，曾经强在车载电子系统和油耗。现在这种优势已经荡然无存，因为豪车消费者不会把油耗当一回事儿，更重要的是强调那种身份和驾驭感觉，与欧美豪车相比，日系豪车在工艺、质量和文化底蕴上要差上一截。作为豪车品牌，讴歌产品质量问题并非没有瑕疵。TLX 是讴歌今年在北美车展上推出的重点新车。但由于车内标示存在标注错误，导致用户无法获悉正确的搭载乘客和行李总质量，如果超出上限，将增加车胎胎压，导致轮胎发生破裂，存在安全隐患，最近被召回 200 辆。今年 7 月，美国国家公路安全管理局表示，2013 和 2014 款讴歌 ILX 及其混动版本，由于车辆大灯存在隐患，可能因为温度过高而起火，启动召回 14078 辆。而最近在中国市场讴歌由于前排驾驶席和副驾驶席的安全带零部件的锁止机构零部件，制造规格管理不良，导致在低温环境下，可能发生安全带不能正常拉出，或在紧急情况下安全带不能收紧，存在安全隐患，发生召回，从10月30日起，召回生产日期为2013年9月4日到2014年5月13日进口2014年款讴歌MDX系列以及生产日期为2013年3月18日至2014年4月3日的RLX系列，共涉及741辆。

虽然出身于经济型轿车世家本田，但讴歌的市场定位自视甚高，讴歌将于2015年上市的讴歌NSX把奥迪R8作为竞争对象，希望与其一较高下。奥迪R8在华目前售价182.3万~253.3万元。当讴歌NSX价格与奥迪R8旗鼓相当，如果你是潜在用户，你是要买讴歌NSX呢，还是奥迪R8呢?

或许讴歌NSX把奥迪R8当作竞争对手只是一厢情愿，只是一种简单粗暴的营销手段，而奥迪竞争对手名单上，从来不会出现讴歌的什么车型。讴歌NSX把自己定位于与奥迪R8作为竞争对手，单纯从品牌角度上考察，是在拿鸡蛋碰石头，有些自不量力。

（2014年11月5日）

作为跑车特质的保时捷生命力呈现锐减趋势，而作为SUV车型的特色却是越来越强烈旺盛。在产品方面，保时捷不再是超级豪华跑车的代名词，而是全球流行啥保时捷就推啥，鲜明的个性已经风光不再。目前保时捷最为火爆的两款车型都是SUV，即保时捷卡宴和Macan。从某种意义上可以说，是卡宴挽救了保时捷，而跑车的生命张力在中国完全施展不开来

保时捷在进退失据中迷失

2013年保时捷全球销售162145辆，同比增长14.9%，其中欧洲销售为51049辆，同比增长4.4%（其中德国本土销售20638辆，同比增长17.8%），美国销售42323辆，同比增长20.8%，中国销售37425辆，同比增长19.9%。今年前三季度，全球销售135642辆，同比增长22%，其中欧洲销售43274辆，同比增长14.8%，美国销售35366辆，同比增长12.1%，中国销售32592辆，同比增长18.7%。

在中国市场，保时捷是唯一跻身豪车十强的超豪华车品牌，次于奥迪、宝马、奔驰、捷豹路虎、雷克萨斯、沃尔沃、凯迪拉克，强过英菲尼迪和DS，排名第八。

但与此同时，保时捷今年在中国增幅，在豪车阵营却是排名垫底的，远远低于豪车平均增幅的32%，显得动力和后劲不足。可能令这款豪车品

牌更为尴尬的是，其在中国市场的销量和增长，几乎全靠两款非跑车车型作为引擎，尤其是保时捷卡宴。

2013年保时捷卡宴在全球销量为8.4万辆，在中国销量为2.67万辆，占其全球销量的31.5%。而保时捷其他车型在中国销量仅为1万辆左右，特别是代表保时捷品质和品牌地位的跑车，销售数量相当有限。这种状况严重背离了保时捷作为超豪华跑车品牌的基因和定位。

个性褪色与方向迷失

自1931年费迪南德·保时捷在德国斯图加特创立保时捷设计工作室以来，保时捷就以豪华跑车特质著称于世。凭借卓越质量、强大动力、绝世减风流线设计，演绎着速度和激情，稀缺和珍贵，在跑车界显得无与伦比，与众不同，深受全球车迷热爱和追捧。

保时捷在中国发展迅猛，现在是保时捷仅次于美国市场的全球第二大单一市场。从发展趋势来看，在今后两三年内有可能一举超越美国跃升为保时捷全球最大的单一市场。

但遗憾的是，作为跑车特质的保时捷生命力呈现锐减趋势，而作为SUV车型的特色却是越来越强烈旺盛。这与保时捷的产品策略有关。在产品方面，保时捷不再是超级豪华跑车的代名词，而是全球流行啥保时捷就推啥，鲜明的个性已经风光不再。目前保时捷最为火爆的两款车型都是SUV，即保时捷卡宴和Macan。2013年保时捷在全球销量跑车占比已经不到半壁江山。在中国市场，保时捷跑车占比更是少得可怜，仅为11%，明显低于全球水平，这虽然凸显保时捷跑车在中国有巨大发展空间，但更凸显保时捷在中国拓展市场的重心不在跑车，而是在主推价格相对低廉、与超豪华车品牌渐行渐远的SUV车型。据有关数据统计，2013年保时捷在中国销量贡献的70%来自卡宴，销量达2.67万辆，同比增长33%；与卡宴强劲增长势头形成鲜明对照，保时捷911等三款跑车占比不到10%，甚至呈现负增长。从某种意义上可以说，是卡宴挽救了保时捷，而跑车的生命张力在中国完全施展不开来。

卡宴的价位，让保时捷超豪华品牌与大众化市场实现了成功对接。但是卡宴拉低了保时捷价格体系，使保时捷与其超豪车品牌拉开了距离。而保时捷最新推出的另一款SUV车型Macan不仅让这种情况继续，而且更加变本加厉。Macan起售价为55.8万元。这种低价位，对于提升保时捷产销量，作用是显而易见的。但可以肯定，这种低价位车型肯定会拉低保时捷的利润率，也会对保时捷超豪华品牌定位形成强烈冲击。今年前三季度，保时捷利润增长率收窄到2%，Macan肯定将使保时捷利润率进一步下探。这些低价SUV的推出，与保时捷2018年战略，即继续“成为独一无二的跑车制造商的战略”定位背道而驰。

难怪有汽车专业人士不满地发着牢骚：现在保时捷越来越不像自己了！一旦保时捷不能保住鲜明特色和个性，那还是保时捷吗？保时捷是否还会受到消费者和潜在消费者的喜爱？

Macan是保时捷品牌推出的车型，但采用的却是奥迪Q5平台。这种情况，让内行消费者觉得Macan是在“挂羊头，卖狗肉”。比起宝马X5和左奔驰ML，卡宴明显要高出一个档次，是个不折不扣的豪华车品牌，其起售价为90万元。Macan价格是保时捷推出的有史以来最便宜的一款车，起售价为55万元，与宝马X3、路虎极光在同一个水平线。但Macan采取的却是个性化定制销售，被认为存在严重的加价情况，如换漂亮一点的轮圈和轮胎要加4万多，做一套个性风骚的座椅要加8万，装氙气灯要加1万多，要漆成黑白颜色之外的其他9种金属色或特殊车身颜色，加价15万～

3.98 万。为赚取更多利润，经销商往往不会顾及消费者感受，不会销售裸车。如此以来，林林总总加起来，Macan 最后被消费者提车，售价可能高达 80 万元。这对于期望用 50 万把 Macan 开回家的消费者来说，确实是有些残酷。这种加价行为，或导致消费者大量流失。Macan 目前在华销售并不十分火爆，就是这样情况的一种反应。从保时捷定位来说，Macan 与卡宴明显是两个档次的车型，但最后成交价两者实际相差无几。这种做法没有做好两款车的价格定位和区隔，而且忽视了消费群体的差异性，尤其是加价和搭售行为让消费者极为反感，觉得保时捷在销售过程中极不厚道、极不负责任，有可能对保时捷多年来积累起来的口碑形成山洪爆发式冲击。

质量问题和水土不服

作为超豪华车品牌，其质量往往被消费者认为是完美无缺的。但保时捷在质量方面存在的大大小小的问题，却层出不穷，对品牌杀伤力巨大。

由于车辆后车桥控制臂存在缺陷，可能降低操纵性能，甚至导致撞车，最近，保时捷在全球范围内召回 46 辆 918 Spyder 车型，该车单价高达 845000 美元，是保时捷旗下最贵、性能最强的车型，总产销量限制在 918 辆。由于在瑞士和意大利发生起火事故，保时捷宣布在全球范围内召回 2014 年生产的 911GT3 系列 785 型高性能跑车。GT3 是保时捷品牌下全面重整之后 911 系列两座跑车中最为昂贵的一个版本。由于组合仪表内部编码存在软件错误，可能导致组合仪表中所显示的剩余燃油位高于实际燃油位，导致车主在未知实际燃油位的情况下继续行驶，从而出现燃油耗尽而致行驶中熄火，存在安全隐患，从 10 月 18 日起召回部分进口 2013 –2014 款保时捷卡宴 S 混合动力，2014 款保时捷卡宴 GTS 汽车，在大陆地区涉及 218 辆。这些高价高性能的车型，出现这种问题，或许难以获得用户原谅。

除了因为质量问题产生召回，消费者反映的保时捷其他问题，也是层出不穷。如发动机、变速器故障，浙江、北京、广西、四川、上海、湖南等多地对保时捷 Panamera4、Boxer、卡宴等多款车型，都有广泛投诉。也有消费者投诉保时捷“雨刮器异响和抖动”。对消费者投诉，保时捷官方给出了让人啼笑皆非的解释：因为中国环境恶劣。

虽然保时捷在中国销量不错，但除掉两款 SUV 车型外，代表保时捷本身特质的跑车，却是没什么起色，销量少得可怜。而被普遍关注的豪车价格垄断问题，保时捷并没有采取有效措施，甚至逆势而为给自己的畅销车型加价，罔顾国家相关政策和消费者具体感受。就拿保时捷在中国销量最好的卡宴来说，在美国，卡宴价格区间为 6.17 万～11.36 万美元，约合人民币 37.97 万～69.90 万元人民币。但在中国官方指导价区间为 92.2 万～263 万元。保时捷销售人员为这种价格垄断找了一个很有意思的理由：保时捷是奢侈品，高定价不属于垄断。

目前国家对外资汽车垄断加快了查取进度和处罚力度，但保时捷心存侥幸。对配件和服务逆势加价或者搭售，如果不能让其如愿，就以车型紧张为由，不给提车，已经成为公开秘密，让消费者深恶痛绝。法律界人士认为，这种刻意制造供需紧张假象，进行所谓“饥饿营销”行为，已经涉嫌违反消费者权益保护法和反不正当竞争法等多项法律。

随着销量增加，保时捷也在紧锣密鼓地谋划国产化，传说保时捷卡宴将于 2016 年在宁波实现国产化。作为超级豪车，国产化后是否还能保持良好品质，是否让消费者坚持被其吸引，将是一个很大考验。面向未来，保时捷也在开发一辆全新电动车，该车在充满电状态下最大航程为 400 公里左右。这种航程，放在超豪华车身上，可能没有任何意义。这种状况，一方面凸显保时捷已经意识到未来发展方向在新能源汽车，另一方面也凸显保时捷在新能源技术上创新能力捉襟见肘，与新能源汽车新贵的特斯拉相比，明显不在一个档次上。

（2014 年 11 月 12 日）

2013年菲亚特旗下拉利销售6922辆，玛莎拉蒂销售15400辆。作为同宗同源的超豪车品牌，玛莎拉蒂的强势增长，给法拉利造成了内忧外患的双重危机：内部，玛莎拉蒂把法拉利挤到非革命不可的绝境，菲亚特不得不挥刀斩马谡，让服务了23年之久的卢卡·迪·蒙特泽莫罗辞职走人；外部，玛莎拉蒂不断蚕食鲸吞法拉利的市场份额，让其销量不断下跌

法拉利或被同胞玛莎拉蒂吞噬

作茧自缚?

有“红色跃马”美誉，1927年诞生意大利的法拉利，是世界一级方程式赛车的代名词，最高时速超过300公里，与中国高铁有得一拼，在世界级赛车大赛中，法拉利长期称雄，所向披靡，累计豪夺过100多场胜利，是名副其实的“赛车之王”，风靡全球的“赛车手之王”舒马赫就是其麾下的一位著名赛车手。

但现在“红魔法拉利”正在陷入作茧自缚的窘境。导致这种状况的正是法拉利限产限销的运营模式。作为超级豪车品牌，法拉利十分讲究给用户“稀缺”和“尊贵”的独一无二的感受，加上手工制作，大规模量产很难，所以，在运营上法拉利走的是“饥饿营销路线”，计划每年产销量控制在屈指可数的7000内。按照其原当家人卢卡·迪·蒙特泽莫罗（Luca di Montezemolo）的规划，到2018年销量还是在7000内。果真如此，用流行话语来说，法拉利此做法是“一潭死水”，让人看不到其发展前途。

2012年法拉利销售抵达峰顶，全球销售7318辆，同比增长4.5%，其中大中华区销售784辆，同比增长4%，在全球占比攀升至10.7%。但从这以后，法拉利的增长势头就戛然而止。由于受全球经济萎缩大环境和法拉利自身产品策略和运营模式影响，目前法拉利要为“止跌为增”积极努力。2013年法拉利全球销售6922辆，同比下跌5.4%，大中华区销售554辆，剧烈下滑29%，占全球销售份额降至8%；2014年前三季度法拉利全球销售5243辆，微跌0.4%，大中华区销售809辆，同比暴涨87.7%，占全球份额骤升至15.4%，仅次于美国。在法拉利全球大局中，中国一枝独秀，成为其止跌为增的关键性战场。

或许大幅度增长对法拉利来说，没有多大意义。但问题是全球财富都在急剧增长，富翁人数都在急剧增多，市场需求都在不断膨胀，其他豪车品牌都在开疆拓土，法拉利却在执迷不悟地固守7000数字洼地，是不是容易被其他豪车品牌挤压得无处容身?

对法拉利来说，这种萎靡不振的销售状况，确实对保持其品牌的稀缺性，体现其尊贵性，作用功不可没。但现在要完成年销7000的任务，都是那样弥足珍贵，就显得极不寻常了。应该可以断定，法拉利是众多超豪车品牌中，唯一出现销售下跌的品牌。

如果既要限制产销，又要谋求可持续发展，唯一手段就是提价。要提价，或许只有两种途径，一是继续减产，二是把质量和性能再大幅提升。但从目前来看，法拉利产品的质量和性能要实现质的突破很有难度。在这种情况下，要消费者接受更高的价格，也不现实。

狼烟四起

与法拉利的固执和偏见相比，则是竞争对手的顺应潮流，适时而变。

德国大众旗下的超豪车品牌保时捷除了跑车、赛车，还推出了 SUV 车型卡宴、Macan 和入门级豪车，获得了巨大成功，现在非跑车销售已经占据其全球份额的半壁江山。这在超豪车阵型中引发效仿风潮，德国大众旗下的兰博基尼和宾利都在计划推出 SUV 或者价格更低廉的入门级轿车，积极利用自身超豪华车的品牌影响力，不断提升产品性价比，积极向不同富裕程度的富豪阶层渗透，寻找新增长点，抢占市场份额。

即使是在菲亚特内部，法拉利同样受到同胞兄弟玛莎拉蒂的严重挤压。两者都归菲亚特控股，都是超级豪车品牌，市场定位重叠性高。但相对法拉利的固执僵化，玛莎拉蒂更加灵活多变，取得了显著的市场效果。

2013 菲亚特实现销售总收入 38 亿欧元，其中法拉利为 22 亿欧元，玛莎拉蒂为 17 亿欧元。法拉利销售 6922 辆，玛莎拉蒂销售 15400 辆。从这些数据，我们可以大致估算出，法拉利平均售价约为 30 万欧元，玛莎拉蒂平均售价约为 11 万欧元。这种价格，让玛莎拉蒂显得更接地气，更容易让消费者怦然心动。两大豪车的增长幅度很好地印证了这点。

作为同宗同源的超豪车品牌，玛莎拉蒂的强势增长，给法拉利造成了内忧外患的双重危机：内部，玛莎拉蒂把法拉利挤到非革命不可的绝境，菲亚特不得不挥刀斩马谡，让服务了 23 年之久的卢卡·迪·蒙特泽莫罗辞职走人；外部，玛莎拉蒂不断蚕食鲸吞法拉利的市场份额，让其销量不断下跌。

都作为超豪华车品牌，或许法拉利和玛莎拉蒂是有微妙差异。但这种差异对其大多数目标消费者而言，是可以忽略不计的。与法拉利不断下跌颓势相比，玛莎拉蒂却在野蛮生长。全球来看，2013 年玛莎拉蒂同比增长 148%，其中大中华区销售了 4000 辆，占其全球份额的 25%，同比暴涨 430%，是法拉利的近 8 倍，成为其增速最快的市场。玛莎拉蒂的无限增长，让菲亚特高层敏锐地意识到，如果法拉利求变，无论其在全球，还是在未来最大的豪车市场中国，都具有无限想象的市场空间。

相比于法拉利的消极，玛莎拉蒂对未来规划，要雄才大略得多。玛莎拉蒂计划在 2018 年将产销量提高到 7.5 万辆，对豪车市场实现全覆盖，为此，不断在增加车型，不断在提升新车动力。商场如战场。玛莎拉蒂不会因为怜惜同胞兄弟法拉利，而停止不前；在全球市场，如果法拉利还是原地踏步，将被玛莎拉蒂和其他豪车品牌边缘化。

让法拉利汗颜的是，玛莎拉蒂这位墙里墙外的竞争对手，1999 年还是归法拉利管理；2005 年才从法拉利划出来，归到菲亚特集团来管理。

量与质的矛盾

为保证每款车的质量和稀缺性，维护其超豪华车的尊贵特质，法拉利计划每年推出一款新车，全球销量控制在 7000 内。每款新车生命周期为 4 年，之后推出 M 改进型，再延续 4 年，针对高端用户推出特别版车型。

但这种量的控制，并没有保证法拉利的质趋于完美。推出新车是提升销量的有效手段。但近两年法拉没有推出让人眼前一亮的新车。上一款令人印象深刻的新车 FF 是 2011 年推出的。另一款重要车型 458Italia 推出后，麻烦不断，相继在全球各地出现自燃，导致全球范围内召回，也让消费者对法拉利的质量产生深刻怀疑，对法拉利品牌造成巨大冲击。其原因是轮毂罩总成的隔热材料采用粘接剂连接，排气管散热可能造成后轮毂罩变形，导致轮毂罩总成过于接近排气管，在极高的环境温度和工作温度下，隔热材料的粘接剂因过热产生烟雾，严重时发生燃烧，引发火灾，存在安全隐患。最近法拉利458由于行李箱存在困住人无法打开，在美国被召回3000辆。而2013年法拉利在美国市场年销量仅为2223辆，这次召回数量比一年销量还要多，占法拉利全球年销量的约三分之一。

由此看来，控制产品销量与保持产品品质之间，并没有必然的直接关联。法拉利完全没有必要担心由于产销量的扩张从而影响产品质量。当然，如果不能把质量把控好，卖得越多，给法拉利带来的麻烦可能越多。

值得庆幸的是，菲亚特集团已经意识到控制产销量可能带来的严重后果，已经在大刀阔斧地改变现状，花费2696万欧元（约2.14亿元人民币）将卢卡·迪·蒙特泽莫罗打发走，由会计师出身的菲亚特集团CEO马尔乔内兼任法拉利董事长。马尔乔内对数字极度敏感，他不会眼睁睁地看着对手扩大数字和份额，自己却无动于衷。他最大的想法，就是追求扩张旗下豪华车业务规模。

但如果盲目扩张，对于一直手工制作，追求至臻至美的法拉利来说，如何保证其质量，保住其稀缺性带来的尊贵体验，确实是一个较为凸显的问题，不得不引起马尔乔内的高度警惕。在豪车增幅最快的中国市场，2010年开始负责大中华区的总裁兼首席执行官范艾闻（Edwin Fenech）被调至美国，新任者是否适应和熟悉中国市场，还有待进一步观察。

（2014年11月19日）

从2012年至今，兰博基尼在华是遭遇了“三连跌”，而且一次比一次跌得狠，现在兰博基尼全球和中国区都在为在中国市场“止跌”拼搏。意外的是，兰博基尼越努力，在中国市场越滑落速度越快。从外部来看，除掉保时捷、法拉利、宾利、玛莎拉蒂等竞争对手对兰博基尼的拼命挤兑外，另一个重要原因是兰博基尼在中国水土不服，还没熟悉中国的消费环境

价涨两三倍　兰博基尼在华三连跌

中国已经驶入豪车快速增长的轨道，绝大部分豪车品牌在华要么稳步增长，要么狂飙突进地野蛮生长。

与这种大趋势形成鲜明对照，却是兰博基尼惊心动魄的下滑：2012年兰博基尼全球销售2083辆，同比增长30%，中国销售320辆，同比下跌6.4%；2013年全球销售2121辆，同比增长1.8%，中国销售267辆，同比下跌16.7%；今年前三季度在中国仅销售了144辆，同比下跌高达40%。

其他豪车品牌在中国市场乘风破浪，攻城掠地，吃香喝辣，而兰博基尼不仅停滞不前，而且一泻千里，这不得不引起兰博基尼汽车公司主席兼首席执行官史蒂文·温科尔（Stephan Winkelmann）和负责中国市场的Andrea Baldi的深刻反思。

中国消费者对欧洲品牌和产品情有独衷。兰博基尼作为德国大众汽车的“形象工程”，以及全球顶级跑车制造商和欧洲奢侈品标志之一，为什么被中国消费者抛弃？

政策影响

在全球经济最困难的2008年，兰博基尼想起了中国，并且迅速打开局面。2010年兰博基尼在华销售206辆，增长150%，2011年销售342辆，增长66%。

但好日子并没有持续多久时间。从2012年至今，兰博基尼在华是遭遇了“三连跌”了——而且一次比一次跌得狠，现在兰博基尼全球和中国区都在为在中国市场“止跌”努力拼搏。但意外的是，兰博基尼越努力，在中国市场越滑落速度越快。

当然，滑落归滑落，中国目前仍然是兰博基尼仅次于美国的全球第二大市场。从一些具体数据，我们可以掂量出中国市场对兰博基尼的重要性。目前兰博基尼全球有129家经销商，其中中国市场有20家（含港、澳地区），占比超过15%，中国市场销售占其全球比量超过10%。

影响兰博基尼在华销售的，来自内外两个层面。从外部来看，除掉保时捷、法拉利、宾利、玛莎拉蒂等竞争对手对兰博基尼的拼命挤兑外，另一个重要原因是兰博基尼在中国水土不服，或者说，兰博基尼还没有熟悉中国的消费环境。

从宏观层面来看，三个因素制约兰博基尼在中国拓展。

一是具体的消费大环境。虽然兰博基尼不是诞生于斗牛圣地西班牙，而是诞生于意大利，但其创始人费鲁吉欧·兰博基尼却把兰博基尼定位为一头浑身充满力气，正准备向对手发动猛烈攻击的犟牛。因为当年费鲁吉欧·兰博基尼是因为驾驶法拉利，发现法拉利用的是发动机居然是与自己制造的拖拉机一模一样的发动机，他向法拉利负责人恩佐·法拉利反应情况，结果受到了对方的奚落和讥讽，为争一口气，费鲁吉欧·兰博基尼决心研发生产出一款比法拉利更牛更过硬的超级跑车。所以，兰博基尼是大功率，高速度的运动型跑车，希望让驾驶者享受到驾驭激情和乐趣。但这种纵横驰骋的野性，与中国人崇尚的四平八稳的中庸个性背道而驰。中国适合这场飙车的场合不多，现在交通执法越来越严。可能用户一只脚踩在油门上，一只脚已经踩在法律底线上。现在是人人都握着“新闻麦克风”的“自媒体时代”，大家都不愿触犯雷区，而是选择低调行事。

二是兰博基尼产品与节能减排政策严重相悖。兰博基尼吸引人之处，在于其引擎技术确有过人之处。兰博基尼官方称其 Aventador 在引擎市场中是没有竞争对手的，12 缸自然吸气式发动机性能非常卓越。而其他竞争对手的发动机可能是 V8 或涡轮增压发动机，比起兰博基尼来，有相当大的差距。但这种大马力超级跑车，在一线城市的北上广深是受到严格限制的。如果把这些跑车买过来，却发现英雄无用武之力，岂不成了摆设，还有什么意义呢？而北上广深是这些超级跑车的主要市场。在享受驾驶乐趣与遵守法律之间，越来越多的理性消费者选择了后者。

三是反腐和反垄断政策让兰博基尼很受伤。大家都清楚，兰博基尼相当一部分买主是“官二代”。中国持续深入的反腐，严重影响到这部分买主的需求。而目前国家相关部委正在轰轰烈烈推进的反垄断，也直接影响了兰博基尼的销售。中外市场上，兰博基尼的价格差，既是阻碍中国消费者亲近兰博基尼的关键因素，又是这种反垄断的根源。

从中美市场，兰博基尼起售价对比来看，差别天渊之别。兰博基尼 LP550－2 Coupe 起售价美国为 111.32 万，中国为 358 万；兰博基尼 LP560－

4Coupe 起售价美国为 123.62 万，中国为 388 万；兰博基尼 LP560 -4 Spyder 起售价美国为 137.94 万，中国为 428 万；兰博基尼 LP570 -4 Coupe 起售价美国为 145.90 万，中国为 490 万；兰博基尼 LP570 -4 Spyder 起售价美国为 152.26 万，中国为 477.80 万。

兰博基尼一到中国，价格就翻了三四倍，是中国人比美国人有钱，还是兰博基尼把中国消费者当傻子？

或许兰博基尼辩解说，中国进口税太高。但可以肯定，即使加上进口税，完全没有必要定这么高的价。这种超大价差，确实让中国消费者心理极不舒服。国家反垄断相关部门，把豪车作为反垄断重要目标，也就全在情理之中，也是源于这种不合理的价差。

质量和研发问题

产销量控制在一定范围内，是超豪华车保持自己个性的重要法宝。

但为保持领先地位，提升核心竞争力，超豪华车又不得不在研发上不惜血本，重金投入。

据兰博基尼自己透露，每年要把营业收入的 20% 投入研发上——这个比例甚至比其利润率还高。2013 年兰博基尼营业收入约为 7 亿美元，按此推算，2013 年兰博基尼的研发费用约为 1.4 亿美元。

如果高额研发投入，能够保持住产品的卓越质量性能，能给产品带来革命性变化和实现差异化引领，那当然是无可厚非的。但兰博基尼的情况并非这样。至少从目前来看，这种巨额的研发投入产生的效果却不如预期。兰博基尼的研发，应该要解决兰博基尼面向未来的根本性的问题，也就是激情速度体验与节能减排的矛盾。但从现在来看，兰博基尼基本上是排斥往新能源汽车方向发展的，因为兰博基尼官方认为如果使用插电式混合动力，电池就会增加车重，从而降低汽车操控性，影响扭矩输出，从而降低驾驶乐趣，有悖于兰博基尼作为超级豪华跑车的初衷。其实，这个问题存在，根源还是在于兰博基尼的技术跟不上——当然，谁能解决这个问题，那将毫无悬念地创造历史。

在平台选择上，兰博基尼显得很“大众”，没有差异性可言。Huracan Lp 610 - 4 采用的是奥迪 MSB 平台。Urus 采用的是大众 MLB 平台，宾利 SUV、新一代奥迪 Q7，保时捷卡宴、大众途锐用的都是这个平台。这种共用平台，让消费者感觉不到作为超豪华的稀缺和珍贵。如果没有这种感觉了，让消费者拿什么来爱你？Urus 是兰博基尼推出的 SUV 概念车。兰博基尼的 SUV 项目虽然获得了大众总部批准，但迟迟未能敲定。这种缓慢的市场反应速度，也从侧面体现了兰博基尼的研发能力。

投入巨额研发费用是为保证产品领先性能和卓越质量，如果做不到这一点，就变得毫无意义。在兰博基尼发展历史上，因为入不敷出被卖身的事情时有发生。1963 年创立的兰博基尼，1980 年破产，被出售给瑞士 Mimran 兄弟公司，1987 年再被转让给美国克莱斯勒汽车公司，1998 年才被德国大众收购，划归奥迪管。这些不能不让兰博基尼时刻铭记在心。

重视研发，也没有让兰博基尼登上“质量神坛”。今年来，据美国国家公路交通安全管理局消息，由于碳陶瓷刹车系统在含盐量极高的环境下使用后，可能由于应力腐蚀导致后轴侧连接制动盘与制动盘毂之间的不锈钢螺钉受损，在特定情况下可能使制动距离轻微增加，存在安全隐患，从而被召回，受影响车辆包括 2007—2009 年兰博基尼盖拉多 263 辆，2006—2010 年生产的 Murcielago Spyder 404 辆。

作为汽车，因质量问题被召回，本来就让消费者十分关注。作为超豪车品牌因为质量问题被召回，确实让消费者无法承受。兰博基尼召回数量虽然不大，但由于其销量本来就少，这种数量的召回，在兰博基尼销售量总数中，是占有相当大的比例的，甚至某款车型召回占比高达100%，换句话说，兰博基尼的车型几乎都存在质量问题。

（2014 年 11 月 26 日）

阿斯顿·马丁是一个名副其实的“迟到者”，2008 年才进入中国。但对中国市场寄予厚望，甚至作为“救命稻草”来把握。根据其全球发展计划，到 2014 年希望在中国实现销售 1000 辆。如果目标达成，中国市场将占其全球份额的 20%，成为仅次于美国和英国本土的第三大市场。现在看来，这个“中国梦”已经打翻的青花瓷一样，碎片满地，一片狼藉

阿斯顿·马丁：折断翅膀的鲲鹏

源自英国，现在为 prodrive 老板大卫—理查兹所有的超豪华车品牌阿斯顿·马丁（Aston Martin）声名显赫，随着好来坞影片 007 系列风靡全球——从1964 年 007 系列《金手指》中的 DB5 开始，作为传奇主角邦德的座驾，阿斯顿·马丁仿佛通人性一样，帮助邦德屡次出奇制胜，建立功勋。

金融危机前的 2007 年是阿斯顿·马丁最辉煌的鼎盛时期，当年全球销量达到 7300 多辆。从那以后，阿斯顿·马丁开始走下坡路。如果用一个比喻来描述阿斯顿·马丁的现状，我认为比较恰当的就是现在的阿斯顿·马丁就像是晌午过后的太阳，在向着西山的方向不断陨落。

这家由著名赛车手莱昂内尔·马丁和工程师罗伯特·班福德合伙创建于 1913 年的豪华轿车、跑车、旅行车生产制造商，在 2012 年全球销量被腰斩到只有 3400 辆，虽然 2013 年略有增长，全球销售达到 4200 辆，营业

收入为5.19亿英镑，毛利为1.671亿英镑，但净利只有可怜的150万英镑——当然，能赚到钱，哪怕只是杯水车薪的150万英镑，对阿斯顿·马丁来说，已经实属不易。

在其他豪车品牌基本上实现了野蛮增长的中国市场，阿斯顿·马丁亦是乏善可陈。在中国区总裁郑津兰带领下，阿斯顿·马丁经营团队很努力，到目前为止，引进到中国内地的车型多达15款，但销售结果却是极不理想，差到阿斯顿·马丁自己都不愿意主动面对和羞于公开数据。据有关资料显示，2010年阿斯顿·马丁在中国销售为110辆。这个数据可查，或许是因为当时阿斯顿·马丁进入中国市场不久，这个数据尚且说得过去，但其后几年阿斯顿·马丁在中国销售数据都是不得而知。不过，笔者从有关渠道获悉，今年1—8月中国内地进口阿斯顿·马丁数量为171辆。而进口量并不等于销售量。销售量比进口量低是一个常识性问题。据业内人士预估，今年阿斯顿·马丁在中国销量可能不超过200辆。

撇开其他超豪车品牌几何级数的增长，单纯地拿阿斯顿·马丁内部的渠道与销量进行分析，也得出一个有意思的情况。2010年阿斯顿·马丁在中国销量为110辆，现在其授予权经营的4S店是当时4倍，但销量并没有增长4倍，正好做了阿斯顿·马丁在中国的努力事倍功半的注解。由于单店销量业绩惨淡，所得入不敷出，导致厂商关系剑拔弩张。最近传出庞大集团不得不揭竿而起，出售了鄂尔多斯、深圳、广州、沈阳、西安这五家阿斯顿·马丁4S店，正式宣布退出其授权经营。原因是因为这五家店盈利能力差，短期内看不到扭亏为盈的希望。据庞大公布数据，这五家店账面净资产为-2158万元，平均每家亏损400万元以上。

开拓中国市场，相比于其他豪车品牌的捷足先登，阿斯顿·马丁是一个名副其实的“迟到者”，2008年才进入中国。但阿斯顿·马丁对中国市场寄予厚望，甚至将其作为“救命稻草”来把握。根据阿斯顿·马丁全球发展计划，到2014年希望在中国实现销售1000辆的目标。如果目标达成，那么中国市场将占其全球份额的20%，成为阿斯顿·马丁仅次于全球最大豪车市场的美国和本土市场的英国的第三大市场。现在看来，阿斯顿·马丁的这个“中国梦”已经打翻的青花瓷一样，碎片满地，一片狼藉。

阿斯顿·马丁一直在做着振兴中国市场的种种努力，甚至不惜祭出价格战，以拉动销售。其中阿斯顿·马丁 V12 6.0L优惠幅度高达60万，但这种价格战收效甚微，因为超豪华车主对优惠并不敏感，但对质量却是格外在意。

质量不过关是阿斯顿·马丁销量无法再上台阶的一个根本原因，甚至近两年来，阿斯顿·马丁屡次爆出由于质量问题而不得不大面积召回的新闻，以及在这种质量面前，阿斯顿·马丁不是勇敢担当，而是积极推卸责任，寻找替罪羊的推脱态度，这让阿斯顿·马丁的车主十分反感，也把潜在客户纷纷推向竞争对手怀抱。

从创立到现在，阿斯顿·马丁在全球销量合计不到两万，其中有3/4的车辆仍然奔跑在赛道上或者公路上。但让人啼笑皆非，不敢信以为真的是，最近两年，由于质量问题被召回的阿斯顿·马丁车辆总数甚至超过了其全球销量总和——出现这种情况的是可能由于同一辆阿斯顿·马丁被因不同原因召回多次。这种情况确实让作为超豪车品牌的阿斯顿·马丁十分难堪。

超豪华车品牌或许不在意价格，但对质量十分敏感，因为质量如何关系到他们的生命安全。阿斯顿·马丁这种不着边际的质量表现，是用户对其失去信心的根源。庞大集团放弃阿斯顿·马丁经营权和出售阿斯顿·马丁店面，是源于被消费者势弃，让他们选择抛弃的，就是阿斯顿·马丁的质量和态度。

2013 年底阿斯顿 · 马丁全球范围内召回 17590 辆，中国内地涉及 1025 辆，占 2007 年以来阿斯顿 · 马丁跑车的 75%。据阿斯顿 · 马丁官方解释称由于中国深圳供应商提供劣质的油门踏板塑料部件。这种没有反省自己供应链管理体系和质量管理体系是否存在漏洞，反将责任推卸给中国企业的做法，引发了轩然大波，成为阿斯顿 · 马丁跨入中国以来最严重的危机公关事件，进而对今年阿斯顿 · 马丁在中国区的销售和品牌形象造成了巨大影响。

2014 年 1 月阿斯顿 · 马丁在澳大利亚召回 150 辆跑车，原因是加速踏板缺陷，或致车速降低，构成潜在交通风险。有意思的是，该款车型 2012 年在澳大利亚销售了 94 车，2013 年销售了 99 辆。另据美国国家公路交通安全管理局 NHTSA 最近消息，阿斯顿 · 马丁在美召回 7256 辆，原因是车辆前排座椅加热器在控制模块中可能存在线路绝缘破损，导致过热乃至熔融现象。如此以来，仅此三次，就让阿斯顿 · 马丁的召回数超过了销量数。

然而就是这样一款召回新闻不断，质量故障频出的全球超豪华品牌，售价则是高得令人咋舌，特别是对待中国消费者，阿斯顿 · 马丁敢于高举“屠刀”——阿斯顿 · 马丁 Vanquish 在中国起步价为 526.88 万元人民币，在美国起步价为 170.42 万元人民币，中国售价比美国售价高出三倍多。

有意思的是，名气很大，售价很高的阿斯顿 · 马丁，却无法养活自己，生存之道是靠卖身求存。从诞生到现在，阿斯顿 · 马丁经历了沧桑百年，但阿斯顿 · 马丁却从来没有赚到钱，靠变换大财团“包养”为生。所以说，阿斯顿 · 马丁还没有找到可持续发展的商业模式，没有步入正常化发展的轨道。以前的卖身不论，就提两次最近的：1987 年阿斯顿 · 马丁被美国福特公司收购；2007 年 prodrive 老板大卫—理查兹以 9. 25 亿美元将阿斯顿 · 马丁收入囊中。

阿斯顿 · 马丁的车徽是一只展翅飞翔的大鹏，寓意是志存高远，前途无限，有力量，有速度。但至少现在看来，这只汽车行业的鲲鹏却被折断了翅膀，根本没法实现“扶摇直上九千里”的宏愿。当然，除了质量原因，阿斯顿 · 马丁的小众超豪华跑车品牌定位也限制了其“市场体量”。在超豪华车领域，阿斯顿 · 马丁就像是一位迟暮的英国绅士，表面上看起来，虽然衣着光鲜，很风光，但实际上是心有余而力不足，气都接不上来。最近传出，阿斯顿 · 马丁早就有了开发 SUV 的意愿，并且计划今年推向市场，但由于资金问题没有解决，不得不一再推迟，现在都成了一桩悬案，连阿斯顿 · 马丁自己都不能肯定其 SUV 何时上市。

（2015 年 1 月 4 日）

单纯从销售数量上看，中美市场确实有细微差别。如果把销售数量转化为销售额，那宾利中国业绩就比美国漂亮多了：中国市场已经是美国市场的三到四倍。因为在中国市场上，宾利同一车型普遍要比在美国市场上贵三到四倍。也就是说在中国人一辆宾利车，在美国可以买三到四两一模一样的宾利车

宾利巨额差价阻碍在华销售价格是美三四倍

在经历沧桑百年后，创始人初衷终于如花朵一样绽放。

2013 年宾利全球销量首次突破 1 万辆大关，达 10120 辆。今年前三季度继续保持高速增长，全球销售 7786 辆，再度破万已经没有悬念，这在依靠手工制作的豪华车品牌中销量是首屈一指的。

1919 年航空工程师出身的英国人沃尔特·欧文·本特利（又译宾利）创立宾利，希望有朝一日宾利像雄鹰一样翱翔蓝天，这就是宾利 LOGO “B”的深层喻意。

一切迹象表明：宾利似乎现在已经开进了美丽如画的春天，前途一片大好。但真要这样断定，或许为时尚早。要真正了解宾利，得从宾利的过去、现在和未来中寻找答案。

产品与销量

好女不愁嫁，产品质量决定销路。但在宾利历史上，却是矛盾纠

结的。

从某种程度上看，宾利产品质量做工精细，无可挑剔。1919 年宾利 3.0 横空出世，马力高达 85 匹，最高时速突破 80 英里，打破了当时几乎所有耐力和速度纪录，其衍生车型历史性地夺下五年勒芒耐力赛冠军，声名大噪，该车型也一举奠定日后宾利车型“快速，易驾驶，在持续高速条件下易操控，持久耐用，稳定”的性能和口碑。

但这种高品质并没有给宾利带来好销量，因为虽然产品性能过硬，质量卓越，但价格也是高处不胜寒，是当时最贵的。所以，1922 年宾利只销售了 122 辆，1923 年销售了 204 辆，1924 年销售了 402 辆。这种销量让宾利入不敷出，到 1931 年，宾利公司债务高达 10 多万英镑，实在难以为继，不得不宣告破产，卖给竞争对手劳斯莱斯，本特利本人不得不忍辱负重，成为对手罗尔斯·罗伊斯手下的一名雇员。

这次卖身对宾利发展影响深远，在劳斯莱斯主导下，宾利逐渐丧失赛车本性，悖离了创造者追求极速和运动快感的初衷，被改造成深具劳斯莱斯风格的豪华轿车。

惨淡的销量让宾利一直无法摆脱财务困境。这种隐患在宾利成立伊始就已经埋下，公司名义股份资金是 20 万英镑，实际上只有 18000 英镑，处于窘迫之中。

1998 年宝马公司花 4000 万英镑购买了劳斯莱斯的商标和标志。2003 年宝马开始生产劳斯莱斯牌轿车。同年，大众在英国克鲁厂房生产宾利轿车。宾利和劳斯莱斯从此劳燕分飞，再度各为其主，成为搏杀对手，其中，劳斯莱斯归宝马所有，宾利归大众所有。

大浪淘沙，宾利目前已成全球公认的最豪华的轿跑车。1952 年 6 月推出的精品车型欧陆 r - type，最高时速达 120 万，成为当时公认跑得最快的四座汽车，被英国汽车杂志 autocar 称为“现代感魔幻宠车”，赢得了包括希腊船王奥纳西斯，意大利阿涅利家族以及石油大享洛克菲勒在内的豪门贵族青睐。

近年来宾利一直保持两位数的快速增长。2011 年销售 7003 辆，同比增长 37%；2012 年销售 8510 辆，同比增长 21.5%；2013 年首次突破 1 万辆大关，销售 10120 辆，同比增长 18.9%；今年前三季度销售 7786 辆，同比增长 19.49%。

宾利超乎寻常的快速增长，得益于中国市场的顺利扩张。2002 年宾利进入中国，积极开疆拓土。到目前已经在北京、上海、广州、深圳、杭州、武汉、南京、成都等 20 个城市设立了销售展示大厅，经营宾利欧陆双门跑车 GT，宾利欧陆双门软顶敞蓬跑车 GTC，宾利欧陆飞驰四门轿车 CFS 和宾利 Arnage（雅致）系列轿车，价格从 338 万元到 1800 多万元不等。

据有关数据统计，迄今为止，宾利在中国市场保有量已经上万，与美国，欧洲，中东一起，成为宾利全球最主要的四大市场。其中，2011 年销售 1839 辆，2012 年销售 2253 辆，2013 年销售 2191 辆，今年前三季度销售 1959 辆，同比增长 54.9%。而宾利最大的国家单一市场的美国今年前三季度销量为 1986 辆，中美销售已经无限接近。中国超越美国，成为宾利全球最大单一市场，已经触手可及。所以，中国市场在宾利全球发展战略中举足轻重。

巨额价差阻碍在华销量增长

其实，宾利在中国销量暂时不及美国，并非中国土豪比美国少，而是宾利在中美的巨大价格差异所致。

单纯从销售数量上看，中美市场确实有细微差别。但如果把销售数量转化为销售额，那宾利中国业绩就比美国业绩漂亮多了：中国市场已经是美国市场的三到四倍。因为在中国市场上，宾利同一车型普遍要比在美国市场上贵三到四倍。也就是说在中国人一辆宾利车，在美国可以买三到四两一模一样的宾利车。从这里可以看出，宾利在价格策略上，一直把中国土豪当“傻子”，知道爱炫富的中国土豪只在乎面子和享受，而不会在乎价格巨差。

从相关资料上，我们可以看到，宾利欧陆 GT 在美国售价约为 120 万元人民币，在中国售价约为 368 万元人民币；宾利慕尚在美国售价约为 185 万元人民币，在中国售价约为 568 万元人民币；宾利欧祟 GTC 在美国售价约为 130 万元人民币，在中国售价约为 428 万元人民币。做一个假设，如果宾利在中美能够实行同一价格销售，那宾利在华销售无疑将呈现几何级数的增长。

当然，这种增长或许是宾利不愿看到的，因为价格下跌了，利润就会受影响。由于是手工生产，销量太大反倒不是好事。这或许是宾利在中国价格定得超高的原因。如果宾利在中美价格趋同了，销量是翻番了，但利润并不见得有质的增长。如果销售 6000 辆宾利，与销售 2000 辆宾利，获利一样多，那宾利还不如维持居高不下的价格呢。销售量一大，对生产不仅是灾难，而且售后也将成为不可承受之重，利润被高度稀释，甚至陷入卖得越多亏得越多的怪圈。那宾利在中国飞速发展，就不是福音，而是噩梦了。

虽然价格极高，但宾利利润并不理想。宾利 2013 年利润率只有 10%。宾利在中国市场不仅销量巨大，而且单价是最高的。这足见中国市场对宾利利润的重要性。

当然，价格奇高却并没有让宾利赚得盆溢钵满。由于是手工生产，效率极为低下缓慢，造成成本居高不下。宾利大部分造车工序均采用手工及加工，从车体焊接，涂装，动力系统及传动系统，内装真皮缝制以及原木加工，都是由经验丰富的工匠们一点点焊接成，一颗颗螺丝打扳起来，一豪米一毫米手工校正完成。所以，生产线每分钟只能移动 6 英寸，生产一辆车要花 16 ~ 20 周才能完成。在现代工业发展中，大规模生产已显示出极大的经济效益和强大的竞争力。宾利精雕细琢的手工生产方式让其在与对手竞争中处于不利地位。在技术上，宾利早就被对手超越，由于其发动机是公认的“喝油冠军”，在提倡节能和环保的时代，显得格格不入。所幸面向未来，宾利有混合动力的规划。2016 年宾利计划推出的首款 SUV 车型，在 2017 年有望推出插电式混动车型。

质量困惑

价格是质量的保证。在用户心目中，超豪华车质量应该是完美无缺的。如果问题过多，容易对品牌造成致命伤害。

由于质量问题，宾利出现召回的新闻时有发生。经国有质检总局备案，从 2013 年 10 月 21 日起大众召回装备了碳陶瓷制动系统的宾利欧陆 GT，GTC 及欧陆飞驰车型，共涉及 113 辆。召回原因是在含盐量极高的环境下使用过后，可能由于应力腐蚀导致后轴侧连接制动盘与制动盘毂之间的不锈钢螺钉受损，在特定情况下，可能使制动距离轻微增加，导致安全隐患。

对于宾利车，颇受中国用户诟病的，是发出刺激难闻的气味。虽然宾利在中国数量不大，但发出难闻气味的，已经不是个案。2011 年 6 月深圳车主花 606 万从深圳市佳鸿贸易发展有限公司定购了一辆宾利慕尚豪华型汽车。2012 年 4 月用户收到车后，发现车内有严重的刺鼻性气味，提出异议，销售解释说新车都有点，慢慢就会消失。但多日过去，刺鼻气味涛声依旧，人坐进去后容易产生头晕，头痛，恶心等症状。2014 年 4 月四川成都用户花 350 多万元购买的宾利欧陆飞驰 599BCC，行驶了三万多公里后突然出现严重刺鼻性气味，让人感到头晕恶心，车内空调不制冷。车主到 4S 店做了两次加氟，问题变得越来越严重，4S 店虽然采用除臭，清洗，喷香水等手段，但效果有限，数天后又怪气味又卷土重来。车主委托成都三家检测机构，检测了甲荃，苯，TVOC 三个项目，显示 TVOC 超标。对官方检则结果，宾利厂商家却不认可，让车主郁闷不已。车主花大价钱买宾利，图的就是舒适，奢华，有面子，没想到最后却是花大钱买大罪受，让车主忍无可忍，只得让车搁置在车棚里睡大觉。

比起车内发出难闻气味来，更严重的是宾利的自燃和爆炸这类致命性质量隐患。自燃和爆炸给用户生命财产造成严重损失和威胁。2013 年 7 月，杭州世贸君澜酒店，陈先生花 400 多万买的宾利爆炸了，车用了才不到一年半，才跑了 2 万公里。事后宾利给了车主一个难以服众的解释：宾利说是避震器坏了，至于为何爆炸，并没有交代原因。2014 年 12 月 20 日在佛山禅城区汾江南路上一辆 400 多万的宾利抛锚，随后引擎盖冒出滚滚浓烟，开始自燃。有意思的是，这辆宾利是才买的新车，事发地点距离 4S 店不足 500 米路程。

作为超级豪车品牌，车主对其质量是“零容忍”。如果宾利不能从根上杜绝质量问题，对宾利的发展，可能就是致命的。俗话说，千里之堤，溃于蚁穴。如果听凭质量问题存在，并用对于解决这种问题缺乏直面和担当的勇气，那就会导致用户不满，进一步影响到用户的购买欲望，给品牌造成伤害——质量和品牌是驱动超级豪车前行的两个轮子。

（2014 年 12 月 4 日）

作为超级豪车，玛莎拉蒂野心勃勃，一点都不顾及超级豪车的稀缺性和珍贵性。在其公布的全球计划中，希望2014年销量达到4万辆，2015年为5万辆，2018年为7.5万辆。玛莎拉蒂全球首席执行官韦斯特（Harald Wester）毫不掩饰对中国的雄心，即让中国超越美国，把中国打造成玛莎拉蒂的全球第一大单一市场

售后滞后考验玛莎拉蒂在华发展

在喜迎百年华诞，成为名副其实的“百年老店”之际，这家1914年12月诞生于意大利的豪车制造商突然找到了感觉，开始在全球范围内狂飙突进式发展。

就在两年前的2012年，玛莎拉蒂还是老牛拉破车一样缓慢前行，当年全球销售为6288辆，同比增长仅为2%。但从2013年起，玛莎拉蒂开始焕发出巨大的生机和能量，这一年全球销售同比翻了一番，达到15400辆，同比增长148%；今年前三季度乘胜追击，再上层楼，全球一共销售了26428辆，同比增长250.1%。在全球众多超豪华车品牌中，玛莎拉蒂一骑绝尘，增幅遥遥领先。

中美两国市场成为拉动玛莎拉蒂快带增长的两驾马车。2014年1～11月，玛落拉蒂美国市场销售了11531辆，增长两倍多。中国市场亦是毫不示弱，加紧迎头赶上。2013年玛莎拉蒂在华销售4000辆，同比猛增

430%；今年前三季度在华销售6974辆；凭借这两年的强劲发展，中国成为玛莎拉蒂仅次于美国的第二大市场，在其全球战略中占比升至举足轻重的27%。

作为超级豪车，玛莎拉蒂野心勃勃，一点都不顾及超级豪车的稀缺性和珍贵性。在其公布的全球计划中，希望今年销量达到4万辆，2015年为5万辆，2018年为7.5万辆。玛莎拉蒂全球首席执行官韦斯特（Harald Wester）毫不掩饰对中国的雄心，即让中国超越美国，把中国打造成玛莎拉蒂的全球第一大单一市场。

尽管玛莎拉蒂开始驶入快速发展的新车道，但与这种快速发展形成鲜明对照的，却是玛莎拉蒂面临的两大瓶颈。如果解决不好，足以成为玛莎拉蒂的阿喀琉斯之踵。

价格高与利润低

在外人看来，豪车品牌都是赚得盆溢钵满，因为价格奇高，所以利润就高，这是理所当然的。但实际上，豪车品牌并没有这样风光。其利润高低与否，要受制于生产规模。事实上，很多豪车品牌都是“赔本赚吆喝的形象工程”。即使是玛莎拉蒂这种已经突破量的限制，上了规模的超豪华车品牌，赢利情况却并不乐观。

2014年前三季度，玛莎拉蒂全球销售突破了26000辆，这个数量在超豪华车品牌中算很高的了。其营业收入也达到创纪录的20.39亿欧元，同比增长130.9%。但营业利润却只有2.1亿欧元，同比增长了337.5%——2013年玛莎拉蒂利润只有4000万欧元。产销量的突破，带动玛莎拉蒂利润率大幅上扬，这正是玛莎拉蒂冒着大众化危险，不断追求扩大规模的真正动力所在。虽然销量上来了，但玛莎拉蒂的利润率也仅有10.3%，这使得其产销规模的扩大和价格高昂显得似乎意义不大。

当然，中国市场对玛莎拉蒂的重要性，不仅仅体现在现在中国是豪车增速最快的市场，将来是全球最大的豪车市场，更是因为在中国销售的玛莎拉蒂价格是在美国和其他国家和地区的两倍或以上——这说明中国是玛莎拉蒂目前和将来的巨大利润来源。这使得中国市场对玛莎拉蒂未来发展意义非凡。目前在中国市场玛莎拉蒂价格约为美国市场 3 倍。这种价差，与目前被中国当局反垄断针对的重要对象的捷豹路虎相差无几。玛莎拉蒂 2014 Ghibli（吉博力）S Q4 在美国售价约为 47. 2 万元人民币，在中国售价为 139. 80 万元，价差为 92. 6 万元人民币，这种价差在美国可以再买进两部玛莎拉蒂。2014Qp GTS 在美国售价约为 81. 38 万元人民币，在中国售价约为 267 万元人民币，价差约为 185. 62 万元，中国价格是美国的三倍多。

如果不是因为中国市场上带来的量的突破，以及高得离谱的价格，玛莎拉蒂的利润率同比就不会翻一番。2013 年玛莎拉蒂利润率还只有 5% 左右，这对于超级豪车来说，是一个十分尴尬的数据，可以理解为在盈亏生死线上徘徊。巨大的市场潜力，以及虚高价格带来的巨额利润，是玛莎拉蒂越来越重视中国市场的根本原因。但这种优势能够持续多久，到目前为止，很难做出结论。因为随着中国政府针对超级豪车反垄断调查的不断深入，一方面对超级豪车的销量造成直接影响，另一方面对超级豪车的天价造成巨大冲击。面对媒体，玛莎拉蒂表示，对中国政府的反垄断调查在积极配合，展开自查。而资深人士认为，无论结果如何，玛莎拉蒂主动降价，或许是其避开中国政府开出天价罚单的应对措施之一。

但从目前来看，还没有迹象表明玛莎拉蒂要进行大规模降价以应对反垄断调查。对反垄断处罚存在侥幸心理，或许是玛莎拉蒂不愿降价的根源。当然，如果大幅度降价，那就可能导致玛莎拉蒂的利润率“一夜回到解放前”。

量升导致售后跟不上

在豪车领域，“三叉戟”玛莎拉蒂被认为是意大利设计美学和优秀工匠设计思维的完美结合，在质量方面，是绝对的“信得过产品”。如果质量好，用户没有后顾之忧，有没有售后服务，售后态度好不好，倒是对品牌没有冲击和影响。

但是玛莎拉蒂的质量并非完美无瑕。最近，玛莎拉蒂向国家质检总局递交了召回56辆车辆的计划，原因是2007年4月5日前生产的玛莎拉蒂总裁自动变速系列轿车由于车辆ABS/ASR电控单元的电子控制软件程序缺陷，在钥匙处于开启位置而电池电量低时将会禁用MSP（玛莎拉蒂车辆稳定系统），并在中心显示屏上显示相关的警告灯和信息。在MSP被禁用时，车身控制系统对车辆的辅助控制介入程度降低，导致驾驶员在极限驾驶情况下较易失去对车辆的控制，存在安全隐患。

作为增速最快的单一国家市场，中国拥有玛莎拉蒂的车主越来越多，与之形成鲜明对照，玛莎拉蒂的维修和售后却是远远跟不上这种快速发展。有用户甚至在网络上质疑玛莎拉蒂在中国发展是以短期赚钱为目的，并不愿意做过多地投入资金塑造良好口碑。由于质量问题，以及维修态度和售后问题得不到解决，导致车主抱怨甚至出格的新闻时有报道。

2014年10月，浙江杭州的郑女士才开了一个月的玛莎拉蒂吉博力，就出现问题，在维修店修了三个月没修好。根据我国汽车新三包决定，情况完全符合换车要求，但杭州南山路上的骏意4S店以“软件升级算不算技术故障”，“技术升级等待时间算不算累计维修时间”等荒唐理由逃避责任，拒绝为她换车。郑女士以商家粗暴地认为维修时间是由商家自己决定为由，向浙江消保委进行了投诉。

对玛莎拉蒂售后态度实在忍无可忍的消费者甚至采取砸车的过激行为。去年青岛车展现场，一位车主将价值260万的黑色玛莎拉蒂总裁砸坏，原因是经销商故意用旧配件当作新配件用，收取了新配件价格，虽然经销商承认了错误，但拒绝更换新配件，这样双方僵持不下，拖了一年没有得到解决。车主一怒之下，用锤子把自己的玛莎拉蒂砸了。

在中国市场，一方面是玛莎拉蒂拥有量越来越多，一方面是维修网点数量和维修接待能力严重滞后。在大陆29家经销商中，只有22家维修站和2家4S服务中心可以提供维修服务。为数不多的维修站支撑着玛莎拉蒂的售后服务，维修接待能力直接影响到其售后服务水平。而玛莎拉蒂的经销商数量仍在不断扩大，2015年全球计划发展到500家。

相对于竞争对手劳斯莱斯的母公司德国宝马和兰博基尼的母公司德国大众，玛莎拉蒂的母公司菲亚特在中国仍然处于起步阶段，这使得玛莎拉蒂无法像其他竞争对手那样，可以依靠母公司强大的，完善的销售网络来快速高效地解决维修接待和配件装备问题。所以，玛莎拉蒂卖得越多，这种矛看越突出。资深人士认为，售后问题或许成为玛莎拉蒂在中国发展的阿喀琉斯之踵。

这给菲亚特全球CEO塞尔吉奥·马尔乔内（Sergio Marchionne）、玛莎拉蒂全球总裁韦斯特（Harald Wester）和中国区总裁薄亚铭（Mirko Bordiga）敲响了警钟，如果听任问题存在和发酵，或许玛莎拉蒂发展越快，就埋下越多隐患，将来越有可能引发灾难。

（2014年12月17日）

德国制造以细节处理完美，产品质量卓尔不群，精益求精闻名于世，堪称“德国制造神话”。而大众却是德国制造神话皇冠上的那颗熠熠生辉的明珠。但这种优雅美丽卓越的形象却被大众汽车尾气排放造假门毁于一旦

大众再爆多起召回事件 德国制造神话之觞

进入新年，大众在全球范围内再爆多起召回事件，这使得还没从尾气排放造假门中喘过气的大众雪上加霜。一向标称质量卓越的德国制造标杆性企业大众到底怎么了？德国制造到底怎么了？

德国制造以细节处理完美，产品质量卓尔不群，精益求精闻名于世，堪称“德国制造神话”。而大众却是德国制造神话皇冠上的那颗熠熠生辉的明珠。但这种优雅美丽卓越的形象却被大众汽车尾气排放造假门毁于一旦，被毁的不仅仅是大众自己，也包括德国制造神话。因为皇冠与明珠相得益彰才完美，明珠蒙尘，皇冠难免黯淡，二者难以割舍，更难独善其身。

大众尾气排放造假门将“德国制造神话”拖下神坛，拖进全球性信任危机，重创了德国的工业声誉和基础。

从观察市场信心窗口的股市上，可以窥斑见豹。德国股票指数 DAX 成分股中的三分之二是制造业企业，凸显制造业在德国经济中的支柱地位。

但大众排放丑闻被曝光的半个月时间里 DAX 指数跌幅超过 3.6%。其中，大众市值缩水超过 40%，戴姆勒和宝马的股票分别下跌 10.7% 和 8.8%。由此可见，这则丑闻引发的对德国制造业，尤其是德国汽车工业的信任危机已经成为一场灾难。

排放门折射大众造假意识和水平全球领先

2015 年 9 月 18 日，美国环境保护署指控大众汽车所售部分柴油车安装了专门应对尾气排放检测的软件，可以识别汽车是否处于被检测状态，继而在车检时秘密启动，从而使汽车能够在车检时以“高环保标准”过关；而在平时行驶时，这些汽车却大量排放污染物，最大可达美国法定标准的 40 倍，危害到公众健康。依照美国环保署的说法，大众公司作弊行为涉及 2009 年至 2015 年的多款柴油版汽车，这意味着这家汽车巨头已经向监管部门隐瞒了 7 年。

大众汽车公司 9 月 22 日发表声明，称已拨款 65 亿欧元应对此次违规排放事件。当天，大众股价大跌。其后，“排放门”丑闻持续发酵，愈演愈烈，大众汽车股价 21 日一度暴跌 20%，创单日最大跌幅，市值损失大约 150 亿欧元（约合 169 亿美元）。德国政府表示，将调查大众汽车除了在美国市场销售的近 50 万辆汽车外，是否在德国及欧洲市场销售的汽车上也安装了能够自动规避尾气排放检测的软件。

不得不承认，大众尾气排放造假门是德国领先世界的高科技的一次完美应用，突出体现了德国企业造起假来，意识和手段都是世界领先水平，让人匪夷所思。如果没有东窗事发，这种造假手段和水平让大众产品显得那样完美无瑕，产品质量世界领先。

面临政府天价罚款和消费者巨额索赔

千里之堤，溃于蚁穴。用这句话来形容大众尾气排放门之于大众，是再合适不过的了。据有关预测，这事可能导致大众直接损失近300亿欧元，折算成人民币2181亿元，其中被法律部门处罚支出约200亿欧元，折合人民币1454亿元，因维修存在问题的车辆支出100亿欧元，折合人民币727亿元。

这只是简单直接的数字预估。大众尾气排放造假门给大众带来的品牌声誉的伤害，以及由此造成的销售额和利润下滑的损失，或许远远超过这个数，大众要恢复消费者对其的信任，恐怕是一个漫长曲折的过程。

对大众尾气排放造假门，从官方到民间，人们在震惊之余，开始了积极的处罚和起诉索赔。根据美国法律，每辆违规排放汽车或被处以3.75万美元罚款，这让大众或面临高达180亿美元罚款，同时需要召回近50万辆汽车。而大众2014年全部利润只有143亿美元，这意味着大众在2014年不仅白干了，而且要倒贴。

事发后，美国司法部对大众展开刑事调查。德国政界对事件后果十分担忧，紧急介入，交通部长亚历山大·多布林德要求立即组织第三方专家对大众汽车所有型号的柴油车全面检查，经济部长加布里尔要求全面检测柴油车的尾气测量值，以维护德国制造形象。其他国家纷纷开始制裁大众。澳大利亚政府在大众尾气排放造假曝光后，也在积极介入。韩国政府要求大众召回包括奥迪Q5、奥迪A4和甲壳虫等15款车型在内的12.5万辆柴油车，并开出了987万欧元的罚单。印度政府官员表示，印度将针对排放门事件，向德国大众集团开出3.2亿卢比的巨额罚单。

除了来自各国政府的处罚，民间追责亦在酝酿之中。大众汽车的经销商和普通消费者都在采取行动，起诉大众，并且提出索赔。这可能使大众在全球范围内都陷入没完没了的法律诉讼中。在美国大众已经面临经销商的集体诉讼。在德国本土，大众汽车也难逃追责，陷入一桩37亿美元的诉讼。更让大众承受不起的是，每起诉讼都可能被全球范围内的媒体曝光，给大众带来声誉上的持续伤害。

市场重创和内部调整

大众尾气排放造假门对大众的影响是深远的，直到现在，这种影响仍在发酵，最直接的表现来源于市场。今年1月，大众集团全球销量数据显示，在欧洲、美国、巴西和俄罗斯等全球主要市场的销量均出现不同程度的下降，其中欧洲下降3.1%，德国下降5.2%，美国下降15%，巴西骤降43%，俄罗斯下降28%。只有中国市场给大众挽回了一点颜面，实现了复苏，销量为400100辆，同比增长13.9%。

2月份，大众集团在全球范围内向消费者交付693300辆汽车，跌破70万辆大关。在2015年上半年，大众汽车集团曾力压丰田汽车成全球销量冠军，但尾气排放门造假事件让大众到手的冠军还没捂热又被丰田拿走了。在上汽大众各产品中，帕萨特销量下降十分明显。去年2月帕萨特销售了18387辆，今年2月萎缩到4649辆，同比暴跌74.7%。受尾气排放造假门影响，美国市场销售较去年下跌7.1%，巴西市场下跌高达37.4%。

大众尾气排放造假门让大众遭遇了空前的消费信心危机，也给大众高层人事制造了地震。美国政府发布公告5天后，大众集团CEO文德恩率先辞职。随后，奥迪技术开发董事会成员乌尔里希·哈肯博格和保时捷研发董事会成员沃尔夫冈·哈茨也先后被迫离职。被大众管理层寄予厚望的“救火队员”、前斯柯达董事长范安德在被临危授命为大众北美CEO前主动辞职。

在公司管理架构上，大众尾气排放造假门让一切几乎推倒重来。在2015年9月25日召开的特别监事会会议上，大众决定对大众汽车集团、旗下品牌以及北美地区的管理架构进行全新调整，包括重组北美区域；保时捷、宾利和布加迪组建跑车业务集群，系统地以模块化平台为导向进行调整；成立集团产品策略、新业务、合作与控股、车联网、环保排放管理等组织部门，旨在提升效率；加强品牌和区域管理职能以及简化大众汽车集团管理董事会组织架构。但到目前为止，这些调整的作用并没有起到有效的作用。

屋漏偏逢连夜雨

对大众来说，问题远不只尾气排放造假，那只是一个开始，其后问题接踵而至。

2016年3月27日，由于车辆踏板可能存在缺陷，大众集团拟在全球召回80万辆问题汽车，涉及大众和保时捷两个品牌。因中央电器盒问题，大众计划全球召回17.7万辆2014年至2015年生产的帕萨特。美国国家公路交通安全管理局4月1日发布报告，称大众将在美召回2012至2014款帕萨特TDI柴油动力轿车车辆，估计数量约为91000辆，问题是该款车型底盘一处传感器的连接器密封件可能组装不当，或导致水分侵蚀电气端口，形成短路并造成过热，导致故障指示灯MIL将亮起，可能导致车辆下部着火。

作为大众重中之重的中国市场，虽然受到大众尾气排放造假门影响较小，但大众产品出现的质量问题也在动摇消费者对大众品牌的信心。根据国家质检总局缺陷产品管理中心消息，大众汽车（中国）销售有限公司日前向国家质检总局备案了召回计划，将从 2016 年 4 月 18 日起，召回部分进口途锐（Touareg）系列汽车，生产日期为 2010 年 1 月 12 日至 2016 年 1 月 19 日，涉及 103569 辆。召回原因是车辆制动踏板铰链上的卡簧可能松脱。如果卡簧松脱，踏板枢轴销可能会出现移位，致使踏板偏离工作轨迹，而继续使用车辆可能导致踏板轴断裂。在某些情况下，驾驶员可能无法通过松脱的踏板有效地进行制动，甚至造成事故。

尾气排放造假的阴影还没消散，大众又陷入众多质量故障的漩涡之中。这让人不得不问一句：大众产品质量到底如何？大众还有机会翻身重来吗？

（2016 年 4 月 13 日）

2015年3月15日，一汽集团董事长、党委书记徐建一被中纪委调查。他是在一汽大院土生土长，其父给其取名建一，就是希望其将来为建设一汽集团添砖加瓦，但徐建一却成为一汽集团官阶最高的“硕鼠”

一汽十年：从老大变老幺　腐败窝案触目惊心

徐建一因涉嫌严重违纪违法正接受组织调查。他是中国汽车行业涉嫌贪腐最高级别的官员，官至副部级。徐建一是在一汽大院土生土长，其父给其取名建一，就是希望其将来为建设一汽集团添砖加瓦，但徐建一却成为一汽集团官阶最高的“硕鼠”。徐建一于1972年考入吉林工业大学汽车系，1975年毕业后进入一汽集团。2008年成为一汽集团掌舵者，上任后主要目标是带领一汽集团发展自主品牌和实现整体上市。

但徐建一任上两个目标都没有出现改观。其接手一汽集团时，在国内汽车排名第二，如今已滑落到第四。如此多名高管被查，在四大国有汽车企业中是绝无仅有的。尽管一汽集团反腐行动以徐建一被调查暂时告一段落，但很难断言针对一汽集团的反腐行动已画上句号，不会再有其他人涉及。

腐败严重影响经营

一汽集团被查的都身居要职，特别是营销和市场推广的关键岗位。这客观上对一汽集团的正常经营造成巨大冲击。当然，腐败本身是一汽集团肌体上的一颗毒瘤，吞噬其健康。有人称徐建一掌舵后，是“躺在钞票上睡大觉，不思进取”，导致一汽集团先后被追赶者超越。2007 年一汽集团被上汽集团赶超，沦为老二；2009 年 7 月，一汽集团被东风汽车赶超，沦为老三；2015 年开年长安汽车销量首次超越一汽集团，至此，一汽集团彻底沦陷，在四大国有汽车集团中排名垫底。

这种腐败让一汽集团经营活动很受伤，红旗就是一个很好的例子。1981 年由于耗油量大、成本高、产量低，红旗轿车被迫停产。2008 年徐建一上任伊始，力图把红旗品牌打造成中国自主品牌高端轿车的标杆，并为此投入巨额研发费用。据悉，从 2008 年到 2012 年，一汽集团累计投入研发费用 223. 4 亿元，其中相当大的比例用于红旗品牌的研发。机遇对红旗来说，其实十分利好。2012 年中央出台公车采购相关规定，提出优先自主品牌汽车，当时一汽红旗被广泛看好，但一汽集团最终没能抓住这一历史性机遇。现在随着徐建一的落马，由于红旗 H7 是其一手推动的重点项目，为避嫌，一汽集团不得不对其采取低调应对态度，不为新上市的红旗 H71. 8T 做任何活动，这在国内汽车行业十分罕见。

2012 年和 2013 年年报中，一汽轿车都把“红旗”品牌作为重点培育和推广的自主品牌来建设，但成绩极不理想。据财报显示，2013 年，一汽轿车销售了 2984 辆红旗系列轿车；2014 年，红旗销量为 2721 辆，同比下降 8. 8%。作为一汽集团自主品牌旗帜的红旗轿车，首款面向大众的车型红旗 H7 在 2014 年仅销售 2708 辆。从这些惨淡数字上可以看出，红旗系列复兴计划算不上成功。

腐败影响整体上市

目前一汽集团旗下有四家控股上市企业，分别为★ST 夏利、一汽轿车、启明信息和一汽富维。但他们的业绩都差强人意。

据财报，一汽夏利2014年实现营收32.3亿元，亏损16.5亿元，成为“亏损大王”。

一汽轿车业绩同样不理想。财报显示，2014年其整车销售29.33万辆，同比增长18.04%；实现营业收入338.57亿元，同比增长14.09%；净利润反而同比减少83.99%，仅为1.37亿元。

据年报，启明信息2014年实现营业收入13.9亿元，较去年同期增长3.52%；归属于上市公司股东的净利润为768.8万元，同比增长1%。不过，启明信息2014年归属于上市公司股东的扣非净利为-709.1万元，同比下滑9.21%。凭借政府补助，启明信息连续两年净利润才得以“变绿为红”。自2011年起，启明信息一年不如一年，营业利润连续4年下滑。2013年启明信息的营业利润亏损1744.79万元，2014年虽然亏损面收窄，依旧亏了1438.59万元。

据一汽富维年报，2014年公司实现营收112.7亿元，较上年同期增长19.01%。净利润较上年同期增长50.86%。是一汽集团旗下四家上市企业中业绩最为喜人的，但这些业绩都是过度依赖一汽集团系企业获取。一汽富维客户主要是一汽集团及其下属企业，财报显示，其2014年94.83%的总营收来自一汽集团旗下的关联企业。

一汽集团是四大国有汽车集团中唯一没有实现整体上市的。推动一汽集团整体上市，是其既定战略，已经在有条不紊地进行。2011年5月，国资委批复了一汽集团整体上市方案，将旗下整车及关键零部件业务及资产、人员全部投入一汽股份，成为一汽集团整体上市的平台。6月，一汽股份公司成立，迈出了一汽集团整体上市的重要一步。2012年4月，一汽股份完成了对天津夏利的收购。

如果一汽集团通过整体上市，成功解决其旗下企业同业竞争的问题，整体上市后大家都在一个平台上，内部资源可以更有效利用，形成协同效应，有利于增强竞争力，提升公司业绩。同时进行混合所有制改革，能够提高员工积极性，激发创造力。

但这 3 年来，一汽集团整体上市“只闻雷声响，不见雨下来”，已经一只脚踏进了资本市场的门槛，但另一只脚却是迟迟跟不上来。究其原因，或许有两点：一是一汽集团家大业大，关系盘根错节，错综复杂，协调各方利益并不是一件很容易的事；二是已经显山露水的腐败问题导致其整体上市计划搁浅。现在徐建一被查，从短期来看，或对一汽造成巨大冲击，但亦有人认为，这为一汽集团整体上市扫清了障碍。

如果一汽集团整体上市成功，或许中国有望再出现一个“南北车”。因为一汽集团的数据十分亮丽，其“净资产为 1531.60 亿元，营业总收入为 4879.48 亿元，利润总额为 593.07 亿元”。这和国内市值最大的上市车企上汽集团相比并不逊色，在净资产和利润总额两个重要指标上一汽甚至略胜一筹。

（2015 年 4 月 12 日）

2015年长安汽车销售同比增长30.3%，提前超额完成销售75万辆的年度目标。但这种高速发展背后却危机重重，繁荣表象之下却是潜流暗涌：长安汽车实现高速扩张的主要手段是凭借低质低价的商业模式，不仅产品溢价能力无法跟上，而且产品质量问题频现，为其日后良性发展埋下重大隐患

长安汽车陷低质低价发展怪圈

2015年渐近收官，鉴于车市整体低迷，众多整车厂商对完成今年既定目标不敢抱有太多奢望，但长安汽车却是一枝独秀，凯歌高奏。据有关数据统计：截至11月，长安汽车累计完成销售253.2万辆，同比增长8.4%；其中中国自主品牌乘用车销售更是突飞猛进，累计销售高达93万辆，同比增长30.3%，提前超额完成了销售75万辆的年度目标。

但这种高速发展背后却是危机重重，繁荣表象之下却是潜流暗涌：长安汽车实现高速扩张的主要手段是凭借低质低价的商业模式，不仅产品溢价能力无法跟上，而且产品质量问题频现，在不到一年的时间内发生了9次产品召回，涉及车型10多款，数量高达数十万辆，问题车型涵盖长安福特汽车、长安马自达汽车、长安欧力威汽车以及睿骋、逸动、C75等自主旗舰汽车，让用户困惑，业界震惊，为长安汽车日后良性发展埋下重大隐患。

产品溢价能力跟不上

表面看起来，长安汽车提前完成年度既定目标，确实可圈可点，值得庆贺。但仔细分析研究，我们不难得出结论：长安汽车销量虽然上来了，但这种快速扩张却是通过低价来实现的。

虽然长安汽车方面称，其产品价格包含高中低三档，但较起真来，我们发现长安汽车高端产品很难称得上是名副其实的高端，如果硬是要将其往高端贴，充其量也只能算是高端中的低端。而真正的低价车在长安汽车的销售版图中占据极大比例。

我们来看看长安汽车主打产品的价格，其中奔奔价格区间为2.99万~4.69万元，新奔奔为4.79万~5.99万元，悦翔V3为4.69万~5.29万元，悦翔V7为6.09万~8.69万元，逸动XT为7.79万~11.99万元，逸动为7.49万~11.79万元，睿骋10.98万~20.18万元，逸动EV为23.49万~24.99万元。

即使为长安汽车高速增长立下汗马功劳的SUV车型，走的也是低价路线，其中CS35价格区间为7.89万~9.69万元，CS75为10.88万~14.38万元。长安汽车的商用车价格更是低得没有多少利润空间，其中MPV欧诺价格区间为3.98万~6.69万元，欧力威为3.98万~6.29万元，欧力威X6为6.19万~6.89万元；微客长安之星3价格区间为3.19万~3.99万元，新长安之星为3.59万~4.09万元。

这种价格定位对于长安汽车开拓低端市场、三四级城市市场以及广大农村市场，确实是一把利器。因为这些地区的用户对产品价格十分在意和敏感，对产品质量盲目胜任，而中国车市主要增幅就来源于这个市场。这为长安汽车销量增长奠定了基础，是其保持高速增长的首要功臣。

长安汽车推出的SUV车型虽然不多，但销量却占其总销售的三成，吸引消费者的也是其低价。由于不断有品牌介入SUV车市，这个行业正逐渐从蓝海变成腥风血雨的红海。

所以，长安汽车总裁朱华荣在接受媒体采访时不得不承认，SUV以后将难现这种暴风骤雨式增长了，将逐渐回归理性正常增长。长安汽车另一款主打的所谓中高端车逸动，是让长安汽车倍感骄傲的车型，但截至11月，该车型今年累计完成销量只有16万辆。这款把吉利帝豪作为竞争对手的逸动，在11月之前，把帝豪压在身下喘不过气来；但从11月起，这种局面已经改观，帝豪重新实现超越，打了一个漂亮的翻身仗。从市场反应来看，无论是对逸动，还是睿骋，用户或者潜在用户都已经出现了明显的审美疲劳，而帝豪再翻身正是这种审美疲劳的最好注释，这也凸显长安汽车众多主要车型已经到了更新换代的瓶颈期。

虽然烦恼不断，但长安汽车与中国很多成长中的企业一样，有远大的理想和抱负，希望把自己做成世界一流汽车企业。这从长安汽车高大上的组织架构上折射了出来，长安汽车在鱼复工业开发区投入巨资打造“全球行政中心、全球研发中心、全球信息中心、全球培训中心、全球营销中心、先进制造中心、先进物流中心”等八大运营中心。从这些职能中心命名冠以“全球”来看，长安汽车确实志存高远，想在全球车市占有一席之地。长安汽车或许知道，中国市场再大，也只占全球市场容量的1/4，还有3/4的广阔天地需要长安汽车去拓展和耕耘。如果在那3/4的广阔天地长安汽车不能抢到自己的责任田，那其做世界一流汽车企业的宏伟蓝图也就成了空中楼阁。

所以，走出去是长安汽车不能回头的一条路，长安汽车为此制定了883海外战略，即在全球各布局8个乘用车战略性市场和8个商用车战略性市场，争取在2020年重点投资伊朗、俄罗斯、印度三个战略性市场，直接把工厂设在这些国家，进行生产和销售。

考验长安汽车的是，走出去，不能像在国内市场一样，仅凭低价取胜，而是要靠品牌，而品牌正是制约长安汽车在海外开疆拓土的关键要素。在海外，长安汽车没有在国内的天时地利人和优势，品牌显得尤为重要。而产品是品牌的最好载体和保障。对于长安汽车来说，走出去之路任重道远，首当其冲的是要过产品质量关，这是提升产品溢价能力的必经之路，因为走出去之后，长安汽车不仅仅是要赚钱，更是代表国家制造形象，不能一味地低价圈地，如果产品质量不过关，在海外遇到的麻烦，肯定比在国内要多，更难处理协调。

据了解，长安汽车原来有计划做一个高端品牌的冲动。但后来经过慎重研究之后叫停了这个项目。这个胎死腹中的高端品牌计划，也说明了长安汽车对自己的实力显得较为信心不足。

产品质量困扰未来发展

低价和低质是一对孪生兄弟，经常相伴而生。对于汽车制造来说，要实现低价和优质这对矛盾的统一，似乎不太现实，因为原材料价格、研发成本、运营成本、市场推广费用，这些都是明明白白地摆在那里，任何一环都省略不去。长安汽车不是孙悟空，变不出来免费午餐。

追溯长安汽车历史，我们发现它来头大，渊源深，历史久，迄今已有100多年，是一家不折不扣的“百年老店”。

长安汽车的前身是1862年洋务运动发起人李鸿章在上海松江创办的上海洋炮局。1983年正式进入汽车领域，1994年长安机器厂和江陵厂合并成立长安汽车有限责任公司。1996年在深圳证券交易所上市，母公司为中国南方工业汽车股份有限公司。2009 年 7 月 1 日南方汽车更名为中国长安汽车集团股份有限公司。

从其高层在公开场合表达的口吻看，长安汽车比较重视研发，总裁朱华荣曾经借用一句一度十分流行的教育宣传语“再苦不能苦孩子，再穷不能穷教育”来突出长安汽车对研发工作的高度重视。他对媒体说：“再穷不能穷研发，钱不是问题。”从相关资料上，我们也看到了长安汽车过去在研发创下的辉煌：中国第一台氢内燃机在长安成功点火，中国第一辆产业化混合动力轿车杰勋下线并上市。

但对研发的重视却并没有有效地解决长安汽车的质量问题。质量事故频现，召回事件不断，让长安汽车饱受用户诟病，也为其未来发展蒙上了一层阴影。2013 年 1 月 14 日长安汽车接到一位用户投诉机油乳化现象，经调查验证，长安汽车发现 CS35 曲轴箱通风系统管路在低温，尤其在冬季湿寒地区长时间怠速或短里程用车后，容易出现水汽凝结，存在机仿油乳化风险。2013 年 1 月 29 日长安汽车发布解决措施，但没有优化曲轴箱通风系统管路设计，杜绝机油乳化隐患。2013 年 3 月 4 日长安汽车在重庆召开媒体沟通会，宣布因存在机油乳化风险，正在按国家召回程序，实施主动召回旗下 SUV 车型 CS35. 3 月 31 日，长安汽车因供应商生产批次原因，车辆的冷却液抗氧化能力不足，召回旗下 CS75、睿骋、逸动等十款车型共计 12. 1 万辆。但这个问题，从发现到现在，并没有得到很好的解决，广泛地存在于长安汽车的各款车型之中，至今还是长安汽车挥之不去的梦魇。

据不完全统计，从 2014 年 4 月至 2015 年 3 月 31 日，在不到一年时间里，长安汽车由于质量瑕疵先后 9 次召回汽车产品，其中很多次都是因为冷却液抗氧化能力不足的缘故。

让用户和业界感到困惑不解的是，长安汽车发言人杨大勇面对此问题，轻描淡写地回应说：冷却技术是一项传统技术，技术含量并不高。有意思的是，既然技术含量不高，为什么长安汽车一再容忍其这么长时间大面积地出现在自己产品之中？解决不好，是技术问题，还是态度问题？对待客户，能否更用心一点？很多用户都认为，长安汽车对待这种问题的速度和态度，都委实不敢恭维。或许，从朱华荣一句意味深长的话中，我们可以找到答案。他曾说：体系完善了，但效率降低了。屡屡频繁出现的召回事件，让车主对长安汽车品牌的信任在悄然流失，长此以往，发展越快，隐患越大。

这些天北京又雾霾了，市民心里对那些制造废气的环保污染大户充满怨言。长安汽车总部所在地重庆，也是著名的雾城。在重庆被称为“雾城”的时候，还没有霾一说。但毋庸置疑，作为工业重镇的重庆，亦有严重雾霾的时候，这些雾霾的产生和存在，与大型企业不重视环保是有密切关系的。做好环保是大型企业应尽的一份责任。但有意思的是，长安汽车可能并不这么想，因为它还是一个被环保执法部门经常处罚的对象，仅在2013 年 11 月，长安汽车就收到了重庆市环保局三张罚单，金额总计 23 万元，其中因污染事故被罚 10 万元，因污染事故有尾气未经处理直排外环境被罚 15 万元，因废气排放浓度超过其排污许可证允许排放浓度被罚 8 万元。

（2015 年 12 月 29 日）

如果硬要给豪车国产化面子工程带一个冠冕堂皇的帽子，那就是国产化体现了豪车品牌对中国市场的高度重视，对中国消费者的尊重，准备入乡随俗，实现本土化，与中国融为一体。这利于拉近与中国消费者的心理距离，并取得他们的认同

豪车国产化：奔驰、宝马、奥迪把持中国七成份额

改革开放30多年来，中国经济持续高速发展，积攒了巨大的社会财富。据南非新财富世界调查称，全球净资产超过1千万的富豪人数，中国有2.66万，仅次于美国，位列世界第二，增长比例达200%。

中国富翁们坐啥车？巨大基数的富豪和潜在富豪给豪车市场创造了无限发展潜力，让世界豪车品牌一窝蜂地盯上中国市场。

豪车品牌向政府和消费者传情达意，表示亲近的一个标志性举动，就是不遗余力地推进豪车国产化——国产化成为检验全球豪车品牌是否愿意在中国落地生根、做大做强的试金石。

目前几乎所有的进军中国豪车市场的品牌，都在讨论国产化——他们在中国掀起的盛况空前的国产化浪潮，在其他单一国家市场是没有先例的。中国豪车市场到底有多大，引得全球豪车英雄竞折腰？

据有关数据统计，今年上半年，中国汽车销量增幅为8.36%，达1168.35万辆。而豪车市场更是一骑绝尘，高速发展，上半年豪车销量增

幅高达32%，销量为80.8万辆。

参照成熟的欧美市场，可以估算出中国豪车市场的未来。在欧美车市，豪华车占比高达30%；而在中国豪车占比仅为7%，具有无限想象的发展空间。

据麦肯锡报告估计，到2016年中国豪车销量将达到225万辆，从而取代美国霸主地位，成为全球第一；到2020年，中国豪车销量有望达到300万辆。

二线豪车品牌纷纷国产化

豪车瞄准中国市场由来已久。

1989年8月1日，第一辆国产奥迪100轿车在一汽下线，掀开了豪车品牌进军中国的序幕。经过20多年的发展，到2013年奥迪在华销量为49.2万辆，延续了多年的中国豪车销量冠军宝座和中国作为奥迪全球最大的单一市场的历史。1992年奔驰在华销售S320，宣布进入中国市场，2013年在华销售22.8万辆。1994年，宝马在北京设立办事处，正式进入中国市场，2013年在华销售39.07万辆。奥迪、宝马和奔驰组成的德系三强稳居中国豪车市场前三，把持着七成以上市场份额。

与德系三强遥相呼应，中国豪车市场还活跃着日系三强，即雷克萨斯、讴歌和英菲尼迪，他们进入中国市场的时间分别为2004年、2006年和2007年。2013年，雷克萨斯和英菲尼迪在华销量分别为7.4万辆和1.7万辆，而讴歌仅为数千辆。

其他二线豪车品牌，美国通用的凯迪拉克、英国的捷豹路虎（现在已卖给印度塔塔集团）、法国的雷诺、瑞典的沃尔沃（现被中国吉利汽车收入囊中），入华时间分别为2004年、2003年、1994年、2006年；2013年销量分别为超过5万辆、95237辆、32000辆、61146辆。

从历史发展轨迹和数据可以看出，豪车品牌在中国发展是应了一句中国谚语：早起的鸟儿有虫吃。

目前进军中国市场的豪车品牌都在全力以赴。但最终效果如何，取决于品牌、产品、渠道等多重因素的综合实力，但他们一致认为，国产化是可以帮助他们在竞争中脱颖而出的有效手段。

奥迪选择与一汽合作，宝马选择与华晨合作，奔驰选择与北汽合作。

目前奥迪在华投产的五款车A4L、A6L、Q5、Q3、A3，国产化率在60%至80%，将来将达85%。宝马集团财务董事艾授希纳博士最近表示，将继续扩展国产车型的产品线，在未来几年内将目前三个系列扩充到六个系列。生产宝马三缸和四缸发动机的铁西工厂将于2016年正式投产，这是宝马集团在德国本土之外建立的第一个具备铸造车间的发动机厂。北京奔驰国产化率已经超过六成，目前正在加快新厂房建设，准备投产多款有竞争力的紧凑型豪华车。

在这种背景下，二线豪车品牌最近纷纷旗帜鲜明地祭出国产化大旗、推动国产化项目落地。

早在2012年10月，国家发展和改革委员会核准了奇瑞捷豹路虎乘用车项目，投资总额109亿元，落户江苏常熟。

近期通用全球总裁艾克森亲自宣布于2015年在上海金桥兴建新的凯迪拉克工厂。上海通用汽车总经理叶永明称，未来5年内至少每年引入一款凯迪拉克全新产品。

最渴望成功，表现最为激进的是日系英菲尼迪。2013年，英菲尼迪把宝马中国区营销副总裁戴雷招至麾下，期待改变现状。戴雷加盟，确实带来了立竿见影的效果，今年上半年英菲尼迪销售13954辆，达2013年总销量的82%，同比增长130%。除大规模推广品牌，大力赞助《爸爸去哪儿》和《舌尖上的中国》等栏目外，英菲尼迪还选择与东风汽车联姻，双方合作的第一款国产车将于年底在湖北襄阳工厂正式下线。

日系豪车三强的其他两位选手，即雷克萨斯和讴歌虽然没有同胞英菲尼迪激进，但也在快马加鞭实施国产化。雷克萨斯与广汽本田合作，讴歌与广汽集团合作，项目都落户在广州。

相比这些豪车品牌国产化，沃尔沃是最彻底的，干脆卖给了中国自主品牌吉利，并凭此跻身政府采购名录，成为政府采购名录中唯一有洋品牌血统的豪车品牌。业内分析人士认为，沃尔沃的高速发展最值得期待。

国产化的好处

对豪车品牌来说，国产化是面子里子双丰收的工程，既能赚吆喝，又能得实惠，好处多多。

从本质上讲，豪车需求符合马斯洛需求理论。除了优秀质量和性能给用户相对稳定可靠的安全感外，豪车代表一个人的财富、身份和地位，满足人的虚荣心，是人类面子工程的重要部分，体现用户的与众不同和出类拔萃。

或许正是这些因素培育了豪车品牌高高在上的独特个性，使得豪车成为车市上傲慢与偏见的代名词，造成买卖存在较大心理隔阂。这种隔阂，在售后服务上体现得更为明显：一方面是豪车品牌觉得自己质量可靠，较难出现问题；另一方面是让消费者觉得豪车在华售后服务缺乏保障。

如果硬要给国产化面子工程带一个冠冕堂皇的帽子，那就是国产化体现了豪车品牌对中国市场的高度重视，对中国消费者的尊重，准备入乡随俗，实现本土化，与中国融为一体。这利于拉近与中国消费者的心理距离，并取得他们的认同。

当然做好面子工程是为享受更多实惠。国产化后，产品价格是比原来低了，是不是牺牲利润来换取销售规模呢？答案是否定的。其实，实施国产化后，每辆豪车赚取的利润并不比进口车少多少。为什么呢？

首先，国产化直接规避了高额进口税费和高昂的仓储物流成本。据专业人士计算，汽车进口到货综合税率为47.7%至143.7%。如果从美国进口的美国生产车辆还要增收税率都为12.9%的反倾销税和反补贴税。其次是国内的产品生产和企业运营成本较低。欧美汽车工人的工资是中国汽车工人工资的数倍。管理人员工资差距甚至更大。如此以来，销售一辆国产化豪车比销售一辆进口车所赚取的利润并不见得要少。但由于成本下来了，国产豪车的价格顺势下跌也是必然。价格低了，规模就上来了。由此可见，豪车国产化后赚得的利润不见得比纯粹进口车要少。

当然，豪车国产化，另一个显著作用就是扩大产能规模，增强车企市场反应速度——现在不是大鱼吃小鱼的竞争了，而是快鱼吃慢鱼。捷豹路虎就是一个典型例子。纯粹进口的话，英国产能已经跟不上中国市场的需要了。而且生产设计如果一个在英国，一个在中国，那就很难达到产需的高度默契。2013年国产凯迪拉克XTS上半年在华累计销售14818辆，同比增长108.9%，成为凯迪拉克上半年销量同比猛增71.7%的头号功臣。

所以，国产化是二线豪车品牌在中国扩大规模，提升销售，争取美好未来的必由之路，除此之外没有其他捷径可走。

国产化并非灵丹妙药

正如一枚硬币的正反两面，豪车国产化带来的负面作用同样显而易见。

最让豪车品牌忌惮，消费者质疑的是国产化是否造成豪车产品质量的下降。这也是豪车品牌前些年国产化并不积极的根本原因。消费者购买豪车，无非是冲着其三个方面而来，一是质量，二是品牌，三是用户体验。

国产化后一旦产品质量出现问题，对豪车品牌的冲击将是致命的。豪车国产化后，价格究竟下降多少才能既保证他们渴望的高额利润，又能让消费者普遍接受？如果国产化后豪车价格下降是极其缓慢的，那恐怕让消费者失望，从而造成较为浓厚的徘徊观望氛围。这也影响到豪车品牌通过国产化实现迅速扩大销售规模的目的。可以肯定，即使国产化后，豪车品牌的价格下降将是试探性的，难以一步到位，在性价比方面优势不会太过明显。如果价格下降过猛，对豪车的品牌伤害也是巨大的，他们不愿看到这种情况出现。

国产化项目推进的过程中，中外双方的磨合是一个大问题，问题少则导致高端人才流失，大则导致争端升级，难以协调。目前豪车品牌国产化，走的都是与民族品牌携手合作的形式，共同出资建厂。双方合作，都是奔着利益而来，所以，利益博弈和磨擦在所难免。

法国雷诺与东风汽车合资后，雷诺中国负责人陈国璋的离职就是这种磨擦导致的结果。在被问到国产化后的渠道问题，英菲尼迪销售部高级总监何阔称："国产车型下线后，我们采取的是一个品牌，一个团队，一个渠道的销售策略，还会在现在的渠道里销售。"

不晓得东风汽车听后有何感想，但这种下马威式的宣示，凸显了英菲尼迪对中国合作伙伴的极不信任和放权。我想东风汽车与英菲尼迪合作，也不想被边缘化，也不愿在英菲尼迪扩张过程中袖手旁观。如果没有东风汽车配合，不整合其这么多年积淀下来的渠道资源，那英菲尼迪与东风汽车合作的意义也就大打折扣了。

所以，对豪车品牌来说，国产化是一把双刃剑，不国产化肯定难做大做强，但国产化则要承担各种可能出现的严重后果，而且并非国产化了就一定成功，最终能否如愿以偿，还要看具体产品、品牌和营销战略，在国产化共性之下，还取决于豪车品牌的个性发展。

（2014 年 8 月 21 日）

第三辑 3C风云

DA KA JIANG HU

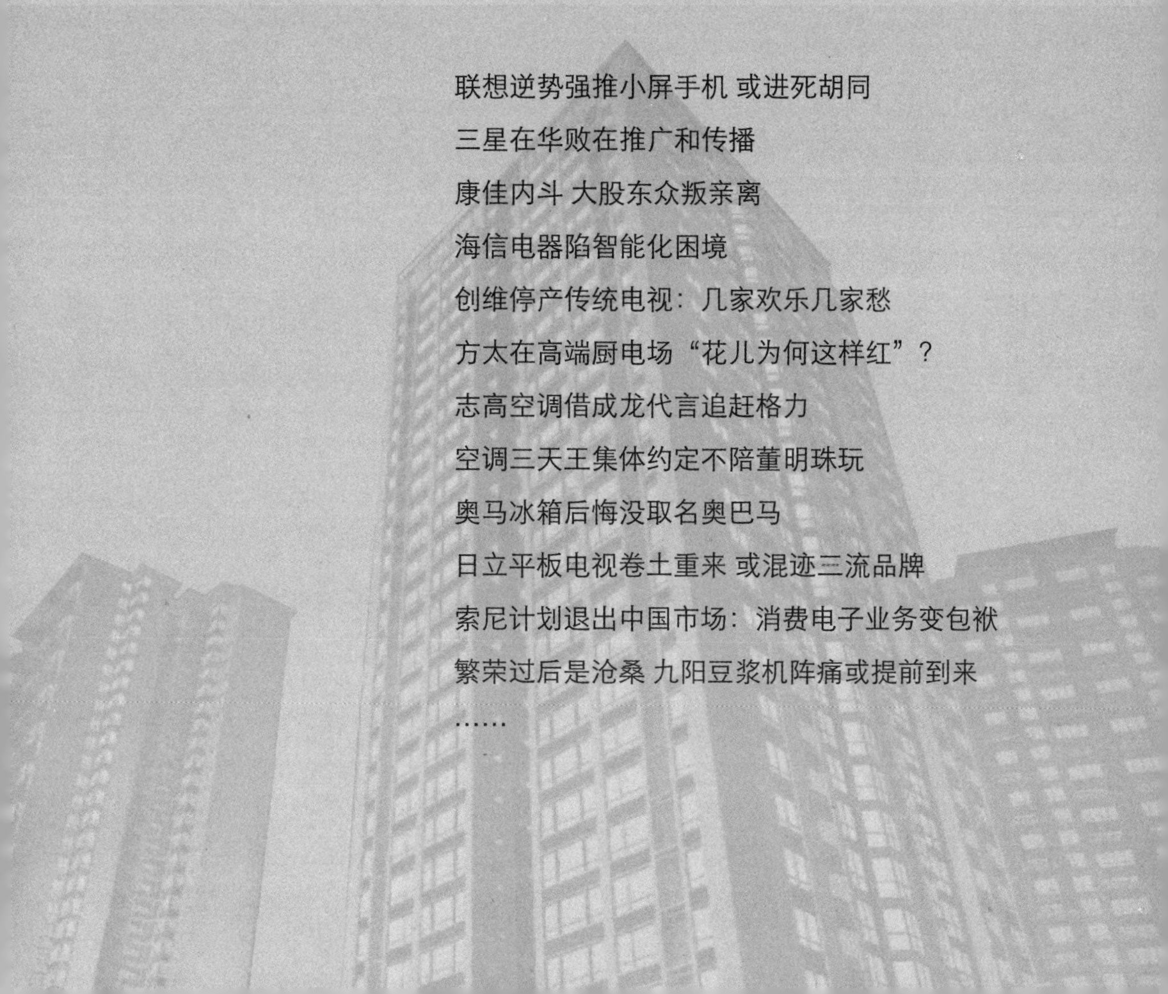

联想逆势强推小屏手机 或进死胡同

三星在华败在推广和传播

康佳内斗 大股东众叛亲离

海信电器陷智能化困境

创维停产传统电视：几家欢乐几家愁

方太在高端厨电场“花儿为何这样红”？

志高空调借成龙代言追赶格力

空调三天王集体约定不陪董明珠玩

奥马冰箱后悔没取名奥巴马

日立平板电视卷土重来 或混迹三流品牌

索尼计划退出中国市场：消费电子业务变包袱

繁荣过后是沧桑 九阳豆浆机阵痛或提前到来

……

2016 年奥运期间，在央视奥运频道即原体育频道看到联想在推小屏手机 ZUK Z2 广告。奥运期间选择在奥运频道做广告，对提升品牌，促进销售，确实事半功倍。同时广告价格也应该是最高的。这说明联想手机在努力转变，想打翻身仗，也在付诸行动。但好钢要用在刀刃上。在这种时期，花这么大代价，利用这么好的平台，去推广的产品应该是能够体现企业综合实力的主打产品

联想逆势强推小屏手机　或进死胡同

手机是一个最让人看不懂，摸不透的行业。前几年，“中华酷联”欣欣向荣，共同对抗三星和苹果。但现在酷派易主，中兴和联想被边缘化，在中国智能手机市场已经跌出五名之外。现在中华酷联只剩华为一家越做越大，越做越强。

在中华酷联中，联想手机其兴速，其衰更速。2013 财年，联想成为中国第二大智能手机厂商，全球第四，共卖出 5000 万部手机，销售增速高达 86%。2014 年财年，联想智能手机销量增长 50%，卖出 7600 万部，跻身全球手机三强，市场份额为 5.7%。但 2015 财年，联想智能手机全球销量同比下降 13%，累计只卖出 6600 万台，中国市场只卖出 1500 万台；这一年小米卖了 7100 万台，华为全球手机销量超过 1 亿台。联想手机开始沦陷。

一直没弄明白联想手机在市场份额上高台跳水的主要原因，但最近看奥运直播，在央视奥运频道即原体育频道看到播出的联想手机 ZUK Z2 广告，终于明白了是怎么回事儿。

奥运期间选择在奥运频道做广告，对提升品牌，促进销售，确实事半功倍。同时广告价格也应该是最高的。这说明联想手机在努力转变，打一个翻身仗的愿望很强烈，同时也在付诸行动。但俗话说，好钢要用在刀刃上。在这样的一种时期，花费这么大的代价，利用这么好的平台，去推广的产品，应该是能够体现企业综合实力的主打产品，这才配得上动用这种稀缺性资源。

但联想推的 ZUK Z2 手机呢？

从广告诉求来看，联想 ZUK Z2 手机有两个主要卖点：一是小屏旗舰，二是主打运动。

据说联想 ZUK Z2 通过内置血氧、心率感应传感器，随时精准检测运动者的身体数值，实时了解血氧与心率状态，帮助用户及时优化运动计划。这就是其运动卖点。从这点上来看，与奥运频道这个播出平台有点儿吻合，算是勉强说得过去。

但联想 ZUK Z2 的第一个卖点，即小屏旗舰，却是在逆消费者潮流而动，利用奥运频道这种强大平台播放，占据高端资源，实在有些暴殄天物的嫌疑。

移动互联网早就普及了。普及移动互联网的一个重要载体就是手机。而作为移动互联网载体和入口的手机，一个显著标配就是一定要大屏——当然也并非越大越好，但肯定要比联想 ZUK Z2 的屏大。如果不是大屏，用户体验就差远了。大家处理微信，浏览网页，观看视频和直播，上网购物，这些主要应用，都要借助大屏，才能产生良好的用户体验；在这些应用面前，显然小屏早就 OUT 了。

但没想到联想手机居然逆用户消费意识和习惯的潮流而动，这种营销思路实在让人匪夷所思。难怪联想集团董事长兼 CEO 杨元庆批评联想移动业务，称其在新的变化面前，动作太慢，拿榔头敲都敲不醒。

实践早就证明，小屏是被消费者逐步淘汰了的一种选择。联想却在拼命为其做广告，这种事倍功半的推广，能有多大效果，实在让人不敢去想。

有意思的是，联想推小屏 ZUK Z2 手机的线下活动，包括联想集团董事长兼 CEO 杨元庆，联想集团高级副总裁、联想移动业务总裁陈旭东都到场亲自站台，拼命吆喝。足见联想高管对这种小屏手机的高度重视。

小屏手机有人买吗？当然有。但绝对不是大多数。如果我们留心一下，现在身边同事朋友亲人用的，80% 以上都是大屏。原来对大屏不屑一顾的苹果，现在也迫于形势，不得不努力向大屏手机靠拢。

在小屏手机那么窄小的需求天地中觅食，能创造销售奇迹吗？

这种定位，与联想手机这种大牌身份符合吗？

如果联想这样去定位细分市场，那就走进了一个死胡同。脱离消费者需求去研发、生产、销售手机，或许是联想手机遭遇滑铁卢的一个最重要的因素。

在移动互联网时代，无论是年轻消费者，还是上了年纪的消费者，无论是男性消费者，还是女性消费者，大家一致的消费理念和需求，都是倾向大屏。可联想却置这些消费者主流意识和习惯不顾，逆潮流而动，强推小屏手机，实在让人费解，不知道这种决策是怎么做出来的。

难道联想想用 ZUK Z2 重新创造小屏手机市场的繁荣？

小屏早就不是一个新市场，而是被逐步淘汰的一个市场。

笔者很想问一句联想高层，在奥运期间，利用奥运频道，强推小屏手机，这种决策出发点是什么，有没有做过市场调研？会有多少人用小屏手机来看奥运赛事直播呢？

这种做法，要么是因为联想在手机研发上，实在没有新产品可推，但又不想错过奥运这个千载难逢的良机——这点显示出联想手机研发实力上的不济；要么是联想没有把握准确手机消费者最基本、最主流的消费意识和消费需求了。

据说乐檬、ZUK 和 Moto 承担了联想手机复兴重任。但是如果由这种脱离市场需求，脱离消费者喜好的高管来做决策，要联想手机不失败，确实太难了。如果不能从根本上重视民意，扭转思路，联想手机要实现复兴，那是比登天还难。

（2016 年 8 月 12 日）

三星的广告公司、公关公司很难在三星的市场推广和品牌传播上起到高端智库作用，也提不出建设性的创意和方案来。他们更多的作用在于整合资源、垫付款项、执行活动，甚至与三星内部掌权者同流合污。三星发布会，表面文章确实做得不错，富丽堂皇，很高大上，实际效果有限，一场花费数百万元的发布会，在专业人士看来，实际效果也就值个十万八万

三星在华败在推广和传播

2012年如愿以偿打败常年竞争对手诺基亚，摘取中国手机市场份额桂冠的时候，三星肯定没想过今天在中国这块肥沃的土地上会败得这么惨不忍睹——打败三星的，不仅仅是有洋品iphone，还有一大群这两年来迅速崛起的中国本土自主品牌，特别是华为、vivo、OPPO、小米等。

这让三星情何以堪。问题到底在哪？

不在产品体验，在传播

这是一个讲究用户体验的时代，差异化是恒久的取胜之道，与苹果iphone具有独立的操作系统，完整的生态链相比，三星输得心服口服，可以用“技不如人”来概括。但与华为、小米、vivo、OPPO这些国产品牌比起来，三星输在哪？

三星和这些国产品牌可以说是同宗同源，手机采用的操作系统基本上

都是安卓，质量同质化比较严重。也就是说三星手机给人的用户体验与这些国产手机给人的用户体验并没本质上的差异和区别，大家都是半斤八两，不相伯仲。

事实上，在全球市场，三星并没输得那么惨。目前三星仍然是全球出货量最大的手机品牌，占据着最高的市场份额——这与华为、小米、vivo、OPPO 等国产品牌还没广泛走出去有关。再过数年，当国产品牌不断在国外开疆拓土，精耕细作，开枝散叶，他们在海外市场超越三星亦是迟早的事，特别是华为，与三星的战争已经在全球范围内打响，胜利的天平开始发生倾向性变化。

但在中国市场的快速没落着实让三星百思不得其解。目前三星在中国市场大致在第八名左右徘徊。这种局面，估计三星既不甘心，也是做梦都没想过的。

原因到底在哪里？难道是三星产品不如人吗？

从品牌上来讲，如果说百年老店的三星比华为、小米、OPPO、vivo 这些短短数年内崛起的品牌差，恐怕难以令人信服。如果认为三星手机比华为手机、小米手机、vivo 手机、oppo 手机差，恐怕也难以令人信服。而现在三星手机价格也是分布在高中低三档，低端机价格不比国产贵，高端机价格也不见得比国产机高出多少。也就是说，在价格上，国产手机相较三星手机并没明显优势。

那么三星为什么会在中国败走麦城，输得那么彻底呢？

原因或许是多方面的、错综复杂的。但笔者认为，其中最主要、最关键的，就是三星的市场推广和品牌传播做得实在太烂，钱是花了，实际效果却让人实在不敢恭维。

就拿三星发布会来说，有排场，但没内容，可以用“金玉其外，败絮其中”来形容。

为什么就三星传播效果不好呢？

在三星负责市场推广和品牌传播的，谈不上系统性的理论和丰富的实践，更谈不上有独树一帜的见解了。他们占据这个位子，并不是他们的相关造诣和专长，而是有语言优势。由于韩语好，与总部或者韩国籍上司沟通起来，没有障碍。时间一久，他们随着三星在中国发展，开始谋得一官半职，成为掌权者。由于自身知识体系和禀赋的缺陷，他们无法针对三星的实际情况对症下药，提出富有创造性的解决方案来，最终出来的效果也就可想而知了。

三星的广告公司，公关公司很难在三星的市场推广和品牌传播上起到高端智库作用，也提不出建设性的创意和方案来。他们更多的作用在于整合资源、垫付款项、执行活动，甚至与三星内部掌权者同流合污。2015 年某媒体就曾曝出三星某公关高管与公关公司一起洗钱的事。三星发布会，表面文章确实做得不错，富丽堂皇，很高大上——这样也方便把价格提上去，但实际效果有限，一场花费数百万元的发布会，在专业人士看来，其实际效果也就值个十万八万。

现在是互联网时代，三星发布新品，不讲情怀，至少也要讲讲生态。如果单纯地停留在产品吹捧上，是没有任何意义的。谁不知道三星是卖手机的呢？

现在网上到处都充斥着吹捧三星产品的文章。这种文章，要么是厂商家自己写的，要么是花钱请枪手写的，都是在王婆卖瓜——自卖自夸，没有多少意思。这种文章，读的人不多，就更谈不上通过这些文章带来多大销量了。用笔者看来，一味吹捧产品，那是最差、最低劣的一种传播方式了。但这种传播方式，三星却很喜欢用，且乐此不疲。

产品质量好坏，不是靠文章吹出来的。而是靠消费者体验出来的，体验好了，才能口口相传。如果产品质量不过关，体验跟不上，吹其实是在帮倒忙。诺基亚以前很喜欢吹产品，摩托罗拉以前也很喜欢吹产品，他们的产品发布会，前后都请了很多人，预热，炒作，都把产品尤其是新品，吹上了天。结果呢，吹得越高，摔得越重。三星喜欢吹产品，现在三星也在步诺基亚、摩托罗拉后尘。这种趋势已经越来越明显。

如果品牌不能与产品和服务一一对应，在传播上，那是很失败的。所以，一般情况下，不要吹产品，特别是对大品牌来说，大家都耳熟能详了，更用不着吹。

当然，对一个企业来说，在初创期阶段，在消费者不知道你是做啥的时候，是有必要花力气告诉消费者你是做啥的，准备做到啥程度。这时候吹自己的产品，是有必要的，有作用的。但当企业成熟，你在消费者心目中已经固化，你还再花大价钱吹产品，那就显得太没档次了——如果推出的新产品具有革命性创新的，或者玩跨界，进军其他领域，你吹吹产品倒也无妨。否则，容易让消费者陷入审美疲劳，随着消费者厌恶之感慢慢积累，将对消费者的选择做出潜在影响。

三星就是这样一个典型，其新品发布会源源不断，一开始对销售有拉动作用。但时间久了，当消费者慢慢成熟理性，知道这次所推新品与上次相比只是一个新瓶装旧酒，换了一个壳而已，然而价格却要贵上千儿八百，还有人愿意上这个当吗？

三星在华缺灵魂式人物

做企业需要虚实相生。三星推广和传播如何来做？

虚要先行，虚的永远要跑到实的前面。笔者认为，做三流的企业，需要做二流的推广传播；做二流的企业，需要做一流的推广传播；做一流的企业，需要做超水平的推广传播。像三星这样的超一流企业，要做好推广和传播，要靠超水平，这还真是一种考验。如果做不好，市场推广和传播不仅不会给三星加分，反而拖三星后腿。目前三星在市场推广和传播上遇到的就是这样一种情况。

什么才是超水平的推广和传播？

这是一个很复杂的命题。但至少笔者有两个方面的建议，可供参考。

一是把企业置于国家战略和国际格局中，突出企业非同凡响的领袖气质和责任感。三星是有这样的资格的，但三星负责市场推广和品牌传播的人，以及为三星服务的相关公司，却没有这样的水平。很难把推广传播的故事讲好，讲生动，让消费者对你产生好感。

二是把企业领袖作为思想者来传播。在这个方面，华为的任正非是高手中的顶尖高手；海尔的张瑞敏、联想的柳传志都是大师级人物；而阿里巴巴的马云、格力的董明珠、小米手机的雷军，则是后起之秀中做得最好的。事实上，一个品牌最好的代言人就是老板自己。以前格力请成龙代言，现在不请了，董明珠自己代言了。任正非虽然低调，但这种神秘正是他成功的地方。他管理企业的思想性，恐怕在中国无人能出其右，一篇《华为的冬天》影响了多少企业家，至今仍然脍炙人口，被供奉为企业经营管理的“圣经”。可以说，仅这一篇文章，为华为带来的无形资产，就相当于10亿广告投入。任正非为华为代言，所产生的价值，恐怕相当于100亿的广告投入都不止。但三星呢？在中国，恐怕要打造这样的灵魂人物，既不现实，也不被三星体系所允许。

什么是水平的推广和传播？

笔者认为，中等水平的推广和传播，就是把企业放在行业里凸显出来，把企业家作为行业领袖凸显出来。这种传播，专业性很强，在圈内达到扬名立万的效果是可以的，但要跳出行业，形成广泛深刻的社会影响，也不现实。

问题的关键是，现在三星推广和传播，都很难达到以上两种境界。只是停留在产品面上。所以，三星推广和传播，要有多大效果，对销售产生多大推动作用，那肯定只能是一厢情愿。

或许三星在中国的问题，远不止这些。与韩国的关系走向，也在一定程度上影响着中国消费者的选择。由于美国插手中国南海问题，在中国消费者当中，反美情绪日渐高涨，而韩国却是跟在美国后面，亦步亦趋，这让中国消费者颇为反感。这段时间，随着韩国政府同意美国在韩部署萨德反导系统，把中国消费者这种反感推向一个新高潮。这无疑让三星在中国的处境雪上加霜。

（2016 年 7 月 20 日）

2015年9月25日，康佳发布公告，称公司董事兼副总裁宋振华因个人原因辞职。9月末，包括总裁刘丹、监事张光辉、独立董事张民等其他高管纷纷递交辞呈，以这种职场上不可调和的激烈方式，表达对大股东华侨城集团的不满和愤怒

康佳内斗 大股东众叛亲离

所谓金九银十，机不可失。当其他传统家电企业铆足劲，推新品，做促销，全力以赴，从消费者手中赚取真金白银时，彩电行业五朵金花之一的康佳集团股份有限公司（下文简称康佳）则陷身水深火热的内斗难以自拔，任凭一年中最好的时光和机会从指缝间白白溜走。

2015年9月25日，康佳发布公告，称公司董事兼副总裁宋振华因个人原因辞职。9月末，包括总裁刘丹、监事张光辉、独立董事张民等其他高管纷纷递交辞呈，以这种职场上不可调和的激烈方式，表达对大股东华侨城集团的不满和愤怒。

总裁刘丹只做了3个多月，但康佳却发布了100多项人事调整，波及范围涉及整个公司各阶层，甚至集团高层领导主管的业务范围，都被打乱重新分配——有40多位中高管调岗，多个部门总监或副总被换。很明显，这些人事变动已经不再是为了更好地工作，促进公司发展，而是权力争夺和分配的白热化。这也使得公司上下风声鹤唳、草木皆兵、人人自危。所

有人要么卷入斗争中，要么无奈旁观，随时做好卷铺盖走人的准备。公司的离职率是以前数倍。这种斗争让康佳在经营上惨淡无光，据其财报预估，今年前三季度亏损高达 8.3 至 8.8 亿元人民币，创下历史纪录。经济观察人士洪仕斌认为，鉴于康佳内斗没有完全盖棺定论，元气一时难以恢复，市场机会仍在流失，所以，今年亏损或继续扩大，这种无休无止的内耗让康佳只剩下半条命。

大股东华侨城众叛亲离

康佳是彩电名企，彩电业务占其业务总额的 75% 左右。但华侨城集团却是其第一大股东，占有 25% 股份。华侨城主营业务是房产和旅游。在主营业务上，双方没有多大交集，难言互补性的相关多元化。华侨城之所以能够登堂入室，是因为康佳开拓了新业务房地产。在大力投资房产过程中，华侨城一步步变成了康佳第一大股东，为日后内斗埋下祸根。

成了第一大股东，华侨城的控制欲望就水涨船高起来，想外行控制内行了。这种掌控欲望引起了中小股东和康佳人的普遍不满。他们希望华侨城只做股东，不要染指康佳经营管理。在他们看来，虽然华侨城是康佳第一大股东，但在康佳这么多年的成长壮大过程中，没有做过任何实质性贡献，也没有对康佳"输过血"，对康佳现有业务和今后发展都无法提供什么帮助，因为华侨城既没卖场帮助销售家电，也没家电上游核心零部件可以供应，只知坐享其成，瓜分利益。这是中小股东和康佳人无法接受华侨城的根本原因所在。

但作为第一大股东，华侨城找不到不干涉康佳战略和管理的理由。对康佳这块肥肉，华侨城是志在必得。

但在 2015 年 5 月 28 日康佳中小股东大会上，华侨城大意失荆州，中小股东成功实现逆袭，所提代表在董事会七个席位中占据四席，而大股东华侨城只是保留了两个董事席位，一个独董席位，成为董事会中的少数派。中小股东选举出来的张民任董事局主席，华侨城提名的刘凤喜任总裁，由华侨城主导董事会的局面被打破。但华侨城并没有善罢甘休，就此妥协。华侨城积极运作，两周后，剧情逆转，由华侨城提名的刘凤喜担任董事局主席，张民下课。一个上市企业，两周内两换董事局主席，这在国内上市企业发展史上极为罕见，双方矛盾之深，斗争之激烈，让人叹为观止。

这种斗争让康佳身陷亏损泥淖，让康佳生态圈蒙受巨额损失，品牌美誉度受到前所未有的冲击，经销商信心流失、人心涣散，甚至广大股民亦深受其害，损失惨重。内斗中，康佳股票不得不于6月12日停牌，其时股价为30.17元人民币。9月11日复牌后拉开了大跌序幕，连续七个跌停版，股东们欲哭无泪，怨声载道。由于康佳的业绩和行业地位持续下滑，中小股东才得以在年度股东大会上成功实现逆袭，所选出代表占据董事会多数席位。人心思变，他们希望推动康佳完善治理结构，促其康佳向智能化和“互联网+”快速转型。

大股东将康佳带向何方?

在彩电行业中，康佳曾是当仁不让的领头羊，为国产品牌抗击洋品牌立下汗马功劳，风光无限。但好汉不提当年勇，康佳近两年不仅丢了龙头地位，更难堪的是，现在康佳行业地位和业绩一直在持续下滑，在彩电行业五朵国产金花中排名垫底。以今年上半年所占市场份额来看，同城兄弟创维成了领头羊，占有20%的市场份额，海信和TCL分别为18%和16%，他们组成的彩电第一梯队，把康佳远远抛在身后。紧随其后的长虹占

11%，康佳只有9%。

互联网企业小米和乐视对智能电视领域亦是虎视眈眈，业务风生水起。他们的横空出世，既给传统企业造成巨大冲击，又带来巨大启发——加快软硬件业务的融合，向“互联网+”快速转型，布局智能化和“互联网+”，才是传统制造企业的出路所在。从某种意义上讲，“互联网+”是传统企业的救命稻草。道理虽然大家都明白，但并非每个企业都愿意做出改变。创维率先思变了，所以，创维过得很滋润。

康佳就没捞着这根稻草。代表大股东华侨城上位的现任董事局主席刘凤喜或许从心理排斥互联网，他认为传统制造企业突然转型到互联网很难，应先内部有了互联网意识后，再向外部推广。由此看来，他认为康佳向互联网转型时机尚不成熟。但现实情况是，竞争对手的互联网化已经如火如荼，并且开始尝到甜头了。反应迅速是互联网的一个本质特点。如果康佳再不迎头赶上，任机会白白流失，那就不仅仅是“落后就要挨打”这句话能概括得了的了。在康佳内部高管中，熟悉互联网业务的，宋振华算是首屈一指了，中小股东选他，原本希望宋振华能够带领公司向着“互联网+”发展转型。现在宋振华离职，也间接折射了康佳向“互联网+”转型的困难重重——作为更为传统的房产企业华侨城或许更难接受新生事物，在他们看来，或许控制康佳比康佳转型和谋求生存发展更重要。

在这段动荡阶段，康佳数字平板业务的主管刘丹曾经做过公司总裁，他也曾经是京东彩电负责人，对互联网业务也很懂行。在他掌舵康佳后，曾经雄心万丈，希望把康佳引向正轨。但遗憾的是，刘丹亦是板凳儿没坐热，就被大股东华侨城给撵下了台。这种来回折腾，让康佳内部暮气沉沉。包括研发、市场、生产、管理、品牌等各个环节都受到严重打击，大家得过且过，感到前途渺茫，士气低落。

由于刘丹是中小股东选的，推行新政得不到大股东支持。所以，到头来亦是英雄无用武之地，不得不黯然下课。可以看出，在上市企业里，是大股东说了算，大股东很难容忍小股东指手划脚。如果刘丹带领团队把业绩做上去，给中小股东扬威壮气，大股东岂不颜面无存？

现在大股东代表刘凤喜终于掌权了，目前虽然尚不能完全掌控局面，董事会仍在中小股东手中，重大事项仍须经过股东大会决定。但双方已经暂时马放南山，鸣金休兵，为第四季度的业绩奋起直追提供了可能。但康佳的内斗因素并没有完全排除，董事会的结构仍然为日后冲突埋下种种隐患。

在大股东华侨城看来，经过多年发展，康佳积累了巨额资源，这些资源就是财富。这正是华侨城挖空心思做康佳大股东的理由。或许华侨城认为，把康佳这些资源发掘出来，为其主业房产和旅游服务，更能赚得盆溢钵满。康佳总部南山区的开发就是一个例子。康佳曾想将其作为写字楼出租，一年给康佳带来一亿多净利。但大股东华侨城反对，后来，双方达成协议，合作开发。此举被认为是华侨城染指瓜分康佳利益的把柄。

康佳是彩电名企，在鼎盛的2002年前后，被称为“彩电中的贵族”，品牌影响力之大，声誉之好，可见一斑。创始人陈伟荣毕业于号称中国彩电超级班的华南理工无线电工程专业，与TCL总裁李东生、创维创始人黄宏生并称“华工三剑客”。这么多年来，消费者一直把康佳作为彩电企业来看待，如果康佳做其他，恐怕消费者不看好，市场不买账，将难有所作为。

2014年康佳亏损4.75亿元。今年康佳亏损在此基础上有望翻番。这都是内斗惹的祸。康佳没落，让人痛心疾首。笔者只想弱弱地问一句康佳大股东华侨城：你想把康佳带向何方？

（2015年10月21日）

家电智能化已是大势所趋。在这种背景下，企业发展运营更在意软硬结合，打造生态链。海信不是没有意识到，而是在积极布局，结合自身优势，向互联网打法转型。但在内容建设上四面出击的海信，比起乐视、小米来，多少有些把自己的命运掌握在别人手里的无奈

海信电器陷智能化困境

作为“中国制造”代表性产业，家电经过三十年引进，消化，吸收，创新，成功突破了欧美日韩列强十面埋伏，站上了世界前列。作为这种繁荣的象征，就是中国涌现了大批全球化的企业和品牌，如海尔、格力、美的、TCL、长虹、康佳、海信等，无论是企业规模，还是品牌影响力，无论是技术创新，还是产品质量，都堪与国际一流企业媲美。

可以说，在目前中国家电市场逐鹿，在很大程度上，都是中国企业的内战，特别是在中国家电智能化进行深度转型之际，中国家电企业在“攘外”之后，开始了“安内”之战——由于中国市场容量庞大和消费者需求多元化，只要满足了国内需求，产品就能经得起其他国家和地区消费者的挑剔。

在这轮“内战”中，或许并非简单的价格战和市场推广战就能概括得了的，而是包括公司治理结构的稳定性，对技术创新的追求和把握，商业模式的探索和运用，以及越来越凸显的规模效应，正在成为成败胜负的决

定性因素。基于这些要素，或许海信面前的路要远比其他家电企业泥泞艰难。

在规模上，且不把海信与早就跨过了千亿门槛的格力、海尔、美的相提并论，就是拿其与 TCL、四川长虹相比，海信亦是相形见绌。据今年前三季度财报，海信电器营收为 221.30 亿元；四川长虹为 459.58 亿元，是其两倍多；TCL 集团为 741.11 亿元，是其三倍多。海信唯一可以找到安慰的，恐怕只有康佳了。由于深陷股东内斗，高层频换，严重打击了士气，影响了业绩，前三季度深康佳 A 仅实现营收 145.47 亿元，在传统彩电企业中排名垫底，而海信仅比康佳面子上好看一点点。

接班人困扰

虽然在规模相对较小，但这些年来海信发展还是有目共睹的。得益于董事长周厚健的宏观战略和总裁于淑珉的强大执行力，海信保持了稳健增长态势。当然，他们搭档，比起同城兄弟海尔来，他们还是逊色了不少。海尔的张瑞敏和杨绵绵，带领海尔，把企业规模做到了海信的 N 倍，两对搭挡的能力比较，高下立判。

把周厚健和于淑珉比喻为牵引海信稳步向前的两驾马车毫不为过。是他们推动海信不断取得成长和突破。如果没有这对黄金搭档的默契配合，海信是否有今天就不得而知了。然而这两人共治海信，在业内既是经典，也是佳话，但夕阳无限好，只是近黄昏。今年 64 岁，算是超期服役的于淑珉已经功成身退。而董事长周厚健同样面临着年龄问题——周厚健也接近花甲之年了，岁月不饶人，或许在海信内部，周厚健步于淑珉后尘，功成身退也已被提上了日程。

现在接替于淑珉的是刘洪新。刘洪新 1989 年大学毕业后加盟海信，从销售分公司做起，历任海信电器副总经理，总经理，董事长，海信集团副总裁等职位。现在他成了海信二把手，大权在握。如果不出什么意外，在周厚健隐退之后，刘洪新被推上掌门人之位，应该没有什么变数。

但问题是，将来刘洪新大权独揽，既做董事长，又做总裁，还是与人分治海信，有新的搭档？

如果是大权独揽，这位新帅能否驾驭得了海信这艘家电航母，其他渊源深厚的海信重臣是否臣服？如果有新的搭档配对，这位新人是谁，他与刘洪新默契程度如何，是 1+1>2，还是 1+1<2？

从其他大企业交接班的经历来看，届时海信高层经历一段时间动荡或许在所难免，这对企业发展将产生较大影响，海信是否准备好了？

技术选择或重蹈长虹覆辙

单纯从智能电视业务来看，综合各方数据，貌似海信独占鳌头。但这把交椅海信坐得并不牢靠。

2014 年中国主流电视厂商创造了总量为 3110 万台的智能电视用户总量，其中海信为 800 万台，位居榜首。让海信感到惴惴不安，压力如山的，并不是三星、LG 等外资品牌，也不是 TCL、长虹、康佳等老牌国产品牌，而是这个行业的“新侵入者”——以重视生态建设和营销炒作见长的乐视和小米。

乐视和小米，已经让海信感到了丝丝寒意。2014 年乐视智能电视用户量为 150 万台，小米为 30 万台。今年以来，这两家新生电视品牌攻势更为咄咄逼人。这在线上销售表现更明显。2013 年海信电视还是销售冠军，但 2014 年即被乐视抢走。今年 5 月 12 日，小米称在“近 30 天淘宝电视品牌出货排行榜”的数据排名中，小米排名第一，乐视排名第二，海信排名第三。其中，小米电视出货量为21852台，海信电视出货量为15608台，差距之大，已凸显出来。这个数据如果没有疑问，在新生代电视品牌前，海信应对追赶者已经是上气不接下气了，这让人难免滋生“廉颇老矣，尚能饭否”的悲凉。

危机的出现来自海信内部，其中之一，就是海信对技术创新的感觉正在变得迟钝。目前，海信电视把技术创新重点放在ULED产品上。但这种技术不能领先的趋势已经显露无遗。今年以来，韩国最大面板企业LG Display（简称LGD）加大推广OLED面板，引起了其他彩电品牌的强烈共鸣。OLED是下一代显示技术，由于不需要背光源，从而可以变得轻薄，便携，可以折叠。其他彩电企业纷纷投怀送抱，选择与LGD结盟，迎接OLED产业的到来。唯独海信在孤军奋战，选择大力推广液晶电视的改良产品ULED和激光电视。

OLED是一种新的消费趋势和潮流，其给产业带来的冲击或许无法阻挡。虽然周厚健并不排斥OLED，将来有站队OLED的可能性，但现在业内都明白，周厚健是以投机心态在对待。或许等海信明白过来，已经轻舟已过万重山，落后于其他竞争对手好远了。这种例子，在彩电发展史上并非没有。长虹就是一个教训。当年等离子电视和液晶电视几乎同时出现，长虹押宝等离子电视，忽略对液晶电视的产研，结果等来的却是等离子电视被市场无情淘汰的悲剧。这事儿对长虹打击甚大，直到现在，长虹都还没有从等离子失败的阴影中走出来。如果海信固执已见，极有可能重蹈长虹等离子电视老路。

海信另一产品手机，技术滞后性更加凸显。由于做不出革命性旗舰产品，海信手机以抄袭见长，谁流行就抄袭谁。699元的魅蓝热卖，半年销量突破500万台。这让海信热血沸腾，推出了海信手机D2－M，外观像极了魅蓝，价格也同为699元，但在市场并没有成为魅蓝那样销量达天量的产品。华为向高端转型成功，也深深地刺激了海信。今年6月12日海信发布首款高端全网通旗舰机K8，欲与华为P8媲美。现在从产品质量和市场反应来看，K8之路只能用东施效颦来形容。

生态先天不足，电商规范或成海市蜃楼

家电智能化已是大势所趋。在这种背景下，企业发展运营更在意软硬结合，打造生态链。海信不是没有意识到，而是在积极布局。仅在2014年，就四处出击，与多达11家视频网站在内容上达成了合作协议；2015年又与腾讯联手，一起打造游戏平台，并结合自身优势，向互联网打法转型。

从表面看起来，海信电视似乎把所有有影响的互联网企业都笼络到一起，为己所用，看上去很美，依靠这些合作伙伴海量内容弥补了其先天不足。但这也是海信的短板，毕竟这么多互联网企业，谁是真心跟海信携手，内容如何整合，如何规范，而不致于显得杂乱，如何把内容建设的主动权抓在自己手里，这些都考验着海信。由此看来，比起乐视，小米在内容上的主导，海信多少有些把自己的命运掌握在别人手里的无奈。

面对生机勃勃的电商，海信亦是怦然心动，今年5月上旬海信推出基于智能电视的大屏电商平台，横刀切入跨境电商领域，与天猫国际，亚马逊直邮，京东海外购等巨头抢夺蛋糕，希望电视大屏成为客厅互联网最重要的入口，潜在价值媲美PC互联网和移动互联网。事实上，这种想法和做法过于天真。由于消费者习惯所囿，电视机成为互联网入口，只能是作为一种可有可无的补充。利用电视网购，极为不便利。只有部分闲赋在家的人，或者农村地区的用户，或许选择性尝试一下，但很难成为一种主流

性习惯。而绝大多数用户，都是选择 PC 或者手机来完成自己的电商操作。电视携带不便利的先天不足，从一开始就注定了海信这种“聚享购”在电商领域难有作为。由此看来，海信希望通过电视走出一条特色电商之路，实在是海市蜃楼，看得见，但行不通。

（2015 年 11 月 26 日）

2009年9月创维率先停产CRT电视。其时，平板电视和CRT电视仍然约各占半壁江山。选择退出，是需要很大勇气的——这等于把城市低端市场和广大农村市场拱手相让

创维停产传统电视：几家欢乐几家愁

近年在平板电视（尤其是以液晶电视为主）与传统CRT电视的较劲中，局面越来越对前者有利，对后者不利，但创维集团最近高调宣布明年停产传统电视的消息，还是在业内引发巨大地震。

这两年来，平板电视和CRT电视此消彼长，已是不争的事实。但CRT电视是否到了该退出的时候，现在定论或为时尚早。从目前来看，平板电视和CRT电视仍然约各占半壁江山。两者即使有差距，但差距不大，现在退出，是需要很大勇气的——这等于把城市低端市场和广大农村市场拱手相让。当然，在一二三线城市的中高收入家庭，选择平板电视已经成为大势所趋。但在三四线城市，尤其是农村市场，CRT电视仍然有较大市场。

创维停产CRT电视，无疑是立足于产业升级做出的壮士断腕之举，这一壮举的背后是否折射创维在调整市场战略，把主要精力放在城市市场，从而忽视农村市场？

答案是否定的。创维集团已经给出明确回答。

现在电视是农村家庭的必备电器，所以，电视在农村市场的容量并不比城市少。而目前农村市场仍以价格较低的CRT电视为主。制约平板电视在农村市场普及的关键因素是价格。目前1000元左右的CRT电视是农村市场主力军。但平板电视要突破这个价格瓶颈还有很长的路要走。虽然创维说要在农村市场推出24寸和26寸的液晶电视取代21寸和25寸的CRT电视，但对农村消费者来说，500元左右的差距确实是一道很难迈过去的坎。所以，可以预见，创维停产CRT电视，在未来三年内将影响其在农村市场的业绩。

当然，对创维来说，停产CRT电视，一是由于产业升级的考虑；二是CRT电视利润太稀薄了，正在成为鸡肋。如果没有规模优势，真倒不如不做。但问题的关键是，平板电视要想在农村打开市场，降价是必须的，而降价之后的平板电视，或许利润同样不可观——当然，对电视巨头来说，停产CRT电视是早晚的事，关键在于退出的时机选择。

从目前来看，CRT电视其实还是蛮有市场，还能赚点小钱的。对于创维停产CRT电视，同样作为电视巨头的长虹和TCL不愿跟进就是很好的证明。创维宣布停产CRT电视，长虹和TCL等其他电视巨头心里是乐开了花的，毕竟创维是电视巨头，停产后让出来的那部分市场份额，足够他们分赃，拿口袋装钱了。这种天上掉馅饼的事，可能以前他们还没有碰到过，所以，正中下怀，求之不得。

当然，对长虹和TCL来说，有点亦是不得不防：如果创维判断准确，在农村市场推广液晶电视获得成功，长虹和TCL也应该积极应对，毕竟，即使是农村市场，从长远来看，液晶电视取代CRT电视是一种必然趋势。当然，对创维来说，更要做好两手准备：一是万一在农村市场推广液晶电视时机不成熟怎么办？是否意味着农村市场将被大大削弱——农村市场目前正是国产品牌较力的主战场；二是创维 CRT 退出农村市场后，需要做好善后工作，特别是售后零部件的配给，免得给广大农村用户在心理上造成售后得不到保障的恐慌，从而损害创维的品牌形象——这对创维在农村市场推广液晶电视都容易造成伤害。

（2009 年 9 月 25 日）

2013年上半年方太在高端吸油烟机领域的市场份额扩大至41.04%，稳坐第一，为中国制造向高端化发展提供了样板

方太在高端厨电场“花儿为何这样红”？

据市场研究机构中怡康数据，2013年上半年方太在高端吸油烟机领域的市场份额扩大至41.04%，稳坐第一，并将优势持续扩大——2012年为36.53%。

取得这种骄人业绩，笔者认为有四个关键因素在作用。

一是房产板块持续高歌猛进。房价上涨客观上促进了高端厨电行业发展。花高价买来房子，消费者自然对其珍爱有加。而厨房油烟是损害房价最大杀手。数十数百万上千万的房子都买了，谁都在意要买一个效果好的油烟机，以最大程度地降低油烟对房子，尤其是对新房子的损害。

二是健康意识的不断深入。身体是革命的本钱。如果身体不好，事业、工作、生活都无从谈起。医学科研报告早就证明，厨房油烟是人体健康的头号杀手之一。关爱自己或其他下厨家人的身体，促使用户在选择油烟机时喜欢走高端路线。

三是伴随中国梦，国产当自强的概念深入人心。中国正处于一个转型的特殊历史时期。国产技术和质量与外资的巨大差距早就已经弥补，甚至在某些方面已经实现了超越。从彭丽媛出访的穿戴，到国家明令提

在倡高官坐骑弃外资用国产，都在表明中国人的消费意识正在发生积极改变，支配消费行为的消费意识正在从过去的崇洋媚外向国产当自强转变。

如果说以上三个因素只是外部作用，那么第四个关键因素，就是内因，即方太吸油烟机本身的技术水平和产品质量——外因要靠内因起作用。这也是最根本的因素。

技术含量决定品牌价值，高端产品尤其如此——无论是外资还是国产。汽车领域的奥迪也好，红旗也罢；空调领域的格力也好，松下也罢；手机领域的三星也好，酷派也罢；吸油烟机领域的方太也好，伊莱克斯也罢，都离不开这个理儿。市场已经充分检验，如果没有一技之长，要在高端上扬名立万，实在是过于艰难。就拿方太来讲，除了拥有近 500 项国家专利，发明专利近 70 项外，其高效静吸技术更是荣膺业内最高奖项“中国轻工业联合会科技进步一等奖”。所以，企业关键要把精力放在科研创新上，不断推出适合消费者需求的创新产品。如果这点都无法意识到，在瞬息万变的市场环境下，可能捡了芝麻，丢了西瓜。

方太集团董事长兼总裁茅忠群对方太连续九年稳居高端吸油烟机龙头有深刻理解。他认为：“对于高端厨电需要有正确的理解，它绝不是单纯的高价格，而是回归消费者需求这一原点，能为顾客提供高价值的高品质产品和高增值服务。”

正如国家信息中心资源开发部副主任蔡莹所言，所谓高端，应包涵 4 个基本要素：首先是最新技术的应用产品；其次，产品对生活品质的改善与市场需求相吻合；再其次，产品设计、材料工艺明显有别于其他产品；最后，才是价格水平高于同类产品。

俗话说，成功是给有准备的人。方太之所以在高端厨电市场“花常艳，景长在”，并不是靠一时的运气。从创新的产品应用到超值的用户体验，从健康梦到中国梦，从内因到外因，可以说方太是千万中国企业紧紧抓住时代机遇获得成功的一个缩影。然而，市场瞬息万变，未来方太这朵花儿如何开得更红，更长久，还有很长的路要走……

（2013年9月17日）

2014 年 12 月 23 日，志高空调在北京召开盛大发布会，与国际巨星成龙签约，吹响了向高端化和千亿规模进军的号角。在此之前，成龙是“空调一姐”格力的形象代言人。将格力代言人都抢过来了，这种“战争宣言”火药味十足

志高空调借成龙代言追赶格力

按冷冻年时间结算，硝烟弥漫的销售旺季暂告一段落，但空调企业之间的搏杀却并未停歇，至少不是表面上的风平浪静。

2014 年 12 月 23 日，志高空调在北京召开盛大发布会，与国际巨星成龙签约。志高集团董事局主席兼总裁李兴浩表示，志高要做高端空调引领者，要借势成龙在国内国际的巨大影响力，提升品牌附加值，促进内销外销再上新台阶，冲刺千亿目标。

志高请成龙代言以及李兴浩的激情表白，表面看起来波澜不惊，其实却是话里有话，隐约闪现刀光剑影，耐人寻味。业内资深人士称其为火药味十足的“战争宣言”。

剑指格力?

志高请成龙代言，绝不是一次动机单纯的企业品牌活动，其意义深远。

众所周知，在空调行业，一直是格力雄霸天下，无论是销售规模，还

是品牌价值一向似“女皇”一样自负的董明珠，不容许他人，有所冒犯。

现在志高冒天下之大不韪，出人意料地跳将出来，挑战这种权威——志高用意很明显，那就是借助成龙，打破目前空调行业双寡头的旧有格局，重建江湖新秩序。

时机的选择拿捏得恰到好处。从宏观来看，市场经济体制改革和金融创新进入深水区，国有和民营资本相互渗透，社会优质资源按照市场规则向优势企业和优势产业价值链集中。从微观来看，国内家电产业面临来自内外的超大深度转型压力，空调行业结束了高速增长时期，迎来深度调整期。这种情况下，狭路相逢，勇者胜，一切都为后起之秀实现弯道超车提供了契机。

志高请成龙代言，直奔两大目的：提升品牌知名度，抢占高端市场；助力志高实现千亿目标。

在 2014 年志高全球客户商务大会上，志高提出了要进一步优化产品结构，让高附加值、高溢价能力的高端产品占市场 80% 以上的目标。而高端市场是格力的传统优势高地，志高做出这种调整，摆明了要从格力饭碗里抢食。

志高请成龙代言，不遗余力推广的是志高云空调。云空调是清华大学第一代制冷博士后、志高董事长郑祖义亲自领衔研发的，是在制冷核心技术的基础上，运用云计算对现有应用进行升级和管理的智能化空调设备，拥有海量云端服务资源、远程控制等优势，并实现软件更新和远程故障诊断。云空调使冷冰冰的机器变得智能化，能够对用户进行“嘘寒问暖”，将用户体验提升到极致。如下班提前开启空调，到家即享受到清凉；上班匆忙忘记关空调，通过远程控制可以关机；身在外地，通过遥控，为家中睡着的老人孩子调节室温。云空调打破了厂商时空隔阂，建立一种真正以消费者为核心，将供（供应商）、产（生产商）、销（经销商）、消（消费者）紧密联结在一起的一种全新的产品模式，满足了年轻消费者追求个性化、智能化、舒适化的消费大潮。志高云空调从2012年推出以后，市场反应热烈，已经形成了规模销售，在高端空调市场开始攻城略地，彰显出旺盛生命力，对格力高端产品形成较大冲击。成龙代言，无疑加快了志高云空调扩张步伐，推动其在高端市场积极作为。

2013年志高控股营收规模已达100亿，请成龙代言，志高希望快马加鞭地进入千亿俱乐部行列，赶超格力。如果志高进入千亿俱乐部了，那就拥有了与格力份量相当的行业话语权。

有意思的是，格力就是在成龙帮助下，多快好省地跨过了千亿俱乐部的门槛。在请成龙代言前的2009年，格力电器销售额为426.37亿元，同比几乎“零增长”。从2010年开始，成龙为格力代言，格力业绩开始插上腾飞翅膀，同年格力营收劲增180多亿，同比增长42.62%。其后成龙代言数年，格力继续保持高速增长，2011年同比增长37.35%，2012年格力营收首次突破1000亿规模。

由此可见，在格力成为千亿俱乐部的道路上，成龙功不可没。现在志高请成龙代言，也提出了做千亿企业的伟大目标，也许正是看到成龙代言的巨大推动作用，想复制这种成长“神话”。

董明珠传球，李兴浩助攻？

格力为成龙代言，曾经不惜血本。在2014年以前，成龙代言的广告充斥荧屏，特别是中央电视台新闻联播后黄金时段的“格力掌握核心科技”的诉求几乎妇孺皆知，为格力形象和产品加分不少。

但从2014年起，成龙代言格力的广告突然销声匿迹了，取而代之的是“铁娘子”董明珠亲自披挂上阵，为格力卖命吆喝。

做出这种出人意料的改变，是因为格力要开源节流——尽管营销人士认为，成龙代言为格力创造的价值远远不止支付给成龙的形象代言费用。但董明珠并不认可成龙代言的价值，她称没必要每年多支出近两千万的代言费。这种想法直接葬送了成龙与格力的“美满婚缘”。

诚然，董明珠代言格力，其代言费用是可以分文不掏的，只需支付媒体广告费用。但成龙代言与董明珠代言，意义和效果一样神奇吗？答案当然是否定的。成龙是国际巨星，是影视艺坛上的“常青树”，其激情和梦想、敢爱敢拼的个性，影响了数代人，在国内国际众口皆碑。董明珠充其量只是一个优秀的中国女企业家，其知名度和影响力相当有限。虽然董明珠在中央电视台天天以广告形式抛头露面，但要与成龙相提并论，那还只是一个“美丽梦想”。

况且董明珠代言格力是否适合，也引起了人们的质疑。一位资深营销人士称，董明珠代言格力，怎么看都有“王婆卖瓜，自卖自夸”的嫌弃，让格力产品和形象变了味。为什么董明珠对成龙代言给格力带来的高成长视而不见呢？这恐怕只有董明珠自己清楚。当然，与最初成龙代言格力相比，2013年格力增长步伐明显放缓，笔者认为，这并不是因为成龙代言影响力在锐弱，而是有两个主要原因：一是格力已经成为巨无霸，基数巨大，要再高速成长，比较困难；二是这些年国内外经济形势不景气，直接影响到空调销售，是大环境所致。

在为格力代言这几年，由于格力的巨额投入和宣传，成龙所代表的高端空调形象已经深入人心。只要看到成龙现身，就会想到是空调。只不过，这一次所代言空调的品牌名称从格力变成了志高。所以，李兴浩选择成龙代言志高空调，确实是一着妙棋，有“四两拨千斤”的奇效，“更高，更快，更强”地向消费者传递高端空调形象。

在激情四射的空调绿茵场上，格力和志高两支著名球队在你追我赶。

从控球时间来看，或许格力优势明显。但关键时刻，格力队长董明珠一时不察，出现致命失误，抬脚把球传给了“志高队长”李兴浩。

成龙临门一脚

枪打出头鸟。在空调行业，美的、志高、海尔这些“天王巨星”都把格力作为学习和追赶目标。而志高只不过是在苦练内功多年以后，这次是来出招的了。

作为志高队巨额聘请的外援前锋，成龙临门一脚，球会应声入网吗？

或许我们不能肯定回答，毕竟那要预测未来。但志高团队却是信心满满，认为一切都是水到渠成。

从 1994 年创立以来，志高就想着要“造世界最好的空调”，但一直低调内敛，从来没有请过巨星代言，为自己的成长加油。这次请成龙代言是大姑娘上轿——头一回。或许志高认为，现在一边高端转型，一边拼命往前冲，已经具备了“天时、地利、人和”，所以突然放手一搏。从志高这次出手来看，确实是“不鸣则已，一鸣惊人”。

当然，成龙代言只是催化剂，具体结果如何，还要取决于产品本身和企业运营。在业内，志高以勤练内功著称，是技术导向型企业，这与格力类似，在节能和智能方面，处于空调行业领先地位。作为集志高技术创新研发之大成者，云空调 2012 年面世以来，就被业界寄予厚望，市场反应不负重望。现在志高已经成为全球云空调技术标准的制定者，同时也是业内唯一掌握智能云核心技术的企业。

如果说格力与志高本质性差别，笔者认为是营销。营销市场上摸爬滚打出来的董明珠，在营销上的能力那是在空调行业让人叹为观止的。志高如果在这点上有些突破，迎头赶上的机会很大。为成龙这临门一脚，志高还在营销上做出了更多创新性改变，如借助互联网，推行全民营销，出租和大规模赠送空调。

所谓全民营销是无论是谁，只要下载注册成为志高财富宝会员，就可以成为志高业务员，销售志高空调，享受 100 ~ 800 元左右的销售提成。这种做法，没有店面、资金、人员限制，特别是为大学生在校和刚走上社会的创业提供了契机和平台。

租和送，是志高发力营销的另两个重大举措。所谓租，就是在学校，政府等公共场所推出空调租赁服务，解决其在空调安装过程中的资金、管理难题。所谓送，就是志高启动了一项“三年内向有车阶层赠送 1000 万台云空调”计划，借机将高端消费者汇集到志高智能云平台。这是一种典型的互联网免费思维，在志高赠送的“有车阶层”前提限制下，或对空调中高端消费者产生裂变式影响。

请成龙代言，除了提升志高品牌知名度和价值外，志高肯定还希望成龙为志高带来客户，促进销售。这种增加的客户来自两个方面：一是成龙的粉丝；二是格力的用户，特别是那些成龙为格力代言时奔成龙代言去的格力用户，现在恐怕要弃暗投明了。

这董明珠代言效果与成龙代言效果，孰优孰劣？会导致 2015 年志高空调狂飙突进式增长，格力增长停滞，甚至负增长吗？宣称掌握核心科技的格力与宣称掌握智能云核心科技的志高，会有怎样的正面 PK？

现在下结论为时尚早，我们只能是拭目以待，一切留给时间和市场来验证。或许，董明珠只是想节省成本，这个不经意的失误却让志高空调捡了一个天大便宜。

（2014 年 12 月 24 日）

2015年1月，格力电器董事长董明珠借助电视、内部会议，发表犀利言论，称要消灭其他所有烂品牌，并称全球不买格力空调的，都是“脑子有病”，引发业界哗然

“空调三天王”集体约定不陪董明珠玩

在升级为格力电器绝对掌门，没有朱江洪缓冲和约束之后，董明珠更加斗志昂然，借助电视节目、会议活动等公开场合，炮声不绝。

被董明珠炮轰的，不仅有与她下了十亿赌注的小米创始人雷军，还有整个空调行业其他品牌——在公开场合，董明珠对其他三大空调品牌逐一展开犀利的言论攻击；在格力内部会议上董明珠称要灭掉其他所有烂品牌，更有意思的是，董明珠把全世界消费者都推到了格力的对立面，称全球70亿人，不买格力空调的人，都是“脑子有病”。

在董明珠眼里，头号敌人是雷军和美的。由于不存在竞品关系，雷军充其量只能算是董明珠的私敌，利用格力电器董事长兼总裁身份对雷军进行攻击，是在动用公器，公报私仇。而美的是格力由来已久的宿敌。当董明珠不认可小米电商模式，不经意地把雷军推向公敌美的怀抱，看着公私敌的柔情蜜意，董明珠终于忍耐不住，口无遮拦地把小米、的美的正常商业接触和合作比喻为两个小偷在一起，组成了“小偷集团”。

全面开火，让董明珠和格力赚足了眼球，登上成千上万媒体的共同头

条，为格力省下巨额广告费用——尽管这种哗众取宠的话题给企业带来的负面冲击目前尚无法评估。业内人士认为，董明珠敢冒天下之大不韪，全方位出击，一方面固然是其张扬个性和特立独行做派使然，另一方面则是业绩压力所致。在2010年成龙代言格力后，连续数年来格力保持了持续高成长，跨进了千亿俱乐部。但从今年开始，董明珠以节省成本为由放弃成龙，自己亲自披挂上阵，卖力呐喊。但其产生的影响与成龙代言是不可同日而语的。从不打价格战的格力今年发动罕见价格战，一是为清除库存，二是为提升业绩，减少压力。董明珠是一个聪明人，喊归喊，其实她自己明白，要消灭其他所有空调品牌，是她这一生不可能完成的艰巨任务。

对于董明珠发动的口水战，其他三大空调品牌先后做出回应，但腔调都是惊人地相似：逐一驳斥董明珠谬误，表明做好产品，做好自己，不与董明珠在口水上分出高低的战术思路。

美的集团利用官网发布《大姐，你自己玩》的声明，将董明珠暗喻为“乱吠的狗”，根本犯不着跟她较劲。美的列举了三个董明珠三个漏洞百出的“口误”。一是董明珠称格力专利数在家电企业中算是最多的。但美的声明把中国知识产权局网公布的官方数据搬出来，其上显示，到目前为止，格力专利申请总数为11466件，已申请未公开的预估还有3000多件，有效专利数为8378件。而美的集团专利申请总数为26483件，有效专利数为14256件，远超格力。二是董明珠开口闭口称美的空调“一晚一度电”广告是在忽悠。但美的认为消费者不是傻子，是忽悠不到的，而其两年时间销售了500万台空调的骄人业绩，就说明了用户对美的空调的大力支持。美的反驳称其产品通过了国内所有检测所检测，获得了中科院院士领衔的专家组鉴定，是属于“国际领先”。相反，美的质疑格力空调“四晚一度电”，并向格力叫阵，希望其拿出来测评一下。三是董明珠与雷军赌局，美的无辜遭受牵连。美的称董明珠在与雷军所设赌局中态度一变再变，从最初斩钉截铁的“我们赢定了”，到“小米和格力之间的可比性并不多”，再到“小米应该改成跟华为赌……两个骗子在一起，是小偷集团”，似乎喻示对赌局结果越来越不乐观。对董明珠扔过来的重磅炸弹，美的表现很大度，称“只想安静地做好产品，让更多人喜欢”，“以后，大姐你玩你的，我做我的，咱们相见不如怀念”——或许把产品做好，才是企业实现良好运营的根本，而不是一味地“喷口水”。

海尔则是借用传统媒体回应董明珠，称《阿姨，我们不约》。董明珠攻击海尔空调两点：一是把海尔空调送风距离 15 米比喻为鼓风机，称用这种空调的用户易患空调病。二是关于 PS 展示贴，称其伪造国家政府机关媒体。三是关于专利数量的数学问题。据海尔对董明珠进行科谱，空调病是指空调环境由于空调机设备、室内建筑材料、家庭用品、人品拥挤、生活活动因素造成的室内空气污染。污染物有：挥发性有机物、有害气体、石稀、氧子体、微生物、尘埃子，此外空气离子稀少，温湿度失调。长期生活在空调环境中，易患空调病。海尔空调认为董明珠是忽悠大众，不懂装懂。到于专利数量，董明珠确实是糗大了，一方面说华为排名第一，一方面说自己是最多的。第一与最多矛盾吗？事实上，格力的专利数量比起海尔来，也是居于其后的——海尔专利数量达 20000 多件，要超过格力。

继美的把董明珠称为大姐，海尔把董明珠称为阿姨外，周日另一空调巨头加入战团，利用官方微博，回应董明珠的挑衅，发布《女侠，你继续演!》的文章来回应。虽然在与志高纠葛中，董明珠在 N 年前就放言要干掉志高。但志高大度地表示“只想做一名看热闹的观众”，“偶早已经拿着板凳在看啦”。有意思的是，在格力与志高的争斗中，现在天平貌似发生了严重倾斜，志高已经挖了两次格力的墙角——清华第一代制冷博士郑祖义，曾经在格力服务，是一名职业经理人，董明珠称其“不喜欢你，你就没出息！跳到哪里，那里就没出息”。而现在，郑祖义在志高担任董事长职务，成为与董明珠平起平坐的“企业家”。郑祖义领衔研发的云空调，给空调行业产销服务带来革命性影响，这种新商业模式成为挑战格力权威的倚天剑，威胁着格力的行业领袖地位。志高挖的第二个墙角就是国际巨星成龙。2010年成龙开始为格力代言，其高端空调形象深入人心，帮助格力空调连续保持高速成长。但从2014年开始，董明珠觉得成龙一年上千万代言费太高，于是亲自披挂上阵，开始自吹自擂。而志高却不惜重金，把成龙请来为其实现向高端转型代言，吹响进军千亿俱乐部集结号。

当然，让美的，志高，海尔三大空调天王群起而攻之的，是董明珠的狂妄言论。董明珠在接受媒体采访时，毫不客气地称“我的打算很简单，全球70亿人只能用我的空调”。这句话确实很狂，前提是得首先消灭美的、志高、海尔，以及其他所有空调品牌。大伙儿都明白，这是一个不可能实现的目标，即使格力再强，都不可能做到100%地统一江湖。

一家电圈内爷们称，敢夸下如此海口的，普天之下，只有董明珠一人而已。他反问：如此狂妄，董明珠与东方不败有什么区别呢？

（2015年1月4日）

学富士康也好，学小米也罢，或许都是各领风骚三五年。换句话说，强势如当年的摩托罗拉、诺基亚，都只能风光一时，很难风光一世。没有永远独领潮头的企业，也没有永远屹立不倒的品牌。今天这个流行学这个，明天哪个流行学哪个，那奥马冰箱还有自己特色吗？奥马还是奥马吗？

奥马冰箱后悔没取名奥巴马

近期，奥马冰箱为拉动国内销售，突然想出一个妙招，称自己为连续数年来的“中国冰箱出口冠军”，并称自己的产品符合欧盟标准，来提升萎靡不振的内销。

在国外市场，奥马冰箱是不是比海尔、美的、容声冰箱的品牌更有价值，产品更受欢迎，由于没有到过这个星球上的绝大多数国家，笔者没有调查就没有发言权。但在国内市场，无论是产品本身，还是产品承载的品牌价值，奥马冰箱都处于一个相当尴尬的位置，与其宣称的如火如荼的海外市场呈现“冰火两重天”的状态。

如果真如奥马冰箱所言，其在海外市场做得风生水起的话，那可能很重要的原因就是产品价格便宜——由于冰箱是一个过于成熟的功能性产品，无论是在发达的欧美国家，还是在发展的新兴市场，广大普通消费者由于受近年来经济环境影响，对品牌价值并不十分在意，特别是中低端市场消费者对产品价格十分敏感，这或许是奥马冰箱外销做得还过得去的重要因素。

据奥马冰箱自己透露，其产品营销结构大致为外销50%，内销30%，ODM20%。与其外销一脉相承，奥马内销走的仍然是低价扩张之路，由于原材料价格和人力成本上扬，这是一条无法可持续发展的道路。奥马冰箱公布的2014年第三季度财报已经充分佐证了这点，该季度奥马冰箱实现营收11.88亿元，同比下滑3%，净利润5351万元，同比下滑9.27%。

花哨营销与被质疑的品质

奥马冰箱高层管理团队，基本上是当年从科龙冰箱出走的人马。在战略上，据说还请了家电资深人士刘步尘指点江山。

但他们既缺乏领先技术支撑，又没有在深化品牌的内涵上做功课。

这从奥马冰箱的定位就可以看出端倪，奥马冰箱最近定位为“年轻人的第一台冰箱”。具体似乎可以这么解读：到社会上闯荡，好不容易找到一份工作，领了工资，钱不多，日子过得挺紧巴，但确实需要一台冰箱，只得对质量不做要求，对品牌不做指定，买一台具备最起码的制冷保鲜功能的冰箱应付着过日子。其实，这种定位是一次性生意，也就是一锤子买卖。随着年轻人的发展，将来有钱了，可能就不会再买奥马冰箱，而是在回忆青涩的奋斗岁月想起这个品牌。这做法极不利于培植用户对品牌的忠诚度，是在透支奥马冰箱未来。

奥马冰箱推出“I'm cool”系列产品时称，他们不是卖产品，而是时髦地在“卖文化”，是“卖励志”。有人认为，从这种定位，可能会让年轻人读出这样一种意思：好好奋斗，现在你只能买得起非主流的奥马冰箱，将来发达了，有钱了，考虑换海尔、美的、西门子、三星吧。

奥马冰箱让不少消费者心动的，不是其产品，而是其低价。奥马冰箱的价格确实像红米一样，定位在 799 元和 899 元。这种价格，十分适合做电子商务。事实上，据奥马冰箱自己称，其电子商务做得确实不错，在各大电商平台市场份额一家独大，连夺多月市场冠军。众所周知，在电商平台，年轻消费者购买东西，对价格的考量排在第一位。

为满足消费者个性化需求，奥马冰箱在外观和包装上很是下了一番功夫。例如外观，居然破天荒地采用了“红绿青蓝紫”五种颜色。在包装上，奥马冰箱追求“高大上”，把“表面”功夫做到了极致。但承载了品牌核心要素的产品质量以及给品牌美誉度加分的服务却让人不敢恭维。

河南郑州张先生投诉称，他从京东商城购买的奥马冰箱（型号：BCD－212DBNKJ）仅使用 4 天后，放在软冷藏室的肉就变质了，经测温计测试，发现软冷藏室实际温度与广告内容上介绍的不符。而京东和奥马冰箱互踢皮球，让张先生感觉十分无奈。

据媒体报道，内蒙古自治区工商局 2014 年对流通领域的冰箱、洗衣机商品质量进行抽检时，其中就发现有奥马冰箱不合格。陕西省质监局也通报称，奥马生产的 BCD－151BSJ 冰箱在“耗电量，冷冻能力，能源效果等级”方面不合格，并被其主要销售渠道京东商城下柜。

但奥马售后负责人高先生却拒绝承认陕西省质监局的检测结果，他称：“陕西质监局进行质检时也没通知我们，也没从厂家拿货，也没从我们经销商和代理商那儿拿货，不知道陕西质检局从哪儿拿的货。检测时我们的人也没在场，他们用什么检测设备我们也不知，所以，对于这样一个检测结果我们不认可。”

在模仿中迷失

为找到营销噱头，为自己的发展加点催化剂，奥马冰箱还经常把自己与知名企业做类比。

当富士康被企业界作为典型经营案例研究的时候，奥马冰箱把自己比喻为“中国冰箱行业的富士康”。奥马冰箱和富士康的相似之处在于，二者都没有自己的自主品牌或者说自主品牌都不强，但富士康精工制造和严格质量管控的核心内涵，却是奥马冰箱无法企及的。

现在小米火了，奥马冰箱又说其目标是要做“中国冰箱行业的小米”，并且煞有介事地向媒体作了类似性说明。但从奥马冰箱的解释来看，恐怕大家都觉得奥马冰箱只是学到了小米皮毛。小米那种开放、创新、互动，以用户体验为指挥棒的互联网思维，是奥马冰箱望尘莫及的。

甚至奥马冰箱想傍上美国总统奥巴马。奥马与奥巴马只有一字之差，这也让奥马冰箱浮想联翩。其副总裁姚友军在接受记者采访时称：“后悔没把企业取名奥巴马。”奥巴马总统任期结束后，难道奥马冰箱要不停地更换名字?

学富士康也好，学小米也罢，或许都是各领风骚三五年。换句话说，强势如当年的摩托罗拉、诺基亚，都只能风光一时，很难风光一世。没有永远独领潮头的企业，也没有永远屹立不倒的品牌。今天这个流行学这个，明天哪个流行学哪个，那奥马冰箱还有自己特色吗，奥马还是奥马吗?

很想问一下奥马冰箱董事长蔡拾贰，什么时候让奥马就是奥马，让富士康的郭台铭打比方说“富士康是ODM行业的奥马”，让小米的雷军心服口服地说“小米是手机行业的奥马”?

或许这种情况永远都不可能发生，因为奥马冰箱在朝秦暮楚中已经迷失。姚友军有句话对奥马冰箱作了十分形象的描述和准确的定位："中国年销量5000万台冰箱，有30%是杂牌机，就是1500万，奥马如果能拿下这个的一半，就能排到全中国单品牌的第三。"

难道奥马冰箱的竞争对手只是那些杂牌机？难道奥马冰箱自己把自己界定为"杂牌机"？

（2015年1月7日）

2010年日立平板电视退出中国市场，2015年5月卷土重来。前一次是因为耐不住长期亏损的寂寞，这一次恐怕日立平板电视还是面临着这个考验

日立平板电视卷土重来 或混迹三流品牌

中国市场是一块香喷喷的“唐僧肉”。由于销售业绩不佳，不得不于2009年停产、2010年停止在华销售的日立平板电视近日卷土重来，在中国华东和华南地区一口气推出五款平板电视。

日立是较早进入中国的外资企业之一，进驻时间可以追溯到20世纪60年代。2001年日立在福建开设工厂，进军大陆电视市场。2010年退出中国市场，原因很简单：那就是日立电视并没有把在华电视业务做起来，处于严重亏损状态。金融危机影响下，日立不得不将其砍掉。

败北不久即卷土重来，日立平板电视有迫不得已的苦衷：地震导致日本经济下滑，本土市场急剧萎缩，所以，日本不得不借助海外市场拓展来应对，而中国则是日立平板电视拓展海外市场的重中之重。

所以，这次日立显然是有备而来，但日立能够重振旗鼓吗？与前一次进军中国市场通过自己设厂生产电视相比，这一次，日立平板电视委托中国电子设备制造商进行生产。这种做法，虽然有助于日立节省开支，但分析人士认为，不能从根本上解决日立平板电视在中国所面临的问题。

日立平板电视想要在中国市场获得成功，首先要解决好心态问题。做好一个竞争激烈且潜力巨大的市场，要舍得投入。这一点，日立恐怕还没准备好。2010年日立平板电视退出，也就是因为耐不住长期亏损的寂寞。这一次卷土重来，日立平板电视还是面临着这个考验，不要因为一年半载看不到赢利的希望，就赶快溜之大吉，其实这样仓促的结果是得不偿失的。

心态摆正了，日立平板电视还要跨过三道门槛：品牌关、规模关和渠道关。日立是一个大品牌，但日立平板电视在中国市场还算不上大品牌。无论是2001年进军中国市场，还是现在卷土重来，日立电视都错过了最佳时机。现在中国电视市场上，是三星、LG、夏普、东芝和创维、康佳、TCL、海尔、海信的天下，日立平板电视要跻身其中，难度有点大。这些土洋巨头，也不能容忍日立平板电视在中国市场上做强做大。当然，想要混迹于三流品牌之列，是没有问题的。

日本企业最讲究节省成本，规模关正是节省成本面临的最大瓶颈。2010年日立电视退出中国市场，规模上不去，导致赢利能力不足，应该是最主要原因。只有上规模了，才能节省成本，实现赢利。但规模化不仅需要大投入，更需要消化和培育。对于“后进生”日立平板电视来说，规模化是一个长期的漫长的过程。

渠道关对日立来说，包含两个涵义：一是推出差异化产品，获得消费者认可；二是打通直达消费者的通道。

从这次日立平板电视推出的五款产品来看，要找到让消费者眼睛为之一亮，心灵为之一动的卖点，还是比较困难的。这一点或将制约日立平板电视“一夜成名”和“一夜暴富”。如果品牌不强，规模上不去，渠道商想从日立平板电视那儿赚到尽可能多的钱，估计也只能是空想。

（2011年5月24日）

消费电子是索尼的支柱性产品，占到索尼总体业务的六成以上，曾经让索尼风光无限，在电视机、照相机、游戏机、手机、电脑等领域，傲视群雄，特别是其个人音乐播放器和光盘，在全球范围内都是当之无愧的领跑者，但最近十多年，索尼就像一个患上癌症病的老者，情况不断恶化，连续多年持续亏损，而肿瘤正生长在索尼的核心业务电子产品上

索尼计划退出中国市场：消费电子业务变包袱

在索尼中国总部工作多年的晓梅（化名）近日内心十分纠结，公司给她两个选择：如果想继续留在索尼，有一份体面的工作和不菲的收入，那就得去日本或者美国的索尼工作；如果想继续留在中国，那就得结算工资和赔偿金，卷铺盖从索尼走人。

选择前者，将导致与老公和年幼的孩子两地分居，而且这种分居并不像在国内这样，想见面就能见的，有可能成为家庭变故的潜在因素。

选择后者，虽然可与家人呆在一起，但不能保证能否在北京找到这样一份好工作，毕竟自己在索尼已经工作多年，习惯了其文化和氛围，上下关系都处得不错。

晓梅的处境是很多索尼中国员工都在面对，或者即将要面对的状况。由于业务越来越不景气，索尼正在计划从中国大陆撤退。这在索尼内部员工中，已经是公开的秘密了。在今后索尼的全球业务版图中，只保留美国

和日本两个重要市场。

消费电子业务：从支柱到包袱

消费电子是索尼的支柱性产品，占到索尼总体业务的六成以上，曾经让索尼风光无限，在电视机、照相机、游戏机、手机、电脑等领域，傲视群雄，特别是其个人音乐播放器和光盘，在全球范围内都是当之无愧的领跑者，为索尼业绩增长和品牌价值提升立下了汗马功劳。

但最近十多年，索尼就像一个患上癌症病的老者，情况在不断恶化，连续多年持续亏损。而肿瘤正是生长在索尼的核心业务电子产品上。

2011 财年索尼净亏损 4570 亿日元（约 57 亿美元）。2012 财年，索尼虽实现 5 年来首次扭亏为盈，净利润为 430 亿日元（约 4. 58 亿美元）但这种利好消息不是靠核心电子业务的业绩，而是通过变卖固定资产和业务来实现——索尼出售了在美国纽约总部的办公大楼和东京的办公大楼，以及所持有的网络医疗服务供应商 M3 的部分股份，筹集了约数十亿美元。

作为索尼核心业务的消费电子仍然继续深陷在亏损泥潭中：2012 财年，索尼电视机亏损 696 亿日元（约 6. 5 亿美元），连续 9 年亏损；手机亏损 972 亿日元（约 9 亿美元）。游戏机和相机虽然略有盈利，但相对于电视机和手机的亏损来说，完全可以忽略不计：游戏机利润为 17 亿日元（约 0. 16 亿美元），相机利润为 14 亿日元（约 0. 13 亿美元）。

2013 年财年索尼净亏损 1284 亿日元（约 12. 5 亿美元），其中 PC 业务亏损 917 亿日元（约 8. 3 亿美元），移动业务亏损 750 亿日元（约 7 亿美元）。游戏业务出现了 81 亿日（约 0. 75 亿美元）元的亏损，包括电视机在内的家庭娱乐和音响业务亏损 255 亿日元（约 2. 36 亿美元）。索尼公司预告称 2014 财年还将出现 500 亿日元（约 4. 8 亿美元）亏损。索尼财务曾经做出预测称 2014 财年最大亏损有可能扩大到 2300 亿日元（约 21 亿美元）。

消费电子业务俨然已成索尼未来的巨大包袱，影响索尼的良性运营和发展。据美国《商业周刊》估计，曾经是索尼标志性业务的电视机，在过去十年中，已经累计给索尼带来了近 80 亿美元亏损。

平井一夫上台后，为实现扭亏为盈，不断在做减法，固定资产和业绩欠佳的业务是首先考虑要出售变现的部分。值得观察的是，平井一夫会不会把消费电子业务逐步出售掉。如果没有消费电子业务的索尼，还算是消费者记忆中的索尼品牌吗？

缺乏创新性拳头产品

消费电子领域做得风生水起的跨国企业很多，如三星和苹果，以及中国企业华为、联想、海尔等。但日本企业却在集体沦陷，索尼、东芝、松下、夏普，都陷入了经营困境，出现连年亏损情况，这出乎人们意料。

平井一夫坐上索尼掌门人宝座时，曾经表现要实现扭亏为盈。这是一个很有意思的目标，在中国企业家看来，这个目标可以解读为平井一夫先生太没有雄心壮志了。但在索尼看来，这很实际，也很艰巨——从当初全球标杆企业沦落到今天这种处境是索尼的一种悲哀。

虽然日元贬值让这家以外销为主的跨国巨头获益匪浅，但平井一夫要实现自己的“日本梦”还是比较困难。我们看到，对于快速下滑的索尼，平井一夫是回天乏术，其惯用手段，一是出售固定资产；二是收缩战线，出售业务板块——最近，索尼还把电子书业务出售给了加拿大电子阅读器制造企业 KOBO；三是裁员，最近索尼又公布要全球裁员 5000 人，其中移动部门裁员 1000 人。

其实，索尼核心问题就是产品。这些年来，索尼就没有推出具有里程碑意义的创新性拳头产品，这也使得索尼产品基本上无法做到行业数一数二。而其定位又比较高端，难以打开市场，做到规模化销售。由于创新性产品匮乏，使得其产品难以支撑起其高昂的价格。

目前，索尼全球主要市场为日本，美国，欧洲和中国。据其2014年第一季财报，索尼在中国市场实现营收1330.41亿日元（约13.3亿美元，76亿元人民币），占索尼全球市场总营收的7.4%。这个数勉强算得上中国一个中型企业的销售收入，比起三星在中国的销售，以及中国海尔、联想、格力来，算是很小的了，不在一个重量级别上——他们早就不把索尼当竞争对手看了。

除了在中国市场，索尼在欧洲市场，也是比较艰巨。今年早些时候，索尼宣布从伦敦证券交易所正式退市，股票只在东京和纽约交易所持续交易。这也可以理解为索尼将来要退出欧洲市场的一个强烈信号。

现在从中国退市，已经提上了日程；从欧洲退市，或许也为期不远。将来索尼重要市场，只有美国和日本。如此以来，索尼将从一个全球性品牌退化为一个地方性品牌。

当然，为实现改善经营现状，索尼也推出了不少新品，包括游戏机PS4和新旗舰机Xperia Z3。这改善索尼运营起到了一些积极作用，但无法改变索尼决策缓慢，主打产品缺乏创新激情，竞争力不足，市场应对僵化的症结，从而无法从根上改变索尼经营困境。

（2014年10月10日）

因三鹿奶粉滥用三聚腈胺引发奶业危机迅速崛起的九阳豆浆机，正在面临市场份额不断被美的、东菱抢占，产品价格不断下跌，利润不断被压缩的尴尬

繁荣过后是沧桑　九阳豆浆机阵痛或提前到来

沉舟侧畔千帆过，病树前头万木春。这句深蕴哲理的古诗说的是兴衰福祸相辅相成，在一定时期可以互相转化。目前九阳豆浆机正面临这样一种繁荣过后是沧桑的境地。

在一个行业的市场份额做到80%，或许目前只有九阳豆浆机可以做到，家电领域包括洋品牌和海尔、美的等国产巨头，都没有抵达过这样的巅峰状态。

但盛极必衰，这是历史发展的必然。九阳豆浆机亦不能跳出这个魔咒怪圈。虽然第三季度，九阳交出财报还算是比较满意，实现营业收入11.83亿元，同比增长5.6%，但净利润为1.55亿元，同比下降了7.97%。利润率下降，说明九阳豆浆机面临的经营形势正在日趋严峻，良性运营状态正在下滑。

造成九阳豆浆机运营状态开始下滑的原因或许很多。但大致有三个主要方面。

一是九阳爆发式增长，是时势造英雄；当时过境迁，九阳自然就要经

历从盛到衰的变化。2008 年第三季度，三聚氰胺事件的发生，让消费者谈牛奶色变，对任何牛奶品牌都极不信任，这使得传统、安全、有营养的豆浆成为牛奶的替代品。在豆浆机行业辛苦耕耘了十多年的九阳终于守得云开见月明，一举成为小家电领域一颗耀眼的明星，赚得盆溢钵满。一年多过去，三聚氰胺事件渐渐平息，在政府监管，企业自身努力下，牛奶市场秩序正在慢慢恢复良性。这势必对豆浆机市场造成较大影响。可以肯定地说，从长远来看，用豆浆代替牛奶，那只能是九阳在自欺欺人的痴心妄想，九阳自己都很明白这一点。所以，时势造成的小家电英雄九阳，走向没落是历史的必然。

二是九阳内部多元化困局。除了豆浆机，九阳目前也在做电磁炉、电饭煲等各种各样的小家电产品。这说明九阳已经意识到产品转型和多元化的重要性——靠豆浆机单打独斗，对九阳来说，迟早都要陷入发展困境的。九阳的多元化并不成功。在九阳三季度财报中，就已经坦率地承认了这一点——电磁炉业务下滑拖累公司整体销售增长，上半年电磁炉仅实现 2.25 亿元销售收入，同比下滑 46%，接近一半。九阳其他小家电产品比起九阳电磁炉来，更加惨不忍睹。有知情人士透露，九阳其他小家电产品基本上处于拖后腿状态，也就是说，九阳涉足的领域越多，可能需要填补的窟窿越大。所以，九阳正在小家电多元化困局中陷得越来越深。

三是竞争对手的凌厉攻势。我们不得不承认，是九阳培育了豆浆机市场，迄今为止，九阳是当之无愧的豆浆机第一品牌。但是九阳目前的霸主地位正在面临严峻挑战。挑战九阳的，有美的、东菱、欧科等品牌。其中来自美的和东菱的挑战是最大的，特别是美的。九阳虽然在豆浆机行业做得不错，但整体实力与美的相比，显然不是一个重量级别，美的品牌影响力远非九阳可比。我们研究一下不难发现，美的是一家极难对付的行业，只要美的介入的行业，不做到数一数二是不肯善罢甘休的。虽然在豆浆机这一块，美的现在做到了亚军，但与九阳的巨大差距肯定使其难以释怀。我们从央视黄金时段美的豆浆机广告词“豆浆机选美的”，就可以触摸到美的那颗不甘人后的狼子野心。市场统计数据也证明：美的正在逐步缩小与九阳的占比差距。美的和九阳的赛跑，一个加速度为正，一个加速度为负，按照目前形势发展，美的豆浆机挑战九阳豆浆机的霸主地位，只是时间问题。

所以，在诸多因素综合下，九阳豆浆机陷入困境的时代或许将提前到来。观察家认为，今后两年，将是以美的东菱为代表的系列豆浆机品牌向九阳发起冲击的关键时期，而对九阳来说，或将面临诸多痛苦难熬的经历——一方面市场份额将不断缩小；一方面产品价格不断下跌，利润不断被压缩。

（2009年11月11日）

2009年将迎来变频空调的决胜之年。由志高空调发起的变频空调擂台赛或许将成为一个大浪淘沙的地方，毕竟哪路英雄能够从擂台赛脱颖而出，成为当仁不让的“金腰带得主”，我们尚需拭目以待

变频空调擂台赛狼烟四起　2009空调业谁作主?

2009年的空调江湖，无疑将由变频来主宰。相对于定速空频来说，直到2008冷年，变频空调的江湖要风平浪清静得多。但随着2009冷年的到来，能效标准升级提上日程，变频空调的江湖开始明枪暗箭的厮杀。观察家认为，由于基本上处在同一起跑线，巨头们都铆足劲，全力冲刺，有实力的选手都想一锤定音，确定领跑的江湖地位。

从进入2009冷年的第一天开始，空调业竞争的主战场就定在变频空调上，各大品牌纷纷抢先发布变频产品，但大多定格于价格战，这对变频空调的普及有裨益，但变频空调是一个技术含量相对比较高的产品，应该以价值战为导向，这才是政府强调实现能效升级的初衷。所以，志高空调推出的变频擂台赛，虽然在时间上不是抢在最前面，但站得更高，看得更远，厚积薄发，后来居上。观察家认为，只要企业作为一个主体存在，战争就得继续进行下去，变频空调擂台赛可以穿越时空存在，成为企业展现自身综合实力的舞台。从这种意义上讲，志高变频空调擂台赛为推动变频空调的普及和技术进步提供了一个持续性的变频空调PK平台。

作为擂主，志高变频空调推出的 3 核智能变频三超王，可谓内功深厚，招式势沉力猛，以“季节性能效比达到 7.4，噪音值仅 20 分贝，烟尘去除率达到 90% 以上，极具科技的智能睡眠模式等四项指标挑战天下英雄。

但观察家认为，擂台赛既要武功高手来应战，又要裁判来裁决胜负，观众来呐喊助威。所以，要让变频空调擂台赛火起来，成为天下英雄展示真功夫的舞台，有两个平台需要搭建：一个是卖场平台，一个是媒体传播平台。

卖场平台可以把志高空调的擂台赛落到实处。消费者既是观众，又是最后的裁判，用人民币投票来决定擂台赛胜负。而卖场平台在厂家推出的产品与消费者购买之间搭建了一条通路。我们常说，货比三家，正是擂台赛追求的效果。货比三家，比的就是性价比。而实现货比三家的最好途径，现在有卖场，也有网络，但卖场无疑是最现实、最有效的，可以让消费者一目了然。变频空调进入我国已经十年了，但一直在坐冷板凳。现在能效升级，正是给变频空调搭上了顺风车。

随着厂商家都以推变频空调为主，变频空调价格势必大幅下跌，突破消费者的心理防线。能效升级，届时消费者置身卖场，放眼望去，满眼尽是变频空调，想要变频空调人气不起都很难。所以，卖场平台的搭建是水到渠成的一件事。现在变频空调正在逐渐所为一二线城市大家电卖场的主角，这说明变频空调擂台赛的卖场平台正在形成。

志高擂台赛需要搭建的第二个平台是媒体平台，特别是网络媒体平台。媒体可以造势，为变频空调的“生长”营造出一个风调雨顺的环境。现在已经是网络时代，消费者在购买产品，特别是上千元的产品前，一个习惯性动作，就是先上网查找相关资讯，对产品的性能、价格等做一个全面深入的了解，在进商场之前，对所购产品和品牌都已经心中有数，只需要到现场看看实物。产品买回来，消费者喜欢在网上评头品足，对产品的使用情况，做一个评价。这种传播能够影响和左右其他通过网络来了解产品相关资讯的消费者。现在一些比较聪明的厂家，已经把网络营销和炒作做得炉火纯青，这值得志高变频空调擂台赛借鉴。

智勇双全是成就英雄的要素，但还得时势造英雄。变频空调厂家都意识到，能效标准升级正是变频空调期待已久的时势。变频空调擂台赛或许将成为一个大浪淘沙的地方，毕竟哪路英雄能够从擂台赛脱颖而出，成为当仁不让的“金腰带得主"，我们尚需拭目以待。

（2008 年 12 月 22 日）

2011 年 3 月 15 日，苏宁发布 2010 年财报，实现营业收入 755.05 亿元，同比增长 29.51%。虽然国美年报还没新鲜出炉，但业内人士认为，苏宁超越国美恐怕没有悬念——2010 年前三季度财报显示，国美收入不足苏宁的 70%

国美被苏宁全面超越　谁是罪魁祸首?

2011 年 3 月 15 日，苏宁发布 2010 年财报，实现营业收入 755.05 亿元，同比增长 29.51%。虽然国美年报还没新鲜出炉，但业内人士认为，苏宁超越国美恐怕没有悬念——2010 年前三季度财报显示，国美收入不足苏宁的 70%，如果不在数据上做假，第四季度再怎么奋起直追，要追上苏宁恐怕也不容易。

最近有媒体把国美被苏宁全面超越的责任全部推到刚刚离职的陈晓身上。笔者认为，这种说法有失公允，颇有“痛打落水狗”之嫌。

成王败寇，一直是中国的斗争哲学。虽然人走茶凉，但盖棺定论应该客观、公正一些。

国美被苏宁全面超越，罪魁祸首是陈晓吗？答案恐怕不是一个单项选择题那么简单。毫无疑问，国美全面超越苏宁，确实是陈晓当政时期发生的事情。但是不能这么静态地看问题。如果把责任全部推给陈晓，是有把陈晓当作“替罪羊”，为他人洗脱责任的嫌疑。

其实，国美被苏宁全面超越，黄兴裕不能因为身在狱中，就可以置身事外。

国美被苏宁全面超越，除了苏宁自己的奋发图强和守法经营，更在于国美内部的两个关键性因素给了苏宁机会：一是黄光裕被抓；二是黄陈内耗。

2008 年 11 月，黄光裕涉嫌内部交易，被警方带走。这是国美创立以来，影响最深远的危机事件。不仅造成内部人心浮动，而且导致供应链、银行对国美产生不信任情绪，合作出现裂痕，致使国美运转不畅。

陈晓就在这种情况下临危受命，也表现出了力挽狂澜的能力。危难之际，如果没有陈晓出面，国美是否还有今天，是要被打上一个大大的问号。

2009 年和 2010 年上半年，是陈晓处理黄光裕被抓事件对国美影响的关键时期。从深层次原因看来，2010 年陈晓发动的国美“去黄化”，也是将黄光裕被抓对国美造成的影响降至最低而不得不采取的重要举措——当然，这势必损害黄氏家族的利益。这也成为持续了 7 个月之久，轰动家电圈的“黄陈内战”的导火线。

作为大股东，如果能够“风物长宜放眼量”，那就不会出现内耗严重的“黄陈之争”了。“黄陈之争”是给了苏宁迎头赶上的第二个天赐良机。当时，国美举全企之力，都在参与“黄陈内战”，大家的工作重心自然没有放在企业经营管理上。

由此看来，国美被苏宁全面超越，陈晓是难辞其咎的。但是作为大股东的黄光裕，责任无疑更为重大。如果黄光裕能够守法经营，国美将处于一个良性运作之中，包括黄光裕被抓和“黄陈内战”等给国美造成极大损耗，给对手迎头赶上的事情，可能就不会出现了。

（2011 年 3 月 25 日）

由于董明珠的口不择言，格力正在从行业领袖演变成行业公敌。董明珠喜欢指点江山，炮轰竞争对手的强悍个性已成为造成格力网络声誉下降的重要推手

中国空调品牌网络口碑大比拼

互联网正在改变人们的生活和观念。网络意见逐渐对网民，特别是网民购买意愿起到支配作用。人们购买，特别是科技类产品，要么选择去网上直接购买，要么发生购买前到网上了解产品性能，比较价格，以及其他消费者对其评价，以确定购买哪个品牌。所以，网络意见正在左右人们的消费意识和行为。对品牌网络口碑的重视正在成为企业品牌建设的一个重要课题。在空调行业，电子商务正在成为一个重要的销售渠道，被各大品牌所重视。

活跃在中国市场上的各大空调品牌的网络口碑究竟如何？最近，法治周末与第三方舆情监测公司安吉阳光以格力、美的、海尔、志高、奥克斯、松下、海信科龙、长虹、TCL、格兰仕十大空调品牌为研究对象，对其2014年7月至2015年2月出现在传统媒体（以网络呈现为准），包括电视、纸媒、网络论坛以及新媒体微博、微信上的大数据进行挖掘和梳理，整理出《2014－2015年中国空调品牌网络口碑与影响力研究报告》，以供企业建设品牌和消费者发生购买行为时指认品牌作出参考。

通过研究，我们发现近年网络意见正在呈现一些新变化：一是网络口碑由以前以产品质量和服务为主战场，正在向企业战略、领导人形象、厂商关系、技术创新等全方位转变，呈现多点开花局面；二是微博、微信和网络评论正在成为发表网络意见的三大重要平台。所以，这些数据比较全面，客观地反应了各大空调品牌在研究期间的经营状况。网络意见值得我们引起足够重视。由于是第一次做这种研究尝试，存在疏漏之处在所难免。但我们会坚持这项工作，更希望抛砖引玉，让更多企业重视网络意见，珍重网络声誉，集中网民智慧，用好网络平台，帮助品牌更上一层楼，帮助经营再上一个新台阶。

根据监测结果，我们发现从信息绝对数量上看，格力和美的遥遥领先，与他们的行业地位匹配。在负面信息上，也是这两家品牌占据优势，产生较大影响的分别为41条和21条（以内容来定，相同内容不同媒体转载的，都视作一条，以下同）。按照负面多少进行排序，十大空调品牌分别为格力、美的、松下、长虹、格兰仕、奥克斯、TCL、海信科龙、海尔、志高。按照负面信息在相关品牌自身信息总量中进行排序，他们分别为长虹（3.26%）、松下（2.22%）、格力（1.99%）、海信科龙（1.98%）、格兰仕（1.48%）、海尔（1.45%）、TCL（1.15%）、奥克斯（1.11%）、美的（1.07%）、志高（0.43%）。按照负面信息量在十大品牌负面总信息量进行排序，他们分别是格力（41.41%）、美的（21.21%）、松下（8.07%）、长虹（7.08%）、海信科龙（7.07%）、格兰仕（6.08%）、TCL（6.06%）、奥克斯（6.04%）、海信科龙（4.04%）、海尔（3.03%）、志高（2.02%）。综合来看，在这个期间内，志高、海尔、海信、科龙的网络口碑较为干净，提升很快。巨头格力和美的，则是毁誉参半。

格力：从行业领袖到行业公敌

格力在网络上的正面信息量和负面信息量，都是绝对老大。这是格力行业地位以及销售体量巨大的结果。在行业里，格力是跺跺脚，行业都要抖一抖。格力负面信息在有关格力信息总量中，还算过得去，占比并非第一，而是在长虹和松下之后。从监测到的数据来看，造成这种局面出现的，更多与其领导人董明珠喜欢指点江山，炮轰竞争对手的强悍个性密不可分，格力产品的质量和服务倒不是最重要的因素。这是造成格力网络声誉下降的重要推手。

从监测信息来看，帮助格力形象提升的，一是格力科技创新，二是管理团队合作，三是思维积极向互联网转变，四是产品线不断丰富，都成为帮助格力提升品牌的重要力量。值得一提的是，在各大品牌纷纷向互联网思维靠拢的大背景下，格力终于有所触动，并于光棍节在天猫试水尝到了甜头，成为天猫光棍节期间空调类的销售冠军。晶弘冰箱以及其他小家电产品在格力专卖店出现，满足了消费者对格力品牌电器产品的多样化需求，提升了终端店的人气和销量，有利于进一步巩固其龙头地位。

但为完成 1400 亿元的销量目标，从 2014 年 9 月起格力以净化行业名义，发动长时间大规模的价格战，被网络意见认定为非理性手段，在保证实现任务的同时对格力品牌造成较大杀伤力。对于多年坚持不打价格战的格力，是开了一个不好的先河。让网民感到费解和惋惜。其他让格力网络口碑受损的有形象代言人的更换，董明珠打赌与频繁约架。甚至有网络意见指出，2014 年格力正在从行业领袖变成行业公敌。

美的：董明珠辣评挫伤声誉

在监测到的信息总量中，美的空调与格力仅有十位数之差，但负面信息的绝对数量却要减半。与格力相比，美的这种表现，得益于企业领导人的良好修养，没有企业领导人过多口水引发的人为因素。美的空调负面信息在美的空调品牌信息总量中占比为1.07%，状况较好，仅次于志高。在十大空调品牌总负面信息占比中，排名仅次于格力，但要下降一半。

美的网络口碑主要来自产品创新，融洽商的渠道关系，以及大规模精品战略的实施。在产品创新上，美的空调获得国家科技进步二等奖，使其增色不少。“一晚低至一度电”的诉求，在网民中引发较大共鸣。美的4000家精品店建设，逐步缩小与格力渠道差距，受到行业关注，也拉近与消费者距离。统一服务，力求让消费者全满意措施的推出，强化了网络舆论场好感。在应对互联网发展趋势上，美的要比格力意识领先，行动彻底，电商一直做得有声有色，与小米雷军联手打造智能家居产业链，引发网民联动效应，帮助了美的影响力拓展。

造成美的声誉损害的有三个因素，一个来自外部，两个来自内部。来自外部的，是被竞争对手骂，特别是董明珠在评价美的小米联手时称“两个骗子在一起，是小偷集团”，引发媒体持续讨论，给美的品牌造成较大困扰。内部因素一是在于美的产品的品质上，网民认为尚有较大提升空间，要坚持工业精神；二是在渠道下沉下面，与格力比，还需要进一步努力。格力专卖店触角已经伸至五级市场上，美的与格力比，尚有较大差距。

海尔：智能化领先一步

在中国消费者心目中，海尔是一个美誉度较高的品牌。在网络民意中，这种情况得到了很好的延续。海尔空调负面信息的绝对数量较少，仅次于志高。负面信息在其自身信息总量的占比中也是较低，仅为1.45%，在十大空调品牌负面信息总量占比中，也较低，为3.03%。网民除了爱戴海尔综合性的强大的民族品牌外，对海尔空调的服务，技术创新、细节处理能力、外观设计、网络上都充满溢美之词。

海尔是最早把互联网引入到对传统制造业改造的企业。相对于其他品牌，海尔空调的互联网化进行很彻底，智能化渗透到生产，经营，产品销售的各个环节。海尔新开专卖店4000多家，与零售商合作关系良好，实现了线上线下协同作战。在智能化方面，独步行业，与魅族合作，打造智能家居生态产业链，推动跨界合作，在网络上引发轰动。在郑州的智能化工厂，引进互联网4.0概念，可以实现自动化交付，客户订单到哪儿了，通过互联网即可以查询。海尔空调电商做得很是出色，销量维持在一至两名之间。

也是由于这种转型千头万绪，牵扯了海尔空调更多人力和时间，使得海尔在这种转型阶段导致市场反应灵敏度不足，有很多值得进一步细化的地方和提升的空间。

志高：成龙代言提升美誉度

在十大空调品牌中，志高的负面信息绝对数量最少，负面信息在其自身信息总量的占比最低，仅为0.43%；在十大空调品牌负面信息总量占比中，也是最低，为2.02%。这两项网络口碑指标表现，志高都是最好的。

这为志高在舆论场上的品牌美誉度首屈一指形成强有力支撑。

2014 年的上半场，志高相对沉寂。但到了下半场，志高换了一个人似的，开始让人眼前一亮。特别是成龙代言后，品牌向高端进发的战略，让志高网络口碑直线飙升。产品方面，业内第一个推出云空调，在 2014 年恰逢其时地凸显出其优势和差异化，成为高端空调产品阵营的一道亮丽风景。除霾空调的推出进一步强化了志高技术型企业形象。而其全民营销，变售为租、送等互联网营销理念的推出，让网民倍感新鲜和兴奋。终身免费维修的服务承诺进一步增强网民和消费者的信赖。电商迅速发展和产品的不断丰富，都让网民对志高充满遐想。

种种网络声音表明，现在志高与格力逻辑关系最密切。对打破空调行业多年涛声依旧的格局，令人期盼。志高是否是那个敢于把格力从皇帝宝座上拉下马来的年轻人，这些都让网民倍感兴奋。

奥克斯：质量和工艺困扰发展

作为二线品牌排头兵，奥克斯在 2014 年表现比较活跃。奥克斯负面信息的绝对数量不多，在其自身信息总量中占比较低，为 1.11%，表现较好；在十大空调品牌全部负面信息总量中占比为 6.04%。网络口碑算是不错的，观感比以前有明显进步。

给奥克斯品牌注入强劲动力的，是武打巨星李连杰的代言，以及奥克斯注重的事件营销，如变形金刚 4，赞助中国好声音第三季，都让奥克斯品牌关注度进一步凸显，让网民感到新鲜有趣，积极议论。在电商上的发力，也让奥克斯充满好感，线上线下配合作战的模式，对网络口碑提升作用较为明显。

让奥克斯品牌声誉受到较大困扰的是奥克斯的产品质量和工艺设计。

网民认为，这两个方面，与一线品牌相比，存在较大差距。泰安一水族店因为奥克斯空调电机引发的火灾事件，让网民对奥克斯产品质量的质疑再度成为议论热点。

长虹：正沦为区域市场

长虹空调在网络上负面信息的绝对数量较少，但由于其信息总量较少，负面新闻在长虹空调新闻总量占比中比例较高，达 3.26%，在十大空调品牌中位居第一。在十大空调品牌负面信息总量中占比亦是较高，为 7.08%，居于第 4 位。但在十大空调品牌总体负面中占比为 7.07%，居第 4 位。网络口碑观感不佳。

长虹空调品质和技术进步是支撑其网络口碑的两大基石：军工制作和质量，让网民对其充满信赖，被网民称为较有技术和文化底蕴的品牌，新品启客推出，被称作是对空调进行了重新定义。长虹空调网络口碑较受诟病的地方是意识领先，但进展缓慢，例如长虹空调是较早用互联网来进行改造的企业，但并没有实现领先，反被其他空调品牌超越。在渠道建设上，长虹空调虽然启动了 3331 工程，希望新增 3000 个渠道新客户，多布 3000 个新渠道网点，改善 3000 个渠道终端，新增 1000 个渠道体验中心。这对于提升长虹空调销售业绩和形象，作出了贡献。但网友觉得困惑的是，这些并没有帮助长虹空调拓展和布局好渠道。在空调旺销地区，长虹销量较少，制约其整体发展。有网友甚至认为长虹空调沦为了区域性市场。

松下：政策不稳造成动荡

在竞争激烈的中国空调市场，包括三星、LG 等外资品牌都已彻底沦陷，松下算是活得最好的。但是松下的网络口碑亦是不容乐观。松下空调负面信息的绝对数量仅次于格力和美的，居第三位。负面信息在其自身信息总量占比中高达2.22%，仅次于长虹；在十大空调品牌负面信息总量中占比高达8.07%，仅次于格力和美的，居第三位。由此可见，松下网络口碑在中国网民中形象堪虞。这或许与中国网民对日本品牌的整体印象较差，以及网民较为强烈的民族情感有较大关系。从这里，也可以看到外资空调品牌在中国市场上萎靡不振的真正原因。

综合网络意见，给松下空调网络口碑加分的，一是其高端形象；二是其掌握的核心技术，及拥有完整产业链；三是产品的功能性创新上，如在业界首推除霾空调，起到了应用创新的标杆作用；四是松下空调的渠道创新，如新增专卖店，与红星美凯龙，居然之家，以及装修公司联手，这些新的渠道拓展措施，让网民觉得耳目一新。

颇让网民诟病的，一是松下人员不稳定，变化快，从而导致政策不稳定，缺乏连续性，造成较大动荡，让产业链其他利益相关者意见较大；二是松下全国市场很不平衡，主要集中在华东、华南地区，而华北等其他地区渠道较为弱势。三是如何化解在中日关系紧张的背景下，不至于政府关系影响到自己业务发展，是摆在松下等日本企业面前的一个十分重要的课题。这些年，从消费电子到汽车行业，几乎所有日本品牌在中国受到的冲击都比较巨大。网络舆论场表现更为明显。

格兰仕：线上线下难两全

格兰仕的网络口碑表现不温不火，与其行业地位匹配。格兰仕空调负面信息绝对数量居中，负面信息在其自身信息总量中占比为1.48%，居第五位；在十大品牌负面总信息量占比为6.08%，居第七位。

给格兰仕空调网络口碑加分的，是其对互联网的重视和应用。格兰仕是空调品牌中较早地引入互联网概念，积极进行渠道革命的企业。其互联网化投入较大，亦获得较为理想的回报，电子商务在十大品牌中位居前茅。为吸引网民，格兰仕甚至推出了外观为土豪金的空调产品，更大胆推出了互联网专属品牌，成功地吸引了年轻网民的眼球，也让他们感到格兰仕对他们的尊重。

由于过分注重线上投入，使格兰仕出现厚此薄彼，顾此失彼的状况。相对线上的轰烈，格兰仕线下渠道受到较大伤害，增长较为缓慢。

TCL：与彩电协同发展脱节

在数据监测期间，TCL 空调的网络口碑有显明改善，其负面信息绝对数量较少，排名靠后，负面信息占其信息总量的 1.15%，排名第七，在十大空调品牌负面信息总量中 TCL 为 6.06%，位居第七位。网络整体口碑表现不错。

TCL 空调网络口碑，从监测结果来看，主要来自四个方面：一是 TCL 推出的拥抱互联网的战略，紧紧把握了行业发展脉搏；二是 TCL 空调电商渠道增长迅速；三是优势海外渠道，使得其海外订单增多，OEM 产能得到极大释放；四是 TCL 的工业设计独具一格，外观相比于同类产品，堪称漂亮，受到年轻网民热捧。

但相对于 TCL 电视的强势，网民认为，TCL 空调并没有实现与彩电协同发展，将其品牌号召力和优质资源为己所用，TCL 空调的国内市场缺乏深耕细作，进一步提升空间很大。

海信科龙：时尚元素改变形象

海信科龙网络口碑有了明显进步和改善，其负面信息绝对数量较少，排名居中，在其信息总量中占比为海信科龙 1.98%，在十大空调品牌负面信息总量中占比 7.07%，排名居中。

海信科龙是我国最早推出变频空调的品牌。让网民感到兴奋的是其在 2014 年给产品注入年轻、时尚元素，产品的品质有明显上升，售后服务水平有一定改善，并且主动承诺三年包退换货，能够预订安装等服务承诺，帮助海信科龙重新赢得网民信心和好感。

从网络监测结果可以看出，网民喜欢把海信科龙与龙头企业进行对比，觉得其弱势在营销上，无论是对一二级经销商，还是在三四级市场上，都表现较为薄弱。而海信科龙拥有全家电品类，品牌影响力较大，特别是电视表现强悍，但海信科龙空调并没有与强势产品进行有机融合，没有发挥应有的协同效应。

（2015 年 3 月 11 日）

2014 年电信日前后，三大运营商都推出了颇具诱惑力的 4G 资费。五花八门的促销措施一方面让消费者切实感受到 4G 近在眼前，从 3G 升级到 4G 是一种必然选择，否则就 OUT 了；另一方面在眼花缭乱的多样选择面前，消费者如何拨开云雾，选择适合自己的 4G 终端、网络和资费标准呢？

4G“三国杀”谁主沉浮？

相对 3G 的万紫千红，虽然 4G 是“小荷才露尖尖角”，但在产业链全力推动下，4G 已经“乱花渐欲迷人眼”。为什么 3G 峥嵘气象才现，运营商就在热火朝天地推广 4G 了呢？这得由消费者说了算。简单地说，4G 技术可把上网速度提高到 3G 技术的 50 倍以上，其信息传输级数高一个等级，并可实现三维图像高质量传输。可以说，4G 在通话质量、上网速度、安全性能等诸多体验方面远远优于 3G。这正是 4G 的青春活力和魅力所在。

电信日前后，三大运营商都推出了颇具诱惑力的 4G 资费。五花八门的促销措施一方面让消费者切实感受到 4G 近在眼前，从 3G 升级到 4G 是一种必然选择，否则就 OUT 了；另一方面在眼花缭乱的多样选择面前，消费者如何拨开云雾，选择适合自己的 4G 终端、网络和资费标准呢？

笔者根据 4G 发展的几个关键因素，为大家做出综合分析比较，以帮助消费者做出理性选择。

网络信号覆盖比较

网络信号是决定性因素，类似于高速公路。如果高速公路没有修好，再好的跑车都是徒劳。网络信号覆盖是最关键的因素。网络建设也考验运营商推动4G发展的决心和意志。

2013年底，工信部就向三大运营商发放了TD－LTE 4G商用牌照。但对于发展4G的准备，三大运营商是有先有后。中国移动部署时间最早，投入最大，在4G网络覆盖上目前相对优势十分明显，4G覆盖城市目前已经超过300个，预计到8月覆盖城市数将超过332个。基本上覆盖国内县级以上市场，出差、旅游、探亲，基本上不用担心4G网络信号由于到了一个陌生地方突然出现“罢工”现象。到年底，中国移动更将部署超过50万个4G基站，建成全球最大的4G网络。

中国电信发展4G循循善诱，步步为营。据有关数据，中国电信2013年已建成4G基站6万个，2014年计划建设8万个，目标4G基站年内总规模达14万个。约为中国移动的1/4。在城市覆盖方面，中国电信目前4G网络约覆盖了近60个城市，目标年内达300个。在部署4G的城市数量上，中国电信或许与中国移动相差不大。但从基站建设的数字差距上，我们不难看出，中国电信的网络信号覆盖率相比中国移动还是要差上较大一截。

或许由于3G制式上中国联通拥有最好的WCDMA牌照，在发展4G上显得相对迟缓保守。到目前为止，中国联通已开放了北京、上海、广州、深圳、哈尔滨等25个4G网络友好体验城市。计划2014年底建成4G基站5万个，但城市覆盖目标同样要达到300个。这个数字一看，显然有些牵强，是不甘人后的一种表现，具体信号覆盖恐怕要大打折扣。

数据是最有说服力的。通过以上数据，我们不难看出，中国联通4G

基站是中国移动的1/10，中国电信约为中国移动的1/4，中国联通约为中国电信的1/3。这不仅凸显了三大运营商发展4G的决心和意思，也是目前网络信号覆盖的真实反映。从目前来看，只有中国移动4G网络具备了商用条件，在一线与二线城市已完成全面覆盖。以北京为例，除了五环内全面覆盖外，通州、门头沟、昌平等五环外地区覆盖也基本完成，室外信号较为流畅。而中国电信在一线城市4G网络建设和覆盖也相对较好，不过受限于FDD正式商用牌照还未发放，目前只能提供数据卡业务。

谁的“跑车”最好?

在高速公路上末路狂奔，谁能最终胜出，还取决于跑车的质量性能。

在3G时代，中国移动在终端上，或许没有明显优势。但4G时代，中国移动在终端上，目前却是处于全面领跑的大好局面。国产的中华酷联，外资的苹果、三星、索尼，都推出了支持中国移动TD-LTE 4G网络的手机，目前在售4G终端多达50款，涵盖高中低档，能满足各个层级消费能力的消费者的多样化需求。对于推广4G终端，中国移动雄心勃勃，计划年内约推出200款4G手机新品，其中4G千元机今年第一季度已实现上市销售。预计年内4G手机销量将超过1亿部，计划发展4G用户5000万。截止目前，中国移动在网4G终端已超过1400万台，4G用户超过400万户。另一方面，中国移动为实现4G全球漫游，真正做到“一机在手、走遍全球”，还正在大力推动多模多频段终端的发展，特别将在年内推出100美元至150美元的五模十频4G手机，也成为业内外及广大消费者关注的重点。如果中国移动发展4G梦想成真，那么无疑将占据十分明显的有利局面。

中国联通至今仍然把更多精力放在发展3G上，我们看到，至少在今年上半年，中国联通仍然主要业精力放在推动 HSPA +42M 3G 手机的入网和销售上，目前并没有支持 TDD/FDD/WCDMA/GSM 的商用 4G 手机发布，这让中国联通目前推出的 4G 套餐处于无米下锅的尴尬境地。预计中国联通在 20 个城市拿到试商用牌照后，会逐步推出支持 TDD/FDD 的双 4G 模式手机。中国联通至今并没有公布 4G 手机 2014 年的销售数量。这说明中国联通在发展 4G 上仍然是雷声大雨点小，是一个名副其实的“迟来大师”。

比起中国联通在终端上的尴尬状况，中国电信是有过之无不及的。可以说，中国电信在 4G 终端上是最尴尬的运营商。由于 CDMA 网络并不能实现向 TD - LTE 的平滑升级，在 4G 终端方面又必须推行 TDD/FDD/CDMA/GSM 四模以上的标准，这让国内的手机厂商不约而同地处于观望状态，这也是中国电信目前在 4G 网络上只推出上网卡，而不销售 4G 智能手机的根本原因。按照中国电信之前的规划，2014 年要实现终端销售 1 亿部，其中 4G 终端仅为 3600 万部，约为中国移动的 1/3。业内人士普遍认为，2014 年已经过去一半，中国电信要在下半年实现这个销售目标，难度是相当巨大的。

从终端角度整体来看，由于 FDD 商用牌照发放时间点仍然不是很明朗，目前市场上公开销售和批量上市的 4G 手机，就只有中国移动在欢快独舞。

资费与套餐

资费事关消费者“钱袋子”。是消费者选择哪个运营商的另一个重要因素。但从目前来看，在资费与流量关系上，三大运营商最容易实现统一，即倾向同质化，差异不是十分明显，但用心比较，还是能够找到些许区别。

最近，中国移动推出了包含语音与流量的新4G飞享套餐，最低档从88元下调至58元，共分为9档，其中百元以内有58元和88元两档；

而中国联通同类型3G/4G统一套餐最低档为76元，共分为8档，不过百元以内只有76元一档可供用户选择。

中国电信的4G套餐目前只支持数据卡，月套餐最低70元。中国电信套餐分为70元、100元、130元、200元以及280元共5档。

组合套餐方面，中国移动新4G套餐推出了自选套餐，自选流量从500M/30元到11G/238元总计8档，自选语音从200分钟/48元到4000分钟/408元总计7档，短彩信从200条/10元到600条/30元总计3档，这三种业务包总计18档，又可以根据用户需要灵活组合出更多选择。中国联通也推出了与中国移动类似的自选套餐，但在流量、语音、数据三种自选类型基础上还有增值业务的自选内容。但要补充的是，中国联通此次新推的自选套餐，暂不支持老用户升级，这一点略有遗憾。中国电信目前还没有推出组合套餐。

资费升级方面，中国移动原有全球通上网套餐、商旅套餐客户可以直接享受“4G升舱计划”，套餐月费不变、语音量不变，但流量直接增加2倍以上。中国联通目前关闭了之前网上营业厅与客户端的自助办理，用户只能到营业厅柜台办理，效率较低。中国电信目前4G套餐暂时不支持老用户升级。

比较后，我们不难发现，资费最低和最高的都在中国移动，选择性也更为多样。这也凸显中国移动发展4G准备上下通吃的决心和意志。或许3G发展，中国移动加速度有点吃亏，但在4G发展上，中国移动是准备把失去的优势夺回来。

流量为王

或许3G时代，语音和流量并存；但4G时代将迎来运营商从语音到流量过度的质变。笔者通过营业厅现场采访观察得知，大多数消费者在选择4G时，最关心的是流量。既然4G时代，流量为王，那么我们就来看看三大运营商套餐在流量方面的匹配情况：

中国移动的新4G套餐支持与4个亲友分享流量，每人每月收取10元功能费；并推出了流量“季包”和“半年包”，套餐余额清零周期从一个月延期到一季度甚至半年；新4G套餐实现了套餐外流量500元或者15GB双封顶。

中国联通不支持流量分享；还未推出流量清零或者延期政策；套餐外流量600元，国内流量不再计费，直至15GB后系统关闭本月数据网络。

中国电信不支持流量分享；还未推出流量清零或者延期政策；采取了流量1000元或者20GB双封顶措施。

从整体来看，中国移动与中国联通4G套餐从资费水平来看各有优劣，基本上旗鼓相当。但中国移动在流量清零、流量分享、升级便捷性等服务举措上领先一步。而中国电信由于目前只有4G上网卡套餐，不含语音，只能满足一部分数据用户需求。

通过以上分析可以看出，在这场4G争夺战中，中国移动凭借其在TD－LTE上的提早布局和各方的大力推动，其4G发展跑在了前面。

当然，面对未来4G的巨大市场，中国联通和中国电信绝不会自甘落后，势必会奋起直追。一场关于4G的争夺战或许正拉开帷幕。对于这种战争，市场持热烈欢迎的态度，因为这可以让消费者获得更多实惠。

（2014年6月6日）

2015年2月27日，中国电信和中国联通终于如愿以偿地拿到了工信部颁发的FDD－LTE牌照，中国移动却没有拿到FDD－LTE牌照。这种布局用意十分明显，那就是工信部希望中国移动集中力量，专心专意发展TD－LTE。FDD－LTE牌照发放能否帮助中国电信和中国联通迎头赶上，改变4G发展上中国移动一枝独秀局面呢？

FDD牌照难改电信联通弱势局面

千呼万唤始出来。2015年2月27日，中国电信和中国联通终于如愿以偿地拿到了工业和信息化部（以下简称工信部）颁发的FDD－LTE牌照，中国移动却没有拿到FDD－LTE牌照。

这种布局用意十分明显，那就是工信部希望中国移动集中力量，专心专意发展TD－LTE。其实，在TD－LTE牌照发放上，工信部并没厚此薄彼，于2013年12月4日同时给三大运营商颁发了该牌照。也就是说，中国移动只能经营TD－LTE制式，而中国电信和中国联通是两种4G制式都可以涉足。

事实上，中国电信和中国联通虽然与中国移动同时拥有TD－LTE牌照，却是形同虚设，白白错失了TD－LTE发展的大好时机，而是把发展4G希望寄托在FDD－LTE上。所以，发展TD－LTE就成了中国移动的独角戏。中国移动抓住时机，埋头苦干，只用14个月就把4G用户发展到破亿。从公开数据上无法查到中国电信和中国联通4G用户发展情况，但2015年1月相关数据折射出两家运营商在FDD－LTE牌照发放前，4G用户发展几乎处于停滞状态。1月中国移动4G用户新增1673.3万户，总数达1.06797亿户。中国电信新增移动用户数为105万户，3G用户净增212万户，未提及4G用户。中国联通新增移动用户数仅为8.3万户，创下历史新低。从这些数据可以看出，4G发展上中国移动一家独大局面已经形成。

FDD－LTE牌照发放能否帮助中国电信和中国联通迎头赶上，改变4G发展上中国移动一枝独秀局面呢？

两种制式比较

FDD全称Frequency Division Duplexing，中文翻译频分双工，是目前全球最主流最成熟的4G LTE通信标准。根据目前FDD－LTE商用网络情况，联通和电信的FDD 4G峰值网速为150Mbps。

TD－LTE，全称Time Division Duplexing，即时分双工，模式上与FDD相似度达90%，4G峰值网速则为100Mbps，中国拥有相当自主知识产权比例。

从理论值来看，FDD－LTE网速超过TD－LTE网速。但这不是决定性因素。在现实环境中要受到基站、信号、时间、负载等多种因素影响，用户体验很难根据这些理论数据做出孰优孰劣的判断。因为还要受制于产业链成熟情况和具体国家产业和市场情况。

目前在中国，由于中国移动的努力，TD－LTE相比于FDD＝LTE具有明显优势，这种优势局面在相当长一段时间内恐怕难以改变。中国电信和中国联通要迎头赶上，或许并没有那么容易。从三大运营商关于4G基站建设情况和2015年发展4G用户的计划中就可以窥见一斑。截至2014年底，中国移动已经建成75.8万个基站，远超中国电信和中国联通之和，网络信号实现了全国绝大部分城市、县城的连续覆盖和发达乡镇热点覆盖，覆盖人口超过10亿，并与全球71个国家和地区实现了漫游。从2015年计是来看，中国电信和中国联通共建设FDD－LTE基站数约30多万个，信号覆盖没法与中国移动相提并论。这是制约中国电信和中国联通发展4G用户的基础和根本。在2015年，中国移动计划发展2亿4G用户，中国电信则是1亿，中国联通则是保持一贯的基调，在发展4G上还没有公布计划。

态度决定一切

中国电信和中国联通拥有两种制式4G牌照，能够满足用户多样化需求，而中国移动只拥有TD－LTE一种制式。表面看起来，中国移动似乎有些吃亏，中国电信和中国联通好像立马就可以实现赶超，事实上并非如此，这要取决于是谁在做。

就拿TD－LTE牌照来说，三家运营商同时拥有了，中国移动用一年多时间就发展到了一个多亿用户，占据4G用户份90%以上，中国电信和中国联通却是无所作为，在两家运营财报中，由于业绩过于乏善可陈，对于发展4G用户的数字是羞于提及的，在中国移动炫耀4G发展辉煌业绩的时候，中国电信和中国联通却躲躲闪闪，对4G用户数只字不提。

到FDD－LTE牌照发放前，中国电信和中国联通虽然拥有了TD－LTE牌照，却仍然把重心放在3G发展上。当然，由于牌照制约，3G成为中国移动的一个软肋。但事实情况是，中国电信和中国联通并没有通过3G实现弯道超车，特别是中国联通由于拥有全球产业最成熟的3G制式WCD-

MA，却并没有抓住机会，借此缩短与中国移动的差距，更甭说赶上和超越了。

所以，决定4G用户发展数量的，倒不是拥有了哪种牌照，而是由多种综合因素决定，其中态度至关重要。

除了基站建设，在4G终端上，中国移动优势更加凸显，目前已有一千多种4G终端面市，覆盖高中低端档次，其中普及型终端价格已经在400元以下。由于量大，产业链上下积极发展TD－LTE的意志高度统一，也最成熟。中国电信天翼4G终端仅为中国移动的1/10，约为100种。而中国联通在2014年还是致力于发展3G，在4G上基本无所作为。所以，4G终端更是凤毛麟角，少得可怜，将来估计也较难动员很多终端企业全力加盟到研发制造行列。

现在全国人民都有手机，要升级到4G，在3G时代，中国移动用户或许有向中国电信和中国联通发生转移的情况出现，因为中国移动当年TD制式产生的用户体验确实与中国联通WCDMA和中国电信CDMA2000相去甚远，可以说3G是中国电信和中国联通唯一有可能赶超中国移动，改变行业格局的，但这种改变并没有出现。在4G时代，由于FDD－LTE制式和TD－LTE制式的用户体验差别并不明显，由于中国移动在网络，服务和市场反应上要灵活，用户忠诚度高，所以中国移动用户转移到FDD—LTE上的可能性并不大，中国电信和中国联通迎头赶上的可能性更低了。

尽管如此，FDD－LTE牌照的取得着实让中国电信和中国联通兴高采烈，都在厉兵秣马，准备在4G上大干一场。三大运营商2015年的重点将放在发展4G用户上，围绕发展4G用户的各种形式的终端战、价格战、资费战将层出不穷。中国电信和中国联通将在4G发展上迎来一个新时期。中国电信和中国联通的发力，势将对中国移动发展4G造成较大冲击，从而延缓中国移动在4G发展上高歌猛进的势头。但无论是中国电信，还是中国联通，都无法从根本上改变中国移动在4G发展上一家独大的局面。换句话来说，FDD-LTE牌照发放无法从根本上改变中国电信和中国联通在4G发展上的积弱局面。

（2015年3月16日）

苹果被多国禁用，三星指纹感应器成摆设。在经过多年对峙和摸索，国产手机从信息安全入手，找到了劈开笼罩在自己头上的外资阴霾，实现突围，改变由苹果三星等洋品牌常年把持的高端市场格局

亮剑信息安全　“酷中华”智斗苹果三星

互联网是微软天下，移动互联网是苹果天下。表面看起来，与中国没有多大关系，实际上，信息安全是互联网的核心问题，不仅与“匹夫”息息相关，而且事关国家的前途命运，是国家利益和实力的较量。所以，习近平总书记特别强调网络安全问题必须提到互联网的议事日程上来。

据2015年上半年数据，以智能手机和平板电脑为终端，直接进入移动互联网世界的中国公民目前已经超过八亿。他们利用互联网来处理从生活到工作，从商务到娱乐的各种大事小事，如接发邮件，洽谈商务，购买支付，拍照社交，一些年轻人甚至机不离手，机不断网，一天24小时都生活在网络空间。

但这些网络臣民所持终端，国产品牌并没有明显优势。从出货量来看，虽然中华酷联米已经跻身全球十强，但在中国这片土地上，来自韩国的电子巨头三星以20%的份额高居榜首。而美国苹果则掠夺了超过一半的行业利润。最近iphone 6闪亮登场热销，更强化了这种优势——苹果在中国受欢迎程度远超想象，现在苹果在全球新增用户有一半来自中国。

但这种状况正在悄然发生改变，三星盛极而衰已是不争事实。苹果iphone 6也是备受用户质疑和诟病。导致这种状况出现的，很大一部分源自手机信息安全——信息安全正在成为国产品牌向高端转型，阻止苹果、三星继续高歌猛进的利器。

在此之前，只有智能手机专业户的酷派勉强在高端手机市场拥有一席之地，其他则被苹果、三星等洋品牌牢牢把持。其他国产品牌的价格红线是2000元。超过这个警戒线，就只能叫好不叫座。但今年以来，这种状况已经发生了根本性改变，特别是酷派、中兴、华为主打信息安全，击中洋品牌软肋，不断蚕食高端手机市场，其中酷派与中国电信联手推出的铂顿官方售价高达4680元，华为Mate 7官方售价3699元，OPPO N3售价3498元。与往年高端国产手机无人问津相比，这些高端国产手机叫好又叫座，甚至供不应求，让苹果和三星感到压力山大。

从苹果iphone问世开始，消费者对手机好坏的评价，转移到用户体验上来。作为网民畅游网络世界的工具，信息安全是最好的用户体验。相比传统互联网时代，移动互联网用户更多、应用更广、用时更久，以至于防范心理松懈，技术更不专业。用户都真心希望厂商家为其解决一切后顾之忧。由于苹果和三星产品的漏洞层出不穷，导致用户信息泄露，甚至上当受骗事件时有发生，所以，以信息安全概念深得人心，正在成为国产品牌撬动市场的杠杆，向高端转型的强大推手。

苹果被多国禁用

新年钟声响过后，各家或兴奋盘点，或规划今年，一派乐观新气象。但苹果全球CEO库克脸上却看不到喜悦，他的内心陷入焦灼的煎熬之中，因为随着新年钟声敲响，全球智能手机五大市场之一的俄罗斯禁止使用苹果产品的法律将正式生效。

这是苹果公司的不能承受之重，如果只是俄罗斯市场如此，对苹果在全球影响或许不大，怕就怕引发多米诺骨牌效应，毕竟俄罗斯这一作为，在全球科范围都是重磅新闻，为其他国家以信息安全为由拒绝使用苹果产品提供了示范，从而被争相效仿——中国虽然没有俄罗斯那么激进，但网络上网民在群情激愤地建议全国公职人员一律禁用苹果产品，改用国产品牌，中国政府也在明确行动，把苹果产品从政府采购中排挤了出去。如果中国政府真的推行公职人员禁用苹果产品，那么苹果在中国遭受的市场损失并不比俄罗斯立法禁用苹果产品造成的损失小，因为在中国公职人员是苹果产品最大的消费群体之一。

由于安全性能问题，甚至一直都是美国传统盟友的英国，都在发布命令，禁止使用苹果相关产品。2013 年 11 月，英国政府下达禁令，要求内阁成员和其他敏感部门禁用 ipad；政府部长在机密会议前必须将手机等移动设备装入特制的隔音装置。更有意思的是，就连美国总统奥巴马都声称由于安全原因不用苹果 iphone。

苹果产品无论是硬件，还是应用，确有过人之处。苹果应用体验好，得益于苹果 IOS 操作系统。但 IOS 也是一把双刃剑，其漏洞百出，是造成这种尴尬局面的始作俑者。美国 IOS 取证科学家，安全研究员乔纳森·扎德尔斯基（Jonathan Zdziarski）撰文称苹果手机操作系统存在“安全后门”，他人可以直接提取用户私人数据，他甚至展示了如何利用后门收集用户信息，即使用户关闭手机后，都无法躲避监控追踪，苹果还能通过话筒进行监听。

苹果在 2011 年 10 月推出存储 icloud 被视为是黑客施展拳脚的用武之地，有“间谍程序”之称。苹果在所有出售的终端设备中都装有 icloud，该程序甚至成为美国情报部门的便利工具，所有用户信息通过该程序都会进入美国情报系统的掌控。这也是让俄罗斯、中国、英国政府深感不安的地方。由于苹果在这些国家没有服务器，所有用户信息全被保存在美国加利福尼亚州，成为美国情报机构信手拈来的囊中之物。2013 年，前美国特工斯诺登揭发美国苹果信息被美国情报机构所用，让全球苹果用户都如坐针毡。iphone 允许手机追踪记录用户位置，由于使用者多为社会精英人士，掌握有价值信息，所以，有关数据足以透露整个国家的经济状况，甚至国家机密，而美国国家安全局可以直接登录苹果含有用户数据的服务器。

Iphone 的其他漏洞亦是层出不穷。2014 年 7 月，苹果承认可以通过一项未公开的技术获取 iphone 用户短信、通讯录和照片等数据。2014 年 9 月苹果云服务存在安全漏洞，导致多位好莱坞明星 icloud 帐号被黑客攻破，私照外流，成为轰动全球的“艳照门”，让苹果用户信息安全问题成为全球舆论焦点。2014 年 9 月德国柏林的安全研究实验室（Security Research Labs）在 Youtube 发布实测视频，指出苹果两款新机 iphone 6/6 plus 的指纹识别功能并没有升级，可以用指纹膜骗过，存在严重安全风险。而苹果在两款 iphone 6 中增加了 Apple Pay 移动支付功能，如果将来苹果向第三方开放端口，一些第三方 IOS 应用也将通过它打开，这个漏洞的危害性或许比之前更为严重，只要用户将重要文件，照片等存储在网络，就有被窃取的可能，只要在苹果手机上使用软件，用户操作的时间地点都会被记录下来，用来追踪用户的日常行为。2014 年 11 月，据路透社报道，美国政府发出警告，由于苹果 IOS 操作系统存在安全漏洞，iphone 和 ipad 用户要提高警惕，防止黑客利用这一漏洞发动“假面攻击”，登录存储在 IOS 设备上的敏感数据，从而远程监视这些设备。最近丹麦无线流媒体公司 Airtame 开发者安德烈·尼库拉辛（Andrei Nevulaesei）称发现了 iphone 一个新漏洞，可在用户查看恶意信息时自动拨打电话而不被发现，不法分子可以借此诱惑用户拨打昂贵收费电话，从中牟取暴利。而另一安全研究员安德里斯·科尔茨（Andreas Kurtz）在博客发表文章称，IOS 7 系统中的邮件应用 Mail 并未像苹果支持页面上所写的那样对电子邮件附件加密，他将一部 iphone 4 的系统恢复到最新版本即 IOS 7 1. 1 后发现所有邮件附件都能直接被读取，根本不用密钥解密。

作为全球技术领先的科技公司，苹果产品的质量和性能无疑是卓越的，给全球用户带来了与众不同的体验。但苹果信息安全问题触目惊心，让人对苹果产品爱恨交加。中国的北京、上海、成都是美国重点监听名单，而这些城市也是苹果产品在中国的主要市场。

这种信息安全部问题也引起了国家相关部门领导的密切关注。2014 年 12 月 6 日，国家互联网信息办公室负责人在苹果考察时明确要求苹果保证中国消费者的信息安全和隐私，被高级政府官员如此重视，足见这个问题的严重性和迫切性。

三星指纹感应器成摆设

三星曾经梦想在操作系统上独立门户，一度推出了自己的智能手机操作系统 BADA。如果用自己的操作系统，其信息安全肯定有独到之处。但很遗憾，三星的智能手机操作系统最后以失败告终。后来三星不得不随大流，采用同质化比较严重的 android 操作系统。Android 是免费开源的，也就是说 android 对三星是开放的，同时对黑客也是开放的，容易被攻击。

在保护用户利益上，三星口碑一般，甚至为了利益，三星自导自演，在手机上预装软件，偷跑用户流量，然后与利益链一起分成。2014 年央视 315 晚会就曝光了三星 NOTE 3 手机用户李女士发现手机里有 8 款在后台偷偷运行的应用软件，占用流量。三星客服告诉她，这些软件是手机自身所带，通过ROOT权限就可以卸载，但卸载后手机不能再保修。而这种勾当，一般是“山寨机”的拿手绝活，没想到被国际大企业三星借用，不得不让人感慨万千。

据美国国土安全部所属的国家网络信息安全单位揭露，三星智能手机中的“寻回功能”（Find my mobile）隐含漏洞，黑客有机会通过这个功能进行远端入侵，除了可以找出手机定位的坐标外，还可以远端取得帐号密码，改写手机内容，甚至把手机上锁。这个安全漏洞可以使黑客在手机屏幕上显示一条定制化信息，或者找到手机在地图上的最新位置。通过该服务攻击用户的黑客也可以迫使手机在最大音量上响一分钟，甚至还能清除手机上所有数据。

据国外媒体报道，最近以色列内盖夫本·古里安大学研究员指出，三星Galaxy S4手机的安全平台出现了一个安全漏洞，恶意软件可以通过该漏洞跟踪用户的电子邮件并记录通信数据。只要Galaxy手机启用Knox，黑客就可以通过这一漏洞轻松地破解用户加密数据，在最严重的情况下，黑客可以修改数据，甚至植入在该加密网络中的恶意代码。虽然三星对此漏洞轻描淡写地加以回应和掩饰，但该漏洞却被以色列大学定义为“一级漏洞”。

Galaxy S5是2015年三星重磅推出的旗舰智能手机，被寄予厚望。但让三星尴尬的是，这款旗舰机在上市后不久，其主要压轴卖点的指纹传感器就被爆存在安全漏洞。这就三星原先宣称的安全功能不攻自破，被用户戏称为其指纹传感器是出于使用便捷考虑，而非安全性能。一个欧洲组织找到了破解苹果指纹扫描仪的方法。对三星而言，破解其指纹感兴器技术更容易，主要难点在于获取用户指纹。黑客只需知道用户使用哪个手指的指纹，然后获取指纹，并且仿制指纹。安全研究所 Security Research Labs 演示了这种获取指纹的途径：首先对人们留在手机上的指纹进行拍照，然后通过木胶制作出假指纹。有了指纹，一切就迎刃而解，可以长驱直入了。因为目前三星智能手机软件允许在无须输入密码的情况下进入终端设备，即使在用户使用 PayPal 的新应用时，三星也不会要求输入密码。这样就会导致 PayPal 可能被盗。比较而言，苹果设备重启时需要输入密码，所以三星手机安全系数要比苹果手机还要低一个档次。

信息安全给国产品牌机会

电子商务的蓬勃发展，推动用户信息安全意识水涨船高。聪明的国产品牌在信息安全上大做文章，推动自己的产品向高端转型，发起了围剿苹果、三星的全面战争。

在中国市场上，信息安全确实是苹果和三星手机的死穴。互联网给人们生活带来了便利和乐趣，但由于漏洞存在，互联网也容易成为潘多拉的盒子，给人们物质、情感、身心造成损害。所以，对网民来说，信息安全才是最好的用户体验。而苹果、三星消费者相对高端，比起一般中低端消费者，一旦信息泄露，给他们经济造成的损失更大，情感带来的伤害更深，所以，中高端消费者更加在意手机的安全性能。与苹果、三星比，国产品牌在手机安全上有着得天独厚的优势。

虽然起步较晚，但国产手机很早就注意保护用户隐私。作为国产品牌和第三方服务商提供私密，防盗功能的开创者，我国传统智能手机品牌的酷派早就捷足先登了。2005 年酷派推出在手机终端上推出私密和防盗功能，2009 年酷派开始做“保密”，十年积累，让酷派在信息安全技术研发上硕果累累，取得先机，拥有 500 多项安全专利，并通过了国内最严格的国家密码管理局的安全认证，是目前唯一获得该项认证的手机企业。迄今酷派向市场推出了15款安全终端，其中酷派S6成为国内首款4G手机号段通过加密认证的安全手机。最近酷派与中国电信联手打造的新款旗舰机型“铂顿”，更是把信息安全推向一个“新里程”。铂顿是针对商务人士打造，主攻安全领域，从双系统操作、硬件加密、网络安全、应用安全四个方面重新定义手机安全，填补了国内市场空白。

所谓双系统，是一种新的信息安全解决方案。手机上除搭载安卓智能手机操作系统外，还配备一套自有的安全系统，双系统之间属于物理硬隔离，即同时使用一套CPU和RAM，但又互相独立，互不干扰，数据不会交叉使用，以保证存储安全。这种双系统安全方案很独特，从根本上区别于苹果，三星的软件加密技术，可以实现真正的信息安全。除此之外，铂顿还使用银行金融级安全水平的硬件加密芯片，给用户信息安全打造出一道牢不可破的“铜墙铁壁”。

智能手机信息安全，一是语音，一是数据。十年苦练内功，酷派建立了一整套从云到端的信息安全一体化解决方案，体系非常健全，保证用户智能手机不怕丢，不怕被监听，不怕被网络访问。

为什么酷派称其保密语音无法被破解？普通手机，传递的是明文，是PCM数据，经过标准压缩编码进行网络和手机终端传输，是标准的语音压缩算法，被监听时语音原汁原味，一听即懂。但酷派对压缩数据进行加密，使之成为伪白噪音。这样一来，即使被监听，听到的只是噪音，根本不可以识别。

至于数据传输，酷派智能手机设置了多道关卡，进行严防死守，让黑客无机可乘。一是操作系统深层防护。为应对android安全缺陷，酷派删除了android后门程序，植入酷派底层安全架构（该技术获中国信息安全认证中心认证的)。市面上360卫士、QQ安全管家属于第三方软件，无法取得用户手机软件驱动层的管理权限，不能完全杜绝某些软件通过非法途径入侵到软件底层达成非法目的，无法做到真正防跟踪，开机密码保护，防窃听。二是云安全+加密通信手机认证。从终端到网络再到终端，酷派对数据传输的每个环节都严格加密，不仅对第三方软件设置访问权限，而且将普通数据与加密数据分开存储，私密照片、视频、录音，全方位保护加密，通讯录、短彩信、通话记录、社交软件，旁人无法进入。三是防个人位置被跟踪，防微信短信等个人信息被窃取，防个人电话被监听。四是酷派在安全+加密技术上的投入和积累。通俗地说，通过如此种种安全措施，即使非法者能够截获数据，但得到的都是无法破译的乱码。

目前市场上华为 Mate 7 十分畅销，朋友曾托笔者抢购了 4 个用于送人。都是在华为市价基础上加了几百块钱才弄到手。华为朋友告诉笔者，这不是什么饥饿营销，而是由于安全性能好，确实供不应求，没想到上市后销售如此火爆，远远超出他们生产计划前的预料。所以，出现了加价购买的情况。华为 Mate 7 采用按压指纹识别技术，解锁速度低于 1 秒，其算法为华为专利技术的指纹识别算法，使得 Mate 7 拥有最稳定的指纹识别度。在移动支付安全方面提供芯片级的安全解决方案：指纹传感器接口和驱动程度被封装在 Secure OS 中，任何第三方应用都无法访问指纹传感器，无须担心指纹信息泄露；所有指纹信息都通过多道加密保存在芯片的 Trust Zone 区域，指纹校验程序在 rust Zone 内通过独立的 Secure OS 运行，只对外提供经过签名的验证结果，任何第三方应用无法仿冒指纹验证结果，同时手机仅保存指纹提取信息，无法根据这些信息还原指纹图案。虽然三星也是集成到 rust Zone，但三星对外提供指纹接口（不签名），安全级别较低。另一国产巨头中兴则推出了“十防概念”手机，即防窃听、防泄密、防跟踪、防盗失、防吸费、防诈骗、防病毒、防骚扰、防流氓、防卡慢等，可以有效保护用户隐私、维护用户权益。

据中国密码局官方网站数据，目前通过密码检测的中国电信加密手机系统语音加密终端共有22款，其中酷派17款，华为1款，海信3款，上海优快1款，酷派以77%的份额占据第一。国产品牌在信息安全上所做的努力逐渐被官方和市场认可。从2013年酷派大观4为上海市政府加密通信业务配备使用，到2014年酷派S6在上海各区机关配备，国产手机开始被规模应用到对信息安全要求较高的行业，仅在上海地区，酷派安全手机用户已经突破了10万。在其他地方，包括河北省安全厅，西藏自治区政府机关，湖南省委机要局，河南平顶山保密局都在集体使用酷派安全手机，一些对安全要求甚高的行业，如武警、工商、海军等都集体采购酷派安全手机，据有关资料显示，目前酷派手机行业用户累计超过了200万。

在经过多年对峙和摸索，国产手机终于从信息安全入手，找到了劈开笼罩在自己头上的外资阴霾。对于国产品牌在信息安全手机上的积极作为，目前苹果、三星保持沉默。或许特殊国情让他们“哑巴吃黄莲——有苦难言”。但国产品牌借助信息安全成功实现向高端品牌转型，实现突围，改变由苹果、三星等洋品牌常年把持的高端市场格局却是事实。或许信息安全正在成为大西洋彼岸那只掀起飓风的蝴蝶的翅膀，将来有望彻底改变中国智能手机高端市场格局。

（2015年1月18日）

以“中华酷联小”为代表的中国手机品牌，在国内完成对外资品牌的逆势之后，开始放眼全局，积极布局海外市场，立志打造世界手机品牌，并跻身于世界手机品牌十强之列

吹响进军海外集结号 中华酷联小打造世界品牌

以“中华酷联小”为代表的中国手机品牌，在国内完成对外资品牌的逆势之后，开始放眼全局，积极布局海外市场，立志打造世界手机品牌，并且取得了丰硕成果，他们都挤身了世界手机品牌十强之列。

这印证了业内流行的一种判断和期许：1G 是美国天下，2G 是欧洲天下，3G 是韩国天下，4G 将是中国天下。这种形势和发展趋势，正是中国自主创新的国家战略结出的硕果，又是中国经济蓬勃发展的折射。

在海外市场拓展上，成就最为斐然的，当属华为。凭借其作为电信设备商的强大海外运营商资源，华为在海外市场拓展风生水起。前几天，华为把荣耀 6 的发布会搬到了德国柏林，并在德国、法国、西班牙等欧洲 14 个国家发售。据华为数据统计，2014 年上半年华为共发售智能手机 3427 万部，同比增长 62%，在海外市场实现狂飙突进式增长，其中欧洲劲增 110%，亚太市场劲增 180%，拉美市场劲增 180%，而中东和非洲市场增长率更是达到前所未有的 550%。荣耀 6 也把触角伸进了三星的老巢，在韩国市场发售。这种针锋相对式挑衅，火药味十足。

为拓展海外市场，雷军挖来了谷歌全球副总裁雨果·巴拉担任小米全球副总裁，负责国际业务拓展。小米的海外市场，瞄准了一衣带水，使用习惯和文化理念同宗同源的台湾地区和全球增长最快的新兴手机市场印度。据媒体报道，小米在这些地方都是采用与大陆一样，都是“瞬间售罄”。雷军甚至表示，将来要在印度投资设厂，彻底实现小米手机“产销研的本地化”。

10月30日，联想宣布完成美国手机品牌摩托罗拉的收购。此举表面上看，是一宗大规模的企业并购，实际上凸显出的是杨元庆拓展全球手机市场的雄心壮志。凭借此举，联想获得至少三个方面的拓展国际市场的红利：一是品牌。众所周知，摩托罗拉是全球手机品牌，作为手机发明者和曾经的业界王者，其品牌价值难以估量。二是渠道，作为百年老店，摩托罗拉是瘦死的骆驼比马大，在全球市场拥有广泛的销售渠道网络。三是专利。虽然中国印度以及新兴市场对专利不是很重视，但在欧美澳等地市场，这是做市场时的一道绕不过去的坎。这种并购，显而易见，对联想手机拓展海外市场，将是一个强大的“引擎”。

中兴和酷派在海外市场的布局，也是可圈可点。中信凭借与海外各大运营商的鱼水关系，手机销售突飞猛进。美国成为中兴的第二大市场，仅次于中国，墨西哥成为中兴的第三大市场，市场份额占到10%。其计划4000万部出货量中，北美市场约占一半，达2000万部。一直在国内市场精耕细作的酷派，仅大神就计划今年海外市场销售300万部。

成绩是一方面，当然，我们也看到，中国手机品牌拓展海外市场任重道远。目前，“中华酷联小”除个别产品外，基本上主打高配低价的惨烈竞争路线。如何把品牌做上去，提高产品附加值，是中国手机品牌必须考虑的战略性问题。其次是本地化有待进一步强化。或许，中国手机品牌对中国消费者的熟悉，对其使用习惯的把握和理解，是其他洋品牌无法企及的。这正是中国手机品牌在全球化竞争中的优势。这些优势，很有必要带到其他海外市场去，做出满足海外市场本地化，个性化的产品，真正体现“中国智造”的优势。做细分市场，是“中国群狼”的强势，在国际市场展开的与三星、苹果的较量中，要把这种强势更加淋漓尽致地发挥出来，方能不断强化胜算。

（2014 年 11 月 5 日）

只要华为打开了哪块业务的上升通道，那就可能是全世界都在其脚下铺陈开来。快则三年，慢则五载，在全球范围内，三星就可能被华为全面超越

五年内华为“诛杀”三星

一个高地的占领，往往是踩着对手的尸体上去的，战场如此，商场亦如此。

对韩国消费电子企业巨头三星来说，诺基亚陨落之后的三五年里或许是高处不胜寒，风光无限；但现在情况正在急剧恶化，让其感到紧张不安的，不是美国企业巨头苹果，而是中国企业巨人华为。

三星心知肚明，苹果不是诺基亚，要踩着苹果尸体往上爬，那是痴人说梦，是一件根本不可能做到的事情，况且苹果单机战术亦是作茧自缚，在创造辉煌的同时，也把自己困住了，在三星机海战术面前，苹果很难从市场份额上超越三星。但华为完全不一样，只要这个企业打开了上升通道，那就可能是全世界都在其脚下铺陈开来。

由此看来，三星成为华为上升通道的垫脚石，已经近在咫尺，触手可及了，也许快则三年，慢哉五载，在全球范围内，三星就可能被华为全面超越了。

三星溃败从中国市场开始

不可救药的癌症，最早都是从一个微不足道的癌细胞拉开序幕。

虽然三星肌体目前尚算健康，癌细胞还没有扩散，但最早的那个癌细胞已经在蠢蠢欲动了。在全球最大的手机消费市场中国，三星已经兵败如山倒。据最新数据，三星不仅丢掉了市场份额第一的宝座，而且一落千丈，被挤出了前五名，仅以 8.8% 的份额排名第六，不及市场份额第一的华为手机的一半。

由于容量无限，中国向来是商家必争之地，也是一个手机品牌兴衰荣辱的晴雨表。先是摩托罗拉，后是诺基亚，现在是三星，这些企业的发展都展现了这种端倪。诺基亚鼎盛时期，在中国市场份额高达 40%，但衰落也就在一念之间。现在三星亦是呈现出一模一样的衰败迹象。

诺基亚之后，三星迅速取而代之，成为中国手机市场的王者。但三星这种好日子做得还没有诺基亚那么长，就失足从高山之巅摔落了下来——目前中国手机市场的王者已经是中国本土品牌华为。据市场调研机构披露，2015 年第三季度，华为在中国手机市场份额为 18.7%，排名第一。堕落到这种惨淡境地，是三星自己都不曾预料到的。就连一直把三星作为偶象顶礼膜拜的中国手机品牌酷派，都在今年发布 MAX 锋尚手机时高调地宣布把苹果作为学习榜样，言外之意，三星已经不再是其学习榜样，已经没有什么可取之处了。

千里之堤，溃于蚁穴。而中国或许正是三星帝国溃败初始的蚁穴——虽然在全球市场，三星还是第一，但松动和溃败迹象在显山露水了。从产品质量和性能来讲，三星已经没有什么优势可言，因为三星手机与其他国产手机一样，用的都是安卓操作系统，采用的都是高通芯片，难言实质性差异。只不过在国际市场上，三星凭借多年累积下的品牌和渠道，落得个“瘦死的骆驼比马大”的余威，但这种局面正如中国市场上发生的变化一样，在不久的将来也会发生翻天覆地的变化，以华为为代表的中国手机品牌正在全球范围内快速崛起。

由于产品性能日臻成熟，中国市场容量满足不了发展野心，中国手机品牌走出去的愿望越来越强烈。小米、联想、酷派、中兴，这些年都在扬帆出海，并在某些区域性市场有所斩获。但由于受制于品牌、渠道、专利等因素，这些中国手机品牌走出去的效果并没像在国内这样风生水起。但个别企业，例如华为手机，却是亢龙在天，威力无法阻挡，对三星在全球市场都形成了巨大冲击和威胁。

作为最具狼性的中国本土企业，华为可谓战无不胜。无论是哪个国家的企业，无论是谁，一旦被华为瞄上，被其当作对手，那将是一个极端痛苦和恐惧的经历，因为总有一天会被华为踩在脚下，不得翻身——华为想要的，不是中国第一，而是世界第一。现在三星手机正处在这样一个痛苦的风口上，依照华为个性，三星是无法阻挡其进取的脚步的，也就是说三星被华为踩在脚下，只是一个时间问题。

在手机领域，2010年华为还是一个不起眼的小兵，出货量只有三百万台，而且以中低端机型为主，可以被三星忽略不计。2011年开始，华为谋求转型，提出聚焦“云、管、端”战略，把手机作为未来发展的三大基石之一和最主要的增长点，积极向消费者市场拓展，并且迅速崛起。2012年华为消费者业务全年整体发货量达到1.27亿台，其中智能手机发货量3200万台，同比增长60%。2013年华为全年整体发货量1.28亿台，其中智能手机发货量5200万台，同比增长60%。2014年华为全年整体发货量1.38亿台，其中智能手机出货量7500万部，同比增长45%。2015年华为手机发展更是顺风顺水，就在前不久，华为智能手机发货量已经超过1亿台，对比2014年同期，增长高达40%。短短五年时间，华为手机业务增长了30倍，这是世界上任何其他任何企业都没有取得过的华为速度——这种发展速度足以让任何对手不寒而栗。

在出货量上，华为目前虽然不及三星，但其增长幅度，也就是加速度却远在三星之上。况且，华为走的是上坡路，三星走的是下坡路，此消彼长，照此趋势，华为在全球范围内全面超越三星将指日可待。

多点出击，华为吹响超越三星集结号

现在看起来，在中国市场，把曾经不可一世的三星踩在脚下的国产手机品牌，已经大有人在。目前三星在中国的市场份额排名第六，除了华为和苹果，把三星作为软柿子捏的，还有小米、联想等国产品牌。但要在全球范围内全面战胜三星，无论是小米，还是联想，都难以承担这种历史重任。因为这不是某个点上的比拼，而是企业综合实力的比拼了，小米、联想都距离三星还差得远，其他手机品牌更是勉为其难。所以，将来把三星踩在脚下的，只能是华为。

目前华为有三大业务板块，传统运营商业务、企业业务和消费者业务。在华为眼里，只有世界第一，没有第二，从来是不达目的誓不罢休。运营商业务，华为超越了爱立信，站上了世界之巅；企业业务，华为锁定思科、惠普，让对手寒意陡生，不得不抱团应对。消费者业务，鉴于目前市场情况，三星不幸成为华为超越对象。企业界都明白，被其他企业作为赶超目标并不可怕，很多情况下只是一个宣传噱头；但被华为作为赶超目标，那就一定要小心了，说不定哪天一觉醒来，已被华为甩在身后了。

现在发展形势对三星来说相当不利。综合各种数据和表现，目前华为正处在一个全面上升的通道，而三星正处于一个全面下降的通道。从全球范围来，这些年华为以诚信、高效、创新、优质赢得了口碑，树立了形象。华为是做电信设备发迹，在全球绝大部分国家和地区的电信运营商或多或少用过华为设备、技术和服务。在合作过程中，这家中国企业让外国伙伴打心眼里佩服，这为华为积累了广泛丰厚的人脉资源。而这些资源拿来即用，为华为手机拓展全球市场奠定了坚实的基础，是华为手机全球化征程上的一种取之不尽，用之不竭的资源。随着华为手机产品性能不断被全球用户肯定，这些设备商所具备的潜能也不断被激发出来，为华为手机征服世界做着贡献。这些正是三星手机所不具备的。

从苹果开始，手机市场取胜之道全在用户体验。三星手机份额不断萎缩，华为手机份额不断扩张，归根结蒂是用户体验使然。鉴于研发创新至上，华为手机越来越人性化，价格越卖越高，销量越卖越多。华为荣耀 6 PLUS 采用华为海思 KIRIN 925 八核处理器，搭载 EMUI 3.0 系统，支持荣耀钱包、3D UI、荣耀 WLAN、天际通等功能。荣耀 7 支持双卡数据智能切换，以及双通道智能下载。这些独到体验让华为手机叫好叫座，创下国产手机销售奇迹。荣耀系列出货量超过 2000 万部，其中荣耀 3C 超过 800 万部，荣耀 3X 系列超过 400 万部，荣耀 6 超过 300 万部，荣耀品牌进入 60 多个国家和地区。华为 Mate 8 搭载八核麒麟 950 处理器，拥有六英寸 1080P 屏幕，内存组合为 3GB + 32GB 和 4GB + 64/128GB，内置 4000mAh 电池，运行基于安卓 6.0 的 EMUI4.0 系统，是一款当仁不让的高端人气机。即将于 2016 年 3 月上市的华为超薄旗舰机 P9 也引发了发烧友的广泛关注和大面积讨论。优越性能大大提升了华为手机的溢价能力。据有关数据，2015 年第三季度，华为消费者业务售价在 2000 元人民币以上的中高端智能手机出货量占上比大幅提升至 33%，在西欧部分发达国家，400 ~

500 欧元档位的华为高端智能手机市场份额甚至突破了 60%。今年上半年华为全球出货量为 5000 万部，比去年同期 3400 万部增长了 39%，并且智能手机平均售价更高。这些说明华为品牌在全球市场的认可度和影响力不断提升。

与华为上升趋势形成鲜明对照的是三星。三星手机一成不变的内核早就被人广为诟病。三星旗舰新机的审美疲劳已经出现，今年即使是三星旗舰机型的 Galaxy 6 和 S6 Edge 系列也回天乏力，没能扭转其智能手机业绩滑坡颓势。这种情况，在三星内部都形成了共识，其现任和前任高管都曾表示，三星内部已经失去创新动力，利润率逐渐下降，份额逐渐被华为等中国竞争对手蚕食。2014 年三星电子在全球各个国家和地区的净销售额均出现负增长，其中欧洲地区同比降幅最大，达 22.7%，其后依次为中国 17.1%，韩国 9%，亚洲和非洲 6.6%，美洲为 1%。2014 年三星销售的智能手机中，有 55% 定价等于或于 301 美元，今年比例降至 40%。定价为 200 美元或更低的低端手机在总销量中占比从 2014 年的 30% 增加到目前的 38%。2015 年上半年三星出货量 15640 万部，但去年同期为 17790 万部，同比下降 13%。S6 Edge 经常被消费者爆出这样或那样的问题。为应对不断萎缩的市场，2015 年 6 月，三星发布了专门面向中国用户的 Galaxy J5，J7，分别针对 1500 元以下和 2000 元以下市场，希望借助“便宜货”来提升在华市场份额，虽然取得了一定成效，但出货量是增加了，利润却萎缩得厉害，今年三季度三星移动业务利润进一步下滑至 2.4 万亿韩元，不到 2013 年同期的一半。

低迷的市场情况让三星对未来披上了浓厚的悲观情绪。对于即将到来的 2016 年，华为和三星态度十分迥异。华为手机产品线总裁何刚表示，十分看好 2016 年，对实现稳健增长有信心。但三星却在做减法，最近消息，目前接替申宗均成为三星手机业务新领导人的高东真直言三星手机低迷，他不期望2016年手机业务利润会出现巨大好转。基于此，三星将2016年智能手机出货预期下调12%，并将重心放在新兴市场上。为振兴萎靡的中国市场，前不久三星放出消息，把在中国移动服务了十五年的中国移动终端副总经理唐剑锋挖过来负责中国区手机业务。唐剑锋一直处于体制内，在垄断性国企任职，其资源或许对三星拓展运营商业务有帮助，但在反腐败利剑高悬和市场化程度极高的当下，唐剑锋是否对三星手机扭转在中国所面临的困局还有待检验。如果从三星和华为预期看，2016年，这两家企业之间的距离肯定将再次被大幅度拉近。

或许让三星在手机市场上至今保持强势的一个重要原因是研发创新，但华为研发基因并不弱于三星，甚至是更上层数。这是保障华为大刀阔斧向前的首要动力。对于研发，华为是不计血本的，累积的数万件专利，也为华为开拓海外市场扫清了专利壁垒。对研发大手笔投入是保证华为研发创新的源动力。2013年华为研发投入307亿元人民币，占销售收入的12.8%。2014年华为申请国际专利最多，以3442件申请数位列全球第一；高通第二，仅为2409件。2014年华为在研发投入占全年营收比例达14.2%，高达408亿元。截至目前华为研发总投入1900亿元，专利申请总计76687件，与终端相关专利18000件，为自主终端发展打下了坚实基础。虽然三星在2014年研发投入达134亿美元，但仅占其营收的6.4%，对科研创新投入的决心远不及华为那样坚定宏大。从专利数量申请和授予情况来看，华为已经胜出，这种本质和核心的超越或许正是三星梦魇的开始。

（2015年12月19日）

成也萧何，败也萧何。工程师文化的严谨务实、讲技术、求创新、重专业等优点为摩托罗拉当初的迅速崛起立下了汗马功劳。但这把“双刃剑”也让摩托罗拉变得臃肿庞大，效率低下，成为摩托罗拉负重前行的羁绊

工程师文化毁了摩托罗拉

作为手机的伟大发明者和曾经的行业霸主，摩托罗拉沦落到今天“山河破碎”的地步，实在出乎很多人意料。

本来期待“重拾旧山河”的摩托罗拉，现在看来，前途似乎更加渺茫了：市场占有率加速下滑，被后来居上的三星夺走了亚军宝座；现在已经半年时间过去了，仍然看不出来有什么明显起色。某资深手机分析师认为，即使是季军的位置，摩托罗拉坐得并不那么稳当，LG 和索尼爱立信早就或明或暗地表达了取而代之的企图。而每季度 3 亿 ~4 亿美元的持续亏损，让摩托罗拉深陷绝望泥潭，看不见头顶的蓝天。

作为美国本土企业，血管里流淌的是美国人的“高贵血统”，即使面对黑洞洞的枪口，都要奋起还击，不愿轻易被宰割。为了完成救赎和实现复兴，摩托罗拉一直在做着种种尝试，如在全球范围内“海选”CEO，实现分拆，让手机业务独立出来，甚至考虑出售手机业务部门。

业内分析人士认为，这些救赎方式都是“治标不治本”，甚至连“治

标”都难，更甭说帮助摩托罗拉从目前困境中彻底解脱出来。可以说，摩托罗拉的前几任CEO，放在全球范围内，都是治理企业的顶尖好手，但结果又怎样呢？即使换了新帅，新一任CEO或将继续前数任的老路：业绩持续下滑，中途无奈走人。在摩托罗拉接触数个新帅候选人之后，收获的都是婉言拒绝。从新帅候选人对摩托罗拉CEO一职的态度，我们不难看出，在全球顶尖职业经理人眼里，摩托罗拉已经成为一个“烫手山芋”。而摩托罗拉的全球“海选”CEO逐渐演变成一厢情愿的独角戏。对于分拆或者出售手机业务，业内资深人士认为，手机业务分拆不能釜底抽薪地解决摩托罗拉的目前困境，所以也不是拯救摩托罗拉的灵丹妙药，无法快速帮助摩托罗拉实现扭亏为盈；如果真如传言所说，摩托罗拉要出售手机业务，那就证明摩托罗拉对手机业务完全失去了信心和耐性，要被当作包袱和鸡肋扔掉了。可是，瘦死的骆驼比马大，哪个买家有购买的实力呢？即使有这个实力，哪个厂家又有购买的意愿呢？

摩托罗拉毕竟是一个全球性的企业，其存亡兴衰牵涉到无数用户和产业链的利益。为摩托罗拉把脉诊断，共同寻找复兴之道，成为众多业界人士的共识。

让摩托罗拉沦落的真正原因究竟在哪里呢？

一位熟悉摩托罗拉的业内资深人士指出：病根在于摩托罗拉的工程师文化。

成也萧何，败也萧何。工程师文化的严谨务实、讲技术、求创新、重专业等优点为摩托罗拉当初的迅速崛起立下了汗马功劳，在相当长的一段时间内保证了摩托罗拉在通讯行业的领先地位。

但工程师文化是一把“双刃剑”，在创业和发展初期，工程师文化的积极面是拉动摩托罗拉快速奔跑的马车。随着摩托罗拉功成名就，机构变得臃肿庞大，消极面就开始显露出来，技压“积极面”，成为摩托罗拉负重前行的羁绊。工程师文化过于注重细节而导致过分拘泥于细节，过分重视技术而忽略市场运作，过于讲究程序而导致手续复杂，效率低下等原因，成为摩托罗拉的“致命内伤”。

由于这些工程师文化中“致命内伤”的存在和手机市场本身的特点，使得摩托罗拉从行业领导者成为跟随者，从行业跟随者成为落伍者的根本原因。甚至有人怀疑，摩托罗拉的工程师文化与手机行业已经水火不容，格格不入。

要想在手机行业日子过得风光，有两个基本点：要么在技术上领先于人，成为真正的技术领跑者；要么在市场上反应灵活快捷，成为真正的适应者。苹果的 iphone 手机和法国的黑霉手机在全球畅销，就属于技术领跑者的情况。早期的摩托罗拉手机之所以独占鳌头，也是在于“技术领先于人”。目前，一些活得比较滋润的中小型国产手机，甚至“山寨机”，就是凭借超强的市场反应速度取胜。而诺基亚之所以独霸全球，是因为既实现了技术上的领先，又具备了较快的市场反应速度。据统计，从 2007 年 1－11月，在中国市场上发布新机的款数，诺基亚为 22 款，三星为 30 款，索爱为 16 款，而摩托罗拉仅为 11 款在五大外资手机品牌中垫底。连摩托罗拉全球副总裁、移动终端事业部中国区总经理任伟光在总结摩托罗拉市场失利原因时不得不承认的一点原因就是：新品推出速度缓慢，产品缺乏连贯性。

如果摩托罗拉一直可以在技术上领先一步的话，还是照样可以吃香喝辣的。但遗憾的是，曾经让摩托罗拉引以为傲的技术，现在也是落在了对手后面，先是在从摸拟化到数字化的浪潮中，摩托罗拉错失良机，被诺基亚迎头赶上，并被远远抛在身后，现在又被三星赶超，紧随其后的 LG 和索爱，企图赶超的“狼子野心”昭然若揭。就拿摩托罗拉六月份发布的号称其旗舰产品的 Zine 5 来说，摩托罗拉被对手远远地甩在了身后。Zine 5 主打卖点是 500 万象素的拍照功能。可索尼爱立信 500 万象素的 K858 在 2007 年 12 月份就上市了，比摩托罗拉早了整整半年，而索尼爱立信的 800 万象素的手机已经铁定在下半年粉墨登场。业内人士分析认为：摩托罗拉 800 万象素的手机要在今年登台亮相恐怕比较困难。对摩托罗拉来讲，市场形势更是不容乐观。Zine 5 的价格定位在 3500 元左右，可市场上 500 万象素的手机已经跌破 3000 了。如此看来，摩托罗拉全球 CEO 格雷戈。布朗寄望于 2008 年研发一些“伟大产品，狠狠地震撼一下消费者”，以此“扭转 MOTO 手机命运”的美好愿望极有可能再次“竹篮打水一场空”。

工程师文化存在的手续繁杂导致的效率低下，在摩托罗拉处理危机公关和售后服务上得到了淋漓尽致的表现。2007 年发生在甘肃的摩托罗拉手机爆炸致人死亡事件，打了摩托罗拉一个措手不及。这件事，让摩托罗拉在中国消费者中的质量神话开始破灭。虽然最后不了了之，但摩托罗拉处理危机公关的拖沓和傲慢给中国人留下了难以磨灭的印象，成为很多企业在处理危机公关时的“反面教材”。据很多用户反映，摩托罗拉的售后服务同样存在手续繁杂，耗时太久，问题无法得到及时解决的憋端，这致使很多摩托罗拉的客户流失到了竞争对手那儿。

或许摩托罗拉已经意识到工程师文化中的负面因素对其产生的不利影响。摩托罗拉已经在努力做出改变了。但“江山易改，本性难移”。对一个企业来说，企业文化是一种根深蒂固的“本性”的东西。而摩托罗拉工程师文化中的消极面如同生长在内脏里面的“毒瘤”，深植在肌体之内。要想从根本上加以根治，并非短期内就能心想事成的，毕竟摩托罗拉的“盘子”实在太大，而“毒瘤”在摩托罗拉体内已经“长大成形，盘根错节”了，找到一位妙手回春，能够术到病除的“华佗”，并不是一件很容易的事。

也许有人会问：按照你的逻辑，难道摩托罗拉已经回天乏力，永远没有翻身机会了？

也许有，也许没有。这个问题，或许只有留给历史和时间来回答。

（2010 年 5 月 13 日）

2015年11月20日，酷派在南方都市报刊登整版广告，主要诉求是“学习苹果好榜样”。在这之前，三星一直是酷派学习、模仿和追赶的对象，在相当长一段时间，三星作为正能量，激励酷派管理层和科研工作者勇攀高峰；私底下酷派自诩为“中国的三星”。这则广告意味着酷派已经不把三星作为偶象来崇拜和学习，也就是说，在这家国产手机巨头成长道路上，三星已经成为过去式，被扔进了历史垃圾堆

酷派改变学习榜样　折射三星陨落

寄望2016年初借助发布旗旗舰新品Galaxy s7止住下滑颓势的三星做梦都没想到：现在不仅消费者越来越不愿意为其产品买单，而且昔日将其作为偶像顶礼膜拜的国产手机品牌不再视其为“神一样的存在”了。

2015 11月20日，酷派在南方都市报刊登整版广告，主要诉求是“学习苹果好榜样”；11月25日，酷派把这种诉求付诸行动，在北京的国家会议中心举办规模盛大的酷派旗舰新机锋尚Max发布会，把“学习苹果好榜样”的诉求淋漓尽致地传递了出来：酷派请来特型演员，真实地再现了苹果精神领袖乔布斯在青年、中年、临终前的音容笑貌，向苹果致敬，并誓言将追求颠覆性创新和极致用户体验的乔布斯精神倾注到技术创新和产品研发中。

酷派这个发布会有耐人寻味的弦外之音。在这之前，三星一直是酷派

学习、模仿和追赶的对象，在相当长一段时间，三星作为正能量，激励酷派管理层和科研工作者勇攀高峰；私底下酷派自诩为“中国的三星”，并为此沾沾自喜。这次发布会，意味着酷派已经不把三星作为偶象来崇拜和学习，也就是说，在这家国产手机巨头成长道路上，三星已经成为过去式，被扔进了历史垃圾堆。

酷派集团总裁李斌在接受法治周末记者专访时称，三星手机外观时尚，打动人心，其工业制造能力和机海战术，也一度在手机行业独领风骚，这些战术让国产手机品牌获益匪浅；现在放弃三星，改学苹果，是虚心学习苹果以消费者为中心，全方位关注消费者感受，高度在意用户体验，并以此为根本进行科研创新的乔布斯精神，打造一个具有全球影响力和竞争力的国际化品牌，像苹果那样。

国产手机迅速崛起

在中国手机发展史上，这种局面虽然不是绝后的，但却是空前的。目前在全球手机竞争格局中，苹果、三星和以“小中华酷联”为代表的中国品牌共同形成三足鼎立局面。其中苹果以独具匠心的技术创新，封闭但完善的IOS生态系统，以及建立在此基础上的极致的用户体验独树一帜。三星和中国品牌都是选择安卓操作系统，产品同质化严重，虽然三星曾经一度领先，但现在国产品牌已经迎头赶上，两者此消彼长现象泾渭分明，隐约显现新陈代谢式发展趋势。

在刚刚结束的双11大战中，国产品牌小米和华为分别夺得销量和销售额冠军，三星则是乏善可陈。虽然距离2015年收官还有一个月时间，但从市场反应和各方面数据来看，三星情况不容乐观。据HIS中国对中国市场2014年智能手机所占份额排名，小米第一，为14.97%；三星第二，为

14.38%；联想、苹果、华为、酷派紧随其后，彼此咬得很紧，没有明显差距。在十强中，外资品牌只有三星和苹果跻身其中，国产品牌占据超过六成以上市场份额。

2015年留给三星冲刺的时间已经不多了，但在新品推出上，三星是起了个大早，赶了个晚集，其旗舰机型Galaxy S7千呼万唤，要到明年2月份才粉墨登场。这也错过了中国市场的黄金消费旺季。与三星懈怠形成鲜明对照的，则是国产品牌的积极进取，全力打好年终收官之战。

11月24日小米在国家会议中心举办“压轴好戏”发布会，发布小米第一款全属+指纹识别手机红米Note 3，采用一惯的高配低价模式，2GB RAM+16GB ROM定价899元，双网通高配版3GB RAM+32GB ROM定价1099元，极具竞争力。11月26日华为Mate 8全球首发盛典在上海世博中心举行，品牌溢价能力华丽转身，3GB+32GB运营商定制版2999元，3GB+32GB全网通版3199元，4GB+63GB全网通版3699元，4GB+124GB全网通版4399元。这些产品无论在外观上，还是性能上，都可圈可点，对三星形成包围之势，全面蚕食三星高中低份额。

而11月25日横空出世的酷派锋尚Max更是雄心勃勃，预期单品销量打算突破100万台。从相关资料来看，酷派这款产品是一款精心打造，独具匠心的产品，是酷派弃三星，学苹果的集大成者，有“三大黑科技”：双系统，金属一体化机身（金属比高达99%），立体耦合天线。通俗地说，酷派锋尚Max，一部手机可以同时登陆两个微信帐号，并且互不干扰；在安全空间使用各种金融软件支付，所有金融APP下载都源自正版，完全杜绝第三方软件侵入，使用户安心安全地理财和支付；采用支持双卡双待，7模18频，全面支持电信、移动、联通的4G/3G/2G网络，可无缝切换国内4G网络数据，兼容全球大部分网络，帮助用户摆脱网络制式束缚。虽然苹果是酷派新偶象，但这款手机有些地方甚至超过 iphone，如解决了困扰苹果多年的金属机身与信号不可兼得的难题，采用酷派拥有多项发明专利的立体耦合天线技术，根据手握状态和环境自动切换信号到最优天线，使金属手机不因手握而信号衰减。

与其他国产品牌一直高调宣称要颠覆苹果不同，酷派学习苹果是一种知己知彼的务实态度，看清了自己与榜样的差距，然后脚踏实地，迎头赶上；而一些企业，老是强调要颠覆苹果，有些好高骛远。实在说，凭全球其他企业目前水平，要实现颠苹果，确实勉为其难。说多了，就成了一种“虚假宣传”。

年底战事或更激烈，但有一点大势已定，那就是国产品牌在迅速崛起，已经形成了一股无法阻挡的向上洪流，无论是产品性能上，还是品牌形象上，都实现了质的提升和突破。他们对三星的冲击更加威猛有力。

三星衰落迹象加速

三年河东，三年河西。手机行业兴衰，就像手机这个产品代谢一样迅速，是人的意志无法左右的。

曾经的手机发明者摩托罗拉陨落了，曾经的手机帝国诺基亚倒塌了，曾经的手机新秀黑莓凋零了。下一个该轮到谁，或许大家都心知肚明。

要来的，或许躲不过。目前业内比较一致的看法是三星。其实，三星衰败迹象早就显山露水了。不过由于三星有产业链优势，衰落步伐比起摩托罗拉和诺基亚来，可能要缓慢一些，但形势比人强。

三星衰落现在从两个方面可以看出端倪：一是其所占市场份额持续下跌；二是产品溢价能力不断下降。

摩托罗拉陨落后，诺基亚成为王者；诺基亚倒塌后，三星成为王者。

2012 年是三星风光无限的一年，在全球市场占有率遥遥领先，推出的 Galaxy 和 Note 系列因为时尚外观和快捷上网操作深受用户喜爱。但好景不长，随着中国小米、华为、酷派等品牌迅速崛起，苹果对中国市场的日趋重视，三星市场份额不断被蚕食，在全球最大的手机市场中国，表现更加明显。

三星王者地位开始动摇，是在 2014 年。这一年，在中国市场上，三星不断被苹果、华为、小米、酷派间或超越，活得相当不容易。据赛诺研究报告，2014 年 5 月 4G 手机市场，酷派以 23.1% 占据第一，三星以 18.8% 第二，苹果 15.7% 第三。这一年，小米成为中国市场的王者。华为，酷派，联想紧追不舍，成为三星甩都甩不掉的阴影。虽然 2015 年还没最后盖棺定论，但从种迹象来看，三星形势恐怕更加严峻。华为、苹果、酷派、小米，谁都有可能把三星拉落马下。据三星最新财报，三星电子 2015 年第三季电视和手机在全球份额都有所下降，手机为 21.9%，比 2014 年第三季 22.4% 下滑 0.5%。在中国市场，三星手机所占份额下滑超过一半以上。

在产品溢价方面，国产品牌走的是上坡路，而三星走的是下坡路。华为成功实现了从低端向高端转型，酷派单品价格平均上涨 300 元，多款国产高端手机成功突破 2000 元门槛，实现市价双升，不断蚕食三星份额。据有关数据表明，2014 年三星智能手机中 55% 定价等于或高于 301 有美元，但在 2015 年，这一比例降至 40%；定价为 200 美元或更低的手机在三星总销量中所占比例从 2014 年的 30% 增长到现在的 38%。在三星产品系列中，价格相对较低的 Galaxy j5 在三季度各系列手机中销量贡献最大，超过了 Galaxy5，Note 和 A 系列。作为三星最杰出的业务板块，移动业务利润率通常在 15－20 同%，但 2014 年第三季下滑至 7%，此后一蹶不振，一直没能恢复到三星高管公开承诺的 10% 以上，今年三季度约为 9%。让三星感到雪上加霜的是，为应对苹果和中国品牌挑战，三星不得不把下一代旗舰新品 Galaxy s7 首发价格定得比 Galaxy S6 低 10%，这让三星想在利润率上打翻身仗的预期可能提前破灭。

当然，三星衰落归根结底体现在产品竞争力下滑上。从 2014 年至今，三星犯下一系列错误，产品创新力不够，导致全球市场，特别是中国市场份额不断萎缩。而国产手机在技术创新和研发能力上不断提升，缩小了与国际品牌的差距，产品体验突飞猛进，赢得了不少用户。受苹果启发，国产品牌更愿意纵合连横，整合资源，打造适应移动互联网大潮和消费者使用习惯改变的生态链。华为推出了自己的操作系统；酷派则与乐视携手，打造内容、平台、应用、终端的开放闭环生态系统，实现用户可以同屏欣赏 9 个在线直播节目。相比于苹果产品的保值，三星手机款式太多，创新太少，系统优化不够，只会堆积硬件，贬值太快。作为全球手机市场领导品牌，没能像苹果那样拥有自己独立强大的操作系统一直是三星硬伤。产品缺乏创新，一味无节操模仿，让三星倍受诟病，其与苹果关于 Home 键的官司众所周知；受大企业病困扰，三星在中国新渠道革命电商渠道开拓上远远跟不上步伐，也让三星一筹莫展，优势不断丧失。

由此看来，酷派改变学习榜样，全在情理之中。

（2015 年 12 月 2 日）

在 iphone、android、黑莓崛起之前，诺基亚以接近 40% 的市场份额雄霸手机市场多年，在智能手机市场所占比例，甚至还要高出 40%。正是这种长年积累下的高处不胜寒的寂寞培养出了诺基亚的傲慢与偏见，腐蚀了诺基亚的躯体，侵吞了诺基亚对市场的敏感嗅觉

傲慢与偏见正在毁掉诺基亚?

物极必反，盛极而衰。

强大如诺基亚，都没能逃过这句魔咒的怪圈。

在经历了数年辉煌之后，诺基亚正在承受有史以来最艰困的煎熬。而曾经出生入死，为诺基亚打江山的高管们却成为“大难来临的飞鸟”，纷纷选择了背叛，无法做到与诺基亚共克时艰——总裁康培凯走了（康培凯的出走有些逼不得已，作为首席执行官，他得要为诺基亚业绩下滑负责），副总裁安西·万约基走了，塞班基金会掌门人李·威廉姆斯走了，MeeGo 开发部门核心高管贾克斯走了……

众多高管的相继离去，造成的阴影和损害还在波纹一样层层扩散，又一枚更大的“人事核弹”进入了引爆程序：董事长约玛·奥利拉将在 2012 年离开诺基亚。

高管是企业的核心精英，是企业的核心竞争力。如此频繁的高管离职，将造成诺基亚的核心竞争力的巨大流失。这对正在走下坡路的诺基亚

来说，无疑是雪上加霜。

由于 iphone、android、黑莓的迅速崛起，诺基亚在新生力量的强大攻势下，开始丢城失寨，步步退让。但这仅仅是一个开始，诺基亚兵败如山倒的势头目前还没有停止的迹象，相反，业内人士都在预言诺基亚的败绩将不断扩大。

与其说诺基亚是败给了对手如潮攻势，倒不如说诺基亚败给了自己——笔者认为，导致诺基亚失败的正是其傲慢与偏见的特质。

在 iphone、android、黑莓崛起之前，诺基亚以接近 40% 的市场份额雄霸手机市场多年，在智能手机市场所占比例，甚至还要高出 40%。正是这种长年积累下的高处不胜寒的寂寞培养出了诺基亚的傲慢与偏见，腐蚀了诺基亚的躯体，侵吞了诺基亚对市场的敏感嗅觉。

这种傲慢与偏见给诺基亚造成的最大痼疾之一，就是狂妄自大，以自己为中心，难以接受外界变化。诺基亚曾经对市场十分敏感，在通信技术从模拟向数字转变的过程中，诺基亚抓住了机遇，一举超越了摩托罗拉，确立了自己的领导地位。在相当长一段时间内，诺基亚确实是手机市场的领导者，推出的产品引领了通信市场的潮流。但 iphone、android、黑莓的出现，给这种局面划上了句号。从产品上来看，这两年，诺基亚已经从当初的领导者变成了追随者——虽然总体份额上，诺基亚仍然是霸主，但是这种身份正在受到 iphone、android、黑莓以及其他一些新生力量越来越大，越来越多的冲击。即使是今年诺基亚全力打造的 N8，连诺基亚自己都把它定位为 iphone 的追随者。所以，就不难理解消费者在 iphone 和 N8 之间所做出的选择——产品丧失领导力成为诺基亚用户流失的根本原因。

这种傲慢与偏见给诺基亚造成的最大痼疾之二，就是机构臃肿，流程繁琐冗长。很多消费者都反应，即使是售后服务这种小问题，诺基亚都无法做出及时解决，要给很多领导批示，要拖上好长一段时间才行。手机是随身物品，没有手机在身，就像和世界切断了联系。所以，诺基亚繁琐冗长的售后服务，颇受消费者诟病。这也可以折射出，在诺基亚内部做出一项决策需要多长时间。

当然，这两大痼疾造成的最直接的后果，就是使诺基亚脱离消费者需求，市场反应速度十分缓慢。当手机成为一种快速消费品，市场胜败的法则就不再是“大鱼吃小鱼”，而是“快鱼吃慢鱼”。在产品独领潮流的时代，对市场反应慢或许对诺基亚冲击不大，因为大家都跟着诺基亚跑。但当产品丧失市场领导力之后，缓慢的市场反应速度，就成为诺基亚的“罩门”。据诺基亚内部反应，诺基亚每推出一款产品，都需要一年甚至更久时间的设计研发。市场是瞬息万变的，如果不能改变这种市场反应速度，诺基亚要扭转颓势，实在是很有难度。

市场反应速度慢直接原因是内部决策慢。这在诺基亚的战略决策上，表现更为明显。诺基亚在智能手机上表现不如意，最重要的原因，在于所使用的 symbian（塞班）系统已经跟不上时代，而苹果的 ios、谷歌的 android 却是如日中天。虽然苹果没有免费开源，android 却是免费开源的。在三星、摩托罗拉、索尼爱立信都弃 symbian 转投 android 的时代潮流下，诺基亚却是我行我素，宣称坚守 symbian 不动摇——当然，诺基亚也有自己的难处，symbian 是其收购过来的，其智能手机基本上采用 symbian 系统，如果要抛弃 symbian，肯定是要伤筋动骨的，所以，对于 symbian，诺基亚是骑虎难下。但诺基亚又不得不考虑逐步放弃 symbian，这次全球截员 1800 人，首当其冲的是 symbian 研发人员，就说明诺基亚已经意识到这个趋势，但要壮士断腕，确实很困难——因为诺基亚不愿采用 android，而内定取代 symbian 的 MeeGo 目前仍然没有下落。MeeGo 负责人的离职，使得诺基亚的 MeeGo 计划更加扑朔迷离。

业内分析人士认为，MeeGo 是以 Linux 为基础做出的改良版，能否被市场接受仍然是未知数，其中应用软件的充实也需要一个漫长的过程，所以面临的风险较大。而 android 已经被市场验证了的，受到消费者欢迎的操作系统，Android 的应用软件目前已达 10 万件，这其实对诺基亚实现移动互联网战略是十分有利的。坚决不用 Android 成为时下诺基亚傲慢与偏见的集中体现，显得既不明智，更不理智。

（2010 年 11 月 1 日）

参与中国移动主导的TD建设，既是支持中国移动，更是给自己一个机会。如果诺基亚非要固执己见，最后可能会抱起石头砸了自己的脚，这或许成为诺基亚在中国市场遭遇滑铁卢的开始

瞧不起TD标准　诺基亚“忽悠”中国移动?

一年以前，TD芯片研发商凯明倒闭，作为股东之一，诺基亚见死不救，笔者曾经就此事发表一篇评论《诺基亚对TD发展态度冷淡》。诺基亚针对笔者文章，召开新闻发布，称诺基亚积极支持TD发展，并且信誓旦旦地表示，将在2008年年底推出TD制式手机。但诺基亚打了自己的嘴巴，2008年底我们并没有见到诺基亚TD手机登场亮相。

再过两天，就是业界瞩目的电信日了，三大运营商主导的3G手机卡位战如火如荼，但从目前各方反馈的信息来看，即使在这个骨节眼上，诺基亚的TD手机还是神龙见首不见尾。

虽说商不厌诈，但是像诺基亚这样明目张胆的“诈术”，还是让TD运营商中国移动和期待尽早享受3G生活的广大消费者十分不高兴。据说中国移动高层曾经多次明示或者暗示诺基亚支持中国TD发展，但是从目前来看，诺基亚是在使用虚与逶迤的“拖字诀”。中国移动“大人大量”，对诺基亚的敷衍仍是耐心以对。这让业内十分佩服。虽然目前尚不清楚，在中国移动与诺基亚的这场较劲中，到底是谁最后屈服妥协，但消费者可没

有这么好的耐心，很多消费者反映，诺基亚也太不把他们的需求当一回事儿了——在中国市场，诺基亚拥有40%左右的市场份额；但中国移动拥有60%以上的市场份额，在这两大巨头的用户中，有不少都在期待拥有TD制式的3G手机。诺基亚对待TD的消极作为，实在让这些用户感到十分失望。

在诺基亚放弃凯明之时，3G牌照还没有发放。当时诺基亚也不清楚TD牌照会落入世界最大的移动运营商中国移动之手，所以，主观上来说，诺基亚确实是没有忽悠中国移动的嫌疑。但事情就是这么凑巧，这张3G牌照现在确实是落入了中国移动之手，诺基亚目前对TD所作所为，从客观上来说，确实是“忽悠”了中国移动——退一万步讲，即使TD牌照落入中国电信和中国联通之手，诺基亚也不应该存在欺骗之心的。也许亡羊补牢，犹为不晚。但观察人士认为，诺基亚根本就不看好TD标准，认为有很多缺陷。这才是诺基亚对TD消极怠工的真正原因。

其实，任何一项标准或者说是技术，都是处在不断地发展完善过程中的，相对于其他两种制式的数字通信国际标准，新生的TD或许有些不完善，毕竟TD诞生要晚一些，但也正是因为这样，才需要大家齐心协力来推动它的发展和完善。而诺基亚作为全球最大的手机研发生产厂家，确实具有很大实力，有诺基亚的参与，可能将大大缩短TD完善过程。这也许正是中国移动耐心期待诺基亚对TD转变态度的真正原因。就连中国政府对诺基亚参与TD都寄予厚望，国务院副总经理张德江最近在接见诺基亚掌舵人康培凯时语重心长地期待诺基亚支持TD发展。

业内很多观察人士都认为，少了谁，地球照样运转，太阳照样升起。其实，没有诺基亚参与，TD照样可以发展得很好。从中国移动目前推出的多款TD制式的3G手机来看，效果很是不错，跨国企业三星、摩托罗拉的 TD 制式手机，国产品牌酷派、中兴的 TD 制式手机，都表现良好，并非像诺基亚主观妄断的那样 TD 标准不如其他两种标准。很多致力于发展 TD 的国产企业认为，没有诺基亚，TD 照样可以发展得起来。

需要提醒诺基亚的是，诺基亚参与 TD 建设，既是支持中国移动，更是给自己一个机会。观察家认为，中国移动耐心是有限度的，如果诺基亚非要固执己见，最后可能会抱起石头砸了自己的脚。有数据认为，即使 3G 时代，中国移动也要占有一半以上的市场份额，如果诺基亚不积极参与 TD 发展，后果是十分严重的，这或许成为诺基亚在中国市场遭遇滑铁卢的开始。

（2009 年 5 月 15 日）

2012 年 2 月，在举世瞩目的巴塞罗那电子消费展上，为挽回颓势，重新吸引世人的关注，诺基亚推出了 4100 万像素的手机 808 Pure view，但这难从根本上改变诺基亚目前的颓废现状，凸现诺基亚在创新上的黔驴技穷

创新黔驴技穷　4100 万像素手机难救诺基亚

在举世瞩目的巴塞罗那电子消费展上，为挽回颓势，重新吸引世人的关注，诺基亚推出了 4100 万像素的手机 808 Pure view。

808 Pure view 确实为诺基亚吸引了一些人气，提振了一点士气。但笔者认为，808 Pure view 的推出很难从根本上改变诺基亚目前的颓废现状。甚至可以说，这款手机的推出，只能说是塞班手机系统的一次回光返照，凸现诺基亚在创新上的黔驴技穷。

诚如诺基亚在公关稿中所言，4100 万像素在数码相机中，像素都算是很高的了。但这并不等于说，808 Pure view 就能取代专业数码相机。相机和手机都可以用来拍照，但消费者的追求和使用习惯截然不同。手机拍照，只能是作为相机的一种补充，而无法从根本上取代专业数码相机。所以，在拍照功能上的追求，只能是作为手机的一种有益补充，而不能喧宾夺主。

作为拍照功能的鼻祖，索尼爱立信在拍照上一直都比较出色，但是很遗憾，索尼爱立信在当初的那段时间风光过一阵子，事实证明，想要凭拍

照功能成就手机霸主地位，是一条走不通的不归路。诺基亚 808 Pure view 的推出，有重走索尼爱立信老路之嫌。拍照功能不能成为一种差异化的创新，至少不能成为一种领先潮流的差异化创新。勿庸置疑，在诺基亚 808 Pure view 推出不久后，马上就会有相当或者更高像素的手机问世，把 808 Pure view 所谓 4100 万像素打回原形。

现在手机新品的竞争，不在具体产品功能上，而体现在综合实力的商业模式上。当然，硬件配置也算是其中之一。然而，最为重要的，应当算是操作系统及其相应的应用内容的竞争上。从现在市场竞争来看，硬件配置很容易被模仿，竞争对手很快就可以“你有我有全都有”。而应用内容，才是差异化和满足消费者细分化的关键和核心。这才是难以模仿和超越的。苹果的 iphone 就是一个突出的例子。可以说，苹果推出 iphone 很多年了，但到现在，仍然没有哪个商家能出其右，而且现在的 iphone 是越做越骠悍，根本原因就在于此。

从操作系统发展趋势来看，目前比较受消费者欢迎的主流操作系统为苹果的 ios 和谷歌的 android。诺基亚自己也意识到，要想重振雄风，必须从操作系统入手。但事与愿违，苹果 ios 是不会向诺基亚开放的，而谷歌的 android，诺基亚自己拒绝和错失了大好先机。虽然诺基亚把求救之手伸向了微软，但业界普遍认为“两只火鸡在一起，无法变成一只雄鹰”。而诺基亚 808 Pure view 采用的，却是诺基亚自己都准备淘汰的塞班操作系统。可见，要想借 4100 万像素来拯救诺基亚，是有点舍本逐末，缘木求鱼，是万般无奈之举。所以，诺基亚 808 Pure view 是难以承受重振诺基亚雄风重任的。

但是我们也无可否认，诺基亚 808 Pure view 凭借独步天下的 4100 万像素，让诺基亚塞班系统的新机在短期内“回光返照”，还是可以的。

在巴塞罗那消费电子展上，诺基亚把4100万像素的808 Pure view手机新品作为拳头产品来推，不能不说是诺基亚在创新能力上已经黔驴技穷，无法引领行业技术发展潮流。所以，诺基亚808 Pure view不是一款值得炫耀的产品，相反，努力推介这款产品，只能算是曾经的通信巨头诺基亚的一种悲哀，一声叹息。

（2012年3月1日）

能够拯救诺基亚的，可能只有安卓（android）——只有免费开源的安卓，才是拯救诺基亚的唯一救星。安卓性能已经被消费者和市场接受——终端企业都很看好安卓，安卓阵营正在不断扩大。可以想象，凭借诺基亚的品牌号召力，一旦采用安卓系统，实现复兴，那是指日可待的事

救星只有安卓　诺基亚为何不愿用

史蒂芬·埃洛普做主，把诺基亚和微软强扭到一起。这段“豪门婚姻”意味着从合作协议签订那天开始，微软 windows mobile 将逐步取代诺基亚塞班系统。

大家都知道这是一招险棋，弄不好诺基亚将全盘皆输。微软 windows mobile 在 2008 年达到辉煌顶点，占据高达 12% 的市场份额。此后，一路下滑，到目前仅占 4% 左右的市场份额。虽然诺基亚传统操作系统塞班在与 iphone 和 android 的较量中，只有守势，难有进攻，但毕竟塞班系统仍然占据着 37% 的市场份额，与亚军保持较大差距。

诺基亚近两年受到 iphone 和 android 剧烈冲击，利润和份额双双连续下滑，止住跌势，实现复兴，成为诺基亚的当务之急。这也是埃洛普得以登上诺基亚 CEO 宝座的梯子。但是现在诺基亚突然选用 windows mobile 操作系统，给其复兴之路投下巨大变数。windows mobile 从问世以来，被不少终端企业寄予厚望，但由于 windows mobile 表现一般，逐渐被

合作伙伴抛弃——当然，说到底，windows mobile 还是被消费者和市场抛弃。

诺基亚与微软合作，果真能像双方预想那样，帮助对方重返辉煌顶点吗？从现在气氛来看，恐怕持否定态度的占据大多数——埃洛普不能用“真理往往掌握在少数人手里”来为自己开脱。业内人士都认为，其实 windows mobile 不是拯救诺基亚出水火的最佳稻草。

能够拯救诺基亚的，可能只有安卓（android）——只有免费开源的安卓，才是拯救诺基亚的唯一救星。安卓性能已经被消费者和市场接受——终端企业都很看好安卓，安卓阵营正在不断扩大。从 2008 年安卓问世，到现在，不足三年，安卓操作系统从当初的 0.5% 飙升到时下的 22%。一直救赎无方的摩托罗拉，在投奔安卓后开始起死回生，实现了王者归来。智能手机新军 HTC，也是凭借安卓，实现了快速扩张和发展。其他手机巨头如三星、LG、索尼爱立信，采用安卓系统推出智能手机，都取得了巨大的市场成功。可以想象，凭借诺基亚的品牌号召力，一旦采用安卓系统，实现复兴，那是指日可待的事。

其实，谷歌在推出安卓初期，曾经找过诺基亚，但诺基亚沉浸在塞班的巨大成功中，没能慧眼识珠。设想一下，如果诺基亚第一个使用安卓系统，那无异于龙入水，虎添翼，哪能轮到摩托罗拉风光无限？其霸主地位自然是“卧榻之侧，岂容他人酣睡”？甚至 iphone 都难以对其构成威胁。但诺基亚没能把握这次千载难逢的机会。

或许亡羊补牢，为时未晚。其实，即使现在诺基亚使用安卓，实现复兴，也是比采用 windows mobile 要来得轻松。但诺基亚为何迟迟不用安卓呢？归根到底是面子问题。诺基亚一向以引领通信技术发展为荣，现在普天下都在用安卓了，诺基亚再杀进去，显然已经成为后来者，意味着自己在引领通信发展上，已经落伍太远了。所以，面子问题，正是诺基亚不愿用安卓的根本原因——而不是从企业利益角度考虑。

（2011 年 2 月 18 日）

早在2011年，笔者就预言：HTC的鼎盛局面正在终结，滑向衰落是无法避免的。目前显露出来的仅为冰山一角，如果HTC应对不及或者无方，将像摩托罗拉，诺基亚一样，走向困境

危机乍现冰角　HTC鼎盛面临快速终结

外柔内刚的女强人王雪红，雷厉风行地把HTC推向了极致，使其跻身全球五大通信终端品牌行列。

但鼎盛的HTC突然被羁绊住，滚滚向前的脚步戛然而止：2011年11月23日，HTC官方称第四季度营收与去年同期“大致相同”。就在20多天前的10月31日，HTC称第四季度营收将增20%～30%，达1250亿～1350亿新台币。

HTC两次官方预测相距时间虽然短暂，但对其前景的预测结果却大相径庭。

作为企业业绩晴雨表的股市，也印证了HTC对糟糕前景的预测。11月24日上午开盘后，HTC股份下跌约7%，较六月份新高跌去56%。在最高峰时期，HTC市值超过老牌终端霸主诺基亚，王雪红趁机放言要把苹果拉落马下。现在看来，HTC当初的壮志正在渐行渐远。

屋漏偏遭连夜雨。最近HTC在与苹果的专利诉讼中遭遇重大挫折：11月21日美国国际贸易委员会裁定苹果并未侵犯HTC子公司S3 Graphics的

专利，从而使得 HTC 安图以专利反诉讼应对苹果的专利诉讼意图破产，为其与苹果专利战前景蒙上一层阴影。

与苹果专利战的暂时失败，给 HTC 提出明确警告：单靠临时抱佛脚来应对和强化专利的积累，是行不通的。这场专利官司的判决，使得 HTC 收购 S3 的意义正在失去，也就是说那 3 亿美元收购巨资，花得可能没有啥子价值。

当然，问题并没有因此终结。HTC 是谷歌安卓阵营的主心骨，傍着安卓，HTC 才有今天的好日子。但这种好日子也在划上句号，谷歌的天平在向摩托罗拉移动倾斜。

摩托罗拉和 HTC 是安卓阵营的老对手，双方曾为谁是安卓老大大打口水仗。但让 HTC 始料不及的是，8 月 15 日谷歌突然以 125 亿收购了摩托罗拉移动。此举成为分化安卓阵营的分水岭：摩托罗拉移动一跃成为谷歌萧墙之内的人，而其他品牌则徘徊在萧墙之外。

虽然谷歌一再表态对三星、HTC 等安卓旧将安抚称将一视同仁，但傻瓜都明白，这只是外交辞令式安抚人心，内外有别是迟早的问题，因为既然谷歌收购摩托罗拉移动，那么帮助摩托罗拉移动做强做大是份内事，否则，无法向股东交代，只不过现在安卓还要扩大份额，稳定战果和军心。

种种迹象表明，HTC 的鼎盛局面正在终结，滑向衰落是无法避免的。虽然目前不明显，但 HTC 的危机也在开始显露出来。当然，显露出来的仅为冰山一角，如果 HTC 应对不及或者无方，将像当年的摩托罗拉，现在的诺基亚一样，走向困境。

（2011 年 11 月 25 日）

2012 年 3 月 28 日，中兴发布年报，“耀斑”与“黑子”并存：实现营业收入 862.54 亿元，同比增长 23.39%，实现归属于母公司股东的净利润 20.60 亿元，同比下降 36.62%。通读年报，我们看到，中兴存在三大“黑子”阴影：主营业务亏损，现金流为负，严重依赖政府补贴和退税

主营业务亏损　中兴面临发展瓶颈

2012 年 3 月 28 日，中兴发布年报，“耀斑”与“黑子”并存：实现营业收入 862.54 亿元，同比增长 23.39%，实现归属于母公司股东的净利润 20.60 亿元，同比下降 36.62%。

中兴在年报新闻稿标题放大了“耀斑”的光芒，称“增速 23% 居行业第一”。但通读年报，我们也看到，在“耀斑”光鲜的背后，难掩“黑子”的阴影。

中兴年报凸显中兴存在三大“黑子”阴影：主营业务亏损，现金流为负，严重依赖政府补贴和退税。读完中兴年报，给人感觉，这三大“黑子”足以让其“增速第一”的“耀斑”黯然无光。

主营业务陷入亏损困境

中兴年报显示，2011 年中兴净利润为 21 亿元人民币，同比下降 37%，营业利润 4.3 亿元，同比下降 83%。

这个营业利润，对一心一意要跻身国际一流企业行列的中兴来说，有些寒碜。

如果认真研读过中兴年报，我们不得不为中兴捏一把汗：中兴对国民技术的持股比例从最高的20%，在短短半年时间里，就降为仅有1%，所持5440万股基本出清，这种减持为中兴套现13亿元，获得8.7亿元收益。除去中兴卖掉国民技术的投资收益，2011年中兴实际营业利润为4.4亿元，也就是说2011年中兴主营业务出现了经常性损益。

产经观察家彭雄江认为：中兴出现这种局面，是价格战的必然结果。中兴惯用价格战，而价格战是一把双刃剑，在帮助中兴提升市场份额的同时，也使中兴的营业利润严重受损，使其卖得越多，亏损越大的怪圈。

现金流为负

中兴在经营上出现危险信号，已经不是第一次了。从2005年以来，中兴净利润一直在4%的警戒线左右徘徊。众所周知，中兴的海外市场做得不错。根据我国政策，中兴每年从政府那儿获得大量补贴和退税。

行业人士认为，中兴的利润，其实就是依赖于政府的补贴和退税。2010年中兴实现6.4亿美元的税前利润，其中高达57%来自政府补贴退税和投资收益；2011年这种情况不仅没有改善，反而变本加厉，对政府补贴退税和投资收益占税前利润的比例高达130%。

这使得中兴负债率居高不下，2010年达70.3%，2011年继续上升到75%，接近警戒线。据悉，中兴的现金流主要通过资本市场的融资输血来实现，由于常年高昂的负债率无法在中国的银行获得足够资金，2011年只好转向海外银团融资。自1997年上市以来，中兴除在中国、埃塞俄比亚、委内瑞拉、尼日利亚等几个国家盈利外，海外绝大多数市场都不赚钱，中兴低价拓展海外市场的目的一是在股市圈钱，二为从股市圈钱修饰报表。

全球产业环境不景气考验中兴模式

表面看起来，中兴在海外市场的扩张可圈可点。实际上这种低价扩张导致中兴面临空前考验。

2011 年全球运营商业务增速显著下降，扣除通胀后仅为 2.0%，低于 GDP 增幅。这种产业环境使下游设备商处在微利运营状况。但中兴仍然奉行高毛利时代的业务模式，即通过低价拿下网络，然后通过后续网络扩容获取利润。

行业分析人士认为，中兴到了思考转变商业模式的时候了。一味的低价，确实可以把业绩做得很漂亮，但与此同时，由于利润降低，影响企业运营的危险因素也越积越多。

（2012 年 4 月 16 日）

LG手机通过2008年财报称，2009年要在中国市场斥资10亿，加大新品上市速度、市场推广力度和渠道建设力度，“以在中国市场上的大跃进来减缓全球金融危机带来的冲击”。这能帮助其完成在中国市场麻雀变凤凰的涅槃吗

10亿巨资难助LG手机麻雀变凤凰

据LG手机2008年度财报说，他们终于超越了摩托罗拉，成为全球第三大手机生产制造企业，并且财大气粗地宣布，2009年要在中国市场斥资10亿，加大新品上市速度、市场推广力度和渠道建设力度，“以在中国市场上的大跃进来减缓全球金融危机带来的冲击”。

在一个单一国家市场投入10亿巨资确实不是一个小数目，特别是在大部分企业都准备勒紧裤带度寒冬的情况下。或许，LG手机高层的愿望是美好的，在中国市场上LG手机还有很大的提升空间。但观察家认为，LG手机的计划正在印证这样一个事实：LG手机目前在中国市场现状尴尬，中国是世界上最大的手机市场，可LG手机在中国的市场份额与其全球地位极不相称。有关数据表明，目前LG手机在中国的市场份额不足3%，在2%~3%之间歧路彷徨，远低于其他四大外资手机品牌。这个市场份额，说明LG手机在中国市场上正处于灰色的边缘地带，有不少国产手机品牌的市场份额已经超过了这个数字。如果这个时候LG手机还不能奋发图强，

提升市场份额，等经济寒冬一过，LG 手机肯定将面临被边缘化的危险。这正是 LG 手机在中国市场上不惜血本，立志往前冲的原因。

10 亿巨资砸进中国市场，虽然落入池中的瞬间能够激起巨大浪花。但观察家认为，浪花激溅之后还是要落下来，最后归于平静，难以产生持久影响。因为中国手机市场是世界上最成熟的市场之一，天下局势早就大定。作为 LG 手机的强敌，诺基亚、三星、摩托罗拉、索尼爱立信是绝对不可能坐视 LG 手机在中国市场上做大做强的。因为 LG 要做大做强，就必须从其他四大外资品牌口中夺食，因为五大外资的市场定位在很大程度上都是重叠的。也就是说，LG 手机要在中国市场上做大做强，就要面临其他四大外资品牌心照不宣的默契对抗。可以说，在中国市场，LG 手机不是其他四大外资之中任何一家的对手，更不用说要“单拳抵四腿”了。所以，即使投入 10 亿巨资，LG 手机在中国的前途和命运恐怕难达预期目标，或许短期内有点成效，但长远看，恐怕还是老样子。

撇开其他四大外资品牌的强敌环伺不论，内部问题重重也是制约 LG 手机在中国发展的关键因素。CDMA 手机在 LG 手机版图中占有相当份量，但现在全球的 CDMA 手机正在没落，中国 CDMA 手机市场滑坡速度也在加快，这无疑影响到 LG 手机的销售。与其他四大外资品牌比较起来，LG 手机在质量、品牌、售后、渠道上没有丝毫优势，甚至处在相对弱势的境况。最近，LG 手机在加拿大就因产品辐射大幅度超标被大量召回，说明 LG 手机在质量上存在相当大的隐患。中国消费者对 LG 手机品牌的认可度，在五大外资品牌中可以说是最低的。虽然 LG 手机 10 亿市场推广建设费用有强化渠道建设的打算，并重点选择中邮普泰和天音作为自己的合作伙伴，但这两家渠道商在代销 LG 手机的同时还在销售其他外资品牌，不可能因为 LG 手机而厚此薄此，还是把 LG 手机与诺基亚、摩托罗拉、三星、索尼爱立信摆放在一起，让消费者自己做出明智选择。与此同时，其他四大外资的渠道明显要比 LG 手机健全和完善。具有讽刺意味的是，其他四大外资企业为拉动销售，都在降低手机产品的市场价格，可 LG 手机反其道而行之，在金融危机面前不降反升，让很多消费者或潜在消费者都觉得 LG 手机提升价格是在趁人之危，趁火打劫。

如果 LG 手机不能正视自身问题，加以改进，想在中国市场追赶其他四大外资品牌，或许只是南柯一梦。由于 2009 年全球经济形势将更加严峻，相比于发达国家，中国还是一个相对风平浪静一点的港湾，外资品牌势必加大在中国市场的争夺，所以，中国市场上的竞争仍然很惨酷，很激烈。LG 手机计划在今年的中国市场上实现质的提升和梦想的飞跃将十分面临严峻考验。所以，观察家认为，10 亿巨资难助 LG 手机在中国完成麻雀变凤凰的涅磬。

（2009 年 2 月 2 日）

2011 年 3 月 9 日，中国商务部反垄断局对诺基亚西门子（以下简称诺西）并购摩托罗拉无线部门案再度做出初步否决表态，从而使得诺西计划在 2011 年第一季度完成并购案的计划又一次落空

否决诺西并购摩托　中国亮剑凸显经济强国地位

2011 年 3 月 9 日，中国商务部反垄断局对诺基亚西门子（以下简称诺西）并购摩托罗拉无线部门案再度做出初步否决表态，延迟 60 天，从而使得诺西计划在 2011 年第一季度完成并购案的计划又一次落空。

据悉，诺西并购摩托罗拉案要顺利进行，需要得到包括中国在内的 9 个国家和地区的反垄断许可才行。其他 8 个国家和地区已经对这桩并购案开了“绿灯”，所以，中国成为诺西并购摩托罗拉案的最后一道屏障，其态度具有决定意义。

行业分析人士认为，中国商务部反垄断局第二次否决诺西并购摩托罗拉案，可能出于两个因素的考虑：

一是如果并购完成，诺西将获得急剧膨胀，在中国某些地区市场，将出现被诺西绝对控制的局面，如北京 GSM 市场，诺西份额将达到 100%，这种高度集中的市场，有悖于“公平竞争”的游戏规则，增加了其他企业的进入难度。

二是这桩并购案，牵扯到中国企业华为的知识产权和商业机密是否得

到保护。从2000年开始，华为就以OEM形式与摩托罗拉展开深入合作，"曲线"进军美国市场。在十多年合作过程中，摩托罗拉掌握了太多的华为专利和商业机密。如果并购成功，这些知识产权和商业机密就等于拱手让给了诺西，从而让华为赤裸裸地暴露在竞争对手面前。鉴于这种情况，美国伊利诺伊州北区法院对诺西并购摩托罗接案发布了"初步禁令"，禁止摩托罗拉向诺西转移华为知识产权和商业机密。

近年来，随着国家经济实力的增强，中国企业在海外市场的扩张步伐明显加剧，遭遇的地方贸易保护主义的冲击时有发生。某些西方国家，千方百计地阻止中国企业在当地的发展。华为在美国就遇到过数次阻挠了。华为曾经试图竞购摩托罗拉无线业务、网络设备制造商3COM、Sprint Nextel、3Leaf公司，但美国政府以国家安全和保护知识产权为由，把华为拒之门外。

这次中国商务部延迟诺西并购摩托罗拉案，表面看起来，是"以其人之道还治其人之身"，实际上美国政府某些顾虑只是一个虚假的借口，而中国则是实打实的拒绝理由。就连美国伊利诺伊州北区法院都认为诺西并购摩托罗拉，确实是侵犯了华为的知识产权和商业机密。

中国商务部再度延迟诺西并购摩托罗拉案，给华为和其他在海外拓展的企业输入了"强心剂"，这也表明中国政府维护中国企业在海外利益方面的意识越来越强，敢于亮剑，凸显了我国在经济领域的话语权被普遍提高。

（2011年3月11日）

2011 年 4 月，爱立信在英国、意大利和德国起诉中国竞争对手中兴终端侵犯了其 GSM2G 终端和 WCDMA3G 终端部分专利。至于最后鹿死谁手，现在下结论恐怕为时尚早，但爱立信要想成为单纯的赢家，恐怕不容易

爱立信“围魏救赵”诉中兴侵权　难成单纯赢家

最近全球网络设备巨头爱立信向中国竞争对手中兴祭出了知识产权利剑：爱立信在英国、意大利和德国状告中兴终端侵犯了其 GSM2G 终端和 WCDMA3G 终端部分专利。

这是一个耐人寻味的诉讼。早在 2001 年，爱立信手机业务就已经和索尼手机业务合并成独立企业法人了。按理，爱立信诉中兴终端，索尼爱立信出面可能更为合适。为什么爱立信要跳出来，向中兴开这一枪呢？

表面看起来，爱立信起诉中兴是奔终端来的，其实这是声东击西之策——终端看来，爱立信除了借专利侵权向中兴求得一些经济赔偿之外，在战略上没有多大意义和价值。

要了解爱立信的真正意图，需要看众们将眼光移向终端之外的另一领域。据笔者判断，爱立信和中兴目前竞争的焦点其实应该是在网络设备供应这一块业务，特别是标志全球升级换代的 4G 网络业务 LTE 的布网。中兴已经在全球部署了 65 个 LTE 商用或实验网络，占据 17% 的份额，在全球市场排名第三，仅次于诺基亚西门子和华为的 29% 和 19% 。爱立信则在

该领域彻底丧失了“龙头老大”地位。借助诉讼中兴终端来实现爱立信敲山震虎，延缓中兴咄咄逼人的进攻的目的，这大概才是爱立信的真正意图所在。

所以，爱立信诉讼中兴终端侵权，有点围魏救赵的味道。

然而，爱立信能借此达到目的吗？

业内分析人士认为，爱立信的如意算盘面临落空的可能。

爱立信是专利大户。但这些年中国企业在知识产权方面进步神速，通信领域里的华为和中兴尤其如此，2008年华为在世界知识产权组织网站上位列全球PCT（专利合作协定Patent Cooperation Treaty的简写）专利申请量第一。2010年中兴通讯跻身PCT专利申请量全球第二，通信企业第一，截至2010年底，中兴通讯拥有专利总量达3.3万件。

在通信领域，一家企业不可能拥有全部知识产权。中兴拥有的庞大专利数量，让中兴在爱立信面前不用卑恭屈膝。爱立信起诉中兴，剑起偏锋，避开主营业务，选择起诉中兴终端，就是不希望在主业务上与中兴展开知识产权的正面交锋。

就在爱立信起诉中兴的同时，中兴“以眼还眼，以牙还牙”，果断还击。中兴表示，准备在中国、西欧和其他国家和地区对爱立信展开反诉讼。

至于最后到底鹿死谁手，现在下结论恐怕为时尚早。但结果倒也不难预料：要么展开旷日持久的诉讼，最后两败俱伤；要么双方握手言和。爱立信要想成为单纯的赢家，恐怕不容易。

（2011年4月13日）

2011 年 4 月，华为在德国、法国、匈牙利起诉中兴通讯侵犯其知识产权。中兴通讯快速做出反应，在中国对华为提起反诉

华为中兴专利大战：法律问题应交由法律来解决

2011 年 4 月份，华为在德国、法国、匈牙利起诉中兴通讯侵犯了自己的知识产权。中兴通讯快速做出反应，在中国对华为提起反诉。较早前，苹果起诉三星，以及三星对苹果提起诉；诺基亚与摩托罗拉的也打起了知识产权官司，这些都说明，知识产权战争在通信领域已经成为常态。

尽管如此，华为与中兴通讯之间的起诉与反起诉还是引发了轩然大波。相当一部分人认为，华为和中兴通讯是中国仅有的两家在全球做得较为成功的通信企业，是唯一能够与爱立信、诺基亚西门子、阿尔卡特朗讯等跨国巨头抗衡的中国企业，在与跨国巨头的抗衡过程中，华为和中兴通讯还处于相对弱势，所以，这对自家兄弟应该携起手来，一致对外，即使在知识产权问题上，都应该睁一只眼，闭一只眼，对侵权行为最好能够视而不见。

其实，这是一种情大于法的误区，这种认识对知识产权的建设和保护，都会造成较大伤害。现在的竞争都是全球化的，已经超越了国界，企业知识产权的保护应该是没有国界的，其主体只能是企业本身。

打个比方，在中国市场的彩电领域，海尔、海信、创维、康佳、TCL和长虹都在与三星、LG、东芝、夏普等外资品牌激烈对抗，不能因为前者是中国企业，就可以对其他中国企业的侵犯知识产权权行为熟视无睹；三星和LG，东芝和夏普不能因为都是韩国企业或日本企业，就对对方的侵权行为熟视无睹。

现在是法治社会，行事应该以法律为准绳，犯事了就应该在法律框架内寻找解决办法，这是最高标准。否则，法律就失去了存在意义，一切都会乱了套。无论是华为起诉中兴通讯，还是中兴通讯起诉华为，只有通过法律途径来解决——当然，双方也可以在尊重法律的前提下，通过协商来解决。

部分业内人士习惯于“把使用法律来保护知识产权”称之为挥舞知识产权的“大棒”政策，认为挥舞知识产权大棒的，一般是指强势的跨国企业对弱势的中国企业而言。这是一种“挨打”惯了的思维，不仅已经不合时宜，而且不利于中国企业做强。虽然目前中兴通讯在华为面前，实力相对处于弱势，但我相信就连当事人中兴通讯也不愿意把自己定义为一个“弱者”。即使是作为中国企业的华为和中兴通讯，在爱立信、诺基亚西门子、阿尔卡特朗讯面前，都已经成为名副其实的强者，已经不惧跨国企业的“大棒”威胁。华为起诉诺基亚西门子并购摩托罗拉案并获得胜利，就已经说明跨国企业对中国企业挥舞知识产权大棒的时代已经形同黄鹤，一去不复返了。

知识产权是企业科研实力的集中体现，知识产权是企业实力的较量。华为和中兴通讯之所以在行业和全球能够拥有今日地位，其中一个重要因素就在于他们重视科技创新，科研实力在全球同类企业中出类拔萃，位居前茅。现在华为和中兴通讯专利数都以万计，每年专利申请和授予量都稳居同行全球前列。这正是保证华为和中兴通讯不断在全球市场开疆拓土，加速度明显快于外国竞争同行的动力源泉。华为和中兴通讯关于知识产权的建设，在全国企业界数一数二，在全球范围内都堪称典范。但是在全球把知识产权作为主要竞争手段之一的情况下，无论是华为，还是中兴通讯，都应该更为重视知识产权，这种重视是双向的，既要保护自己的知识产权，又要尊重别人的知识产权。这如同一条铁路的左右两侧路轨，缺失其中任何一条，都不利于知识产权创造者在上面撒野狂奔，无法获得知识产权政策的真正保护。

伴随着中国改革开放成长起来的华为和中兴通讯，其科研实力已经不容小视了，但在具有更为悠久历史和技术积淀的跨国巨头面前，仍然处于相对弱势。所以，华为和中兴通讯更应该重视知识产权的保护。当然，为强化自身竞争力，一条多快好省的捷径，就是在知识产权上加强彼此合作，允许专利交叉使用许可，甚至付费购买对方的专利，联手应对跨国企业的竞争。这种携手合作，应该建立在彼此尊重的基础之上，而不是建立在侵权的基础之上。如果听任自己或者对方侵权行为发生，那就是对不法行为的容忍和放纵。其结果，势必削弱彼此竞争实力，最后谁都无法真正做强做大，从而给跨国对手以可乘之机。

尽管华为和中兴通讯两家中国企业之间的专利战有升级趋势，但值得庆幸的是，针对华为对中兴通讯的诉论，中兴通讯提起了反诉，这一点恰恰说明中国企业已经学会了运用法律武器来保护知识产权，保护自己的研发成果，这本身就是一个巨大的进步，也是其他企业在面对同类问题时应该学习和效仿的。所以，无论是华为起诉中兴通讯，还是中兴通讯反诉华为，都是一件利大于弊的事情。无论结果如何，都是给对方，乃至中国企业，甚至世界企业的一个鲜明警示，有利于形成保护和尊重知识产权的良好氛围。对当事者而言，有利于彼此“吃一堑，长一智”，促进科研开发来增强自身实力，促进对知识产权的保护和尊重再上一个新台阶。

（2011年5月16日）

2012 年 10 月，美国众议院情报委员会发布报告，以中国电信设备企业华为、中兴威胁国家安全为由，要求政府机构免购其设备，给这两家在全球市场蓬勃发展的中国企业意图拓展北美市场的雄心以沉重一击

美国排斥“中华” 思科受益最大

最近美国众议院情报委员会发布报告，以中国电信设备企业华为、中兴威胁国家安全为由，要求政府机构免购其设备，给这两家在全球市场蓬勃发展的中国企业意图拓展北美市场的雄心以沉重一击。

华为、中兴先后表态，称其产品对美国国家安全没有威胁。在此之前，这两家中国企业向美国众议院情报委员会开放了自己，以配合调查，但这于事无补，业内认为报告结论早就事先设定，调查也就沦为一种掩耳盗铃的形式。华为驳斥称美国众议院情报委员会发布的报告充满传闻和臆测。

所有明眼人对报告出炉的台前幕后洞若观火，都认为是美国的地方保护主义在作祟：华为、中兴产品威胁美国国家安全是“莫须有”的罪名。

购买华为中兴设备，果真像美国众议院情报委员会担心的那样，在中国与美国或其他国家交战的时候，这些设备成为重要的间谍工具吗?

其实，这种担心，对美国这种科技高度发达的国家来说，并非空穴来风，而是依据美国的经验做出的“以己度人”的臆测——美国曾经多次利

用企业产品威胁过其他主权国家的国家安全。

里根时代前空军部长里德（Thomas Reed）在《在深渊：一名知情者讲述的冷战史（At the Abyss：An Insider' s History of the Cold War）一书中记述了1982年针对苏联天然气管道进行的电子设备破坏行动，这次行动引发了大规模的爆炸，以至于美国军队一时以为这是核袭击的早期信号。

美国情报机构与以色列合作，凭借对微软Windows操作系统各种版本的深入了解以及对工业控制系统的专业知识，创造了蠕虫病毒震网（Stuxnet），并利用这种病毒破坏了伊朗的核研究项目。后来人们还发现美国和以色列制造的其他网络武器，如Flame和Gauss，发动了针对伊朗的军事行动。

2007年以色列空军袭击被怀疑是核武器研究机构的叙利亚的一处设施。第二年《IEEE波谱杂志》（IEEE Spectrum）的一篇报道追踪到的消息显示，一家法国芯片公司提供给叙利亚的雷达防御设备中包含一个“切断开关”（kill switch），使叙利亚无法监测到以色列轰炸机正在执行的袭击活动。

美国及其盟国的所作所为，确实让美国会有理由对华为、中兴“担惊受怕”。但现在一个基本事实被美国官方给疏忽了，即除了英特尔（Intel）芯片等某些更高价值的芯片外，很多、甚至可以说大部分电信设备组件都是在中国制造的，美国的思科系统（Cisco Systems）和瞻博网络（Juniper Networks）、法国的阿尔卡特朗讯（Alcatel - Lucent）和瑞典的爱立信（Ericsson）都使用中国生产的零部件，并且设备的最终组装有不少也是在中国进行，并销往世界各地，也包括欧美国家的，美国官方并没有排斥这些产品，由此看来，排斥华为和中兴设备是一种选择性排斥，与所谓威胁国家安全并没有直接关系，而是打着威胁国家安全的幌子行经贸上的地方保护主义之实。

美国的地方保护主义到底是在保护谁呢？

美国的本土企业思科，是美国排斥华为、中兴进入美国市场的最大受益者。这些年，中国企业华为、中兴在全球业务发展迅速，不断蚕食鲸吞美国的思科、瞻博、法国的阿尔卡特朗讯和瑞典的爱立信的市场，给其造成巨大压力。美国 CNET 称：华为在新兴市场直接跟思科竞争。在过去 10 年里面这两家公司经常发生竞争，思科曾经控告华为在 2003 年偷窃他们的源代码，在整个调查过程中思科像一个很大的受益者，华为表示在之前思科经常在背后丑化华为的声誉。由此看来，美国这次排斥华为中兴事件，只不过是类似事件的另一翻版。

思科、爱立信、阿朗这些欧美企业的中国市场做得十分成功。如果按照美国众议院情报委员会逻辑，中国政府更应有理由对这些企业说“不”。近期思科在中国大规模推广云计算解决方案，近年媒体不断披露思科产品存在漏洞及安全后门事件。思科自己也承认，其产品也会有漏洞。2007 年底，思科提醒过 windows 用户，其安全代理软件（cisco security agent）存在漏洞，可导致 windows 系统遭遇攻击，甚至导致系统崩溃。

业内人士当时便指出，如果黑客能够找出利用该漏洞运行代码的方法，其后果将相当严重。2009 年，无线网络安全公司 AirMagnet 透露，思科的一些无线接入点有一个安全漏洞，能让何可重新定向企业外部的通讯或者有可能获得访问整个企业网络的权限。互联网协会特邀专家杨孝文表示，美国对中国安全企业层层设防，可我们对美国安全企业却毫无戒心。这种企业待遇的不公将导致安全的失衡，应该引起我国政府和企业的高度警觉。

（2012 年 10 月 10 日）

2012 年 10 月，美国众议院情报委员会发布报告称，中国电信设备商华为和中兴未能解释在美国的商业利益以及和中国政府的关系，有可能威胁美国国家通信安全

大选年行地方保护主义　美力阻“中华”进入

以市场经济著称的美国，在大选之年和经济危机的双重压力下，开始患得患失，背离市场经济“自由竞争”的要义。最近，美国众议院情报委员会（下文简称委员会）发布报告称，中国电信设备商华为和中兴未能解释在美国的商业利益以及和中国政府的关系，有可能威胁美国国家通信安全。

当事者（或称该报告受害者）的中国企业华为和中兴第一时间做出反应。华为声明称该报告充满传闻和臆测，本质是阻止中国企业进入美国市场，与美国企业竞争。中兴称其通信设备不会威胁到美国的国家安全。

据悉，该报告由美国众议院常设特别情报委员会主导，历时 11 个月。在报告形成过程中，华为、中兴负责人就其业务活动和全球网络建设安全问题与其沟通。华为最高管理层在华盛顿、香港和深圳多次面对面回复了委员会的质询；委员会成员检查了华为的研发、培训、生产等区域；华为还提供了大量文档，包括过去 10 年的董事会、监事会的名单，从 1987 年成立以来每一年的销售数据，以及持股员工名单和持股数量，资金来源及

财务运作等，希望这些透明信息能确保委会的调查符合事实，从而得出客观公正的结论，但事与愿违。尽管报告形成时间跨度很长，但调查或许流行形式，因为结论早就被先入为主了——在委员会决定启动调查之前，委员会某高级成员就公开通过媒体呼吁“美国商界在选择华为设备上采取谨慎态度”。

其实，ICT 本来就是一个开放、透明、供应链全球化的行业，市场全球化也是这一领域发展的必然要求。这一领域，众多跨国企业都在中国落户，中国制造的部件十分普遍，成品不仅供应中国市场，而且销往全球各地；这一领域，中国企业的华为、中兴都在软硬件领域与西方企业开展广泛合作，并与全球 100 多个国家的 500 多个运营商携手，服务超过全球一半以上的人口。仅华为从 2001 年在北美开展业务以来，已从 280 家美国供应商购买了 300 多亿美元的产品和服务，为美国高科技企业的发展和就业做出了贡献。ICT 企业都在全球进行研发、软件编码和生产，共享一个供应链，都是“你中有我，我中有你”。网络安全挑战超越任何一个公司或者国家。华为发展 25 年来，在网络安全上，并没有发生过一起委员会所顾虑和担忧的问题。

美国是市场经济的“鼻祖”，一直标榜“自由竞争”。在这种精神鼓励下，美国确实诞生了诸如苹果、谷歌、微软、惠普、戴尔、摩托等很多伟大的科技公司。美国也一直要求中国放弃经贸上的地方保护主义。但有意思的是，美国一直在奉行双重标准。中国市场早就对美国企业奉行“自由竞争”的市场经济政策了，甚至美国企业还享受“超国民政策”，但华为和中兴在美国所受遭遇，不得不让人对其所倡导的“自由竞争”的市场经济打上一个大问号。美国做法激起业内人士共愤，他们希望中国“以牙还牙”。电信行业分析师马继华说：“中国入世这些年，经济开放国门大开，外来跨国公司在华享受超国民待遇，甚至关系国计民生的领域都畅通无阻，但国内企业即便非常国际化的 IT 通信等领域频频被美国以安全为由拒之门外。这实际是贸易保护措施，我们也需要以其人之道还治其人之身，才能保护中国企业的合法权益！”另一电信分析师付亮称“中国市场是时候重新考虑美国企业进入的衡量尺度”。

对于委员会报告所做结论，业务人士认为归根结底是由于地方保护主义在作祟。促使委员会做出这种结论，一是政治上的考量，今年是美国大选之年，两党都在打“中国牌”；二是美国经济复苏乏力，政经界都希望对本国市场和企业“庇护”，以帮助本国经济重振雄风。不过，无论是哪种原因，相对于中国的大度，都显得美国肚量小气。这种对自由竞争的干预和阻挠，伤害的不仅仅是中国企业，而是整个产业链，是市场经济本身；是在开倒车，与“促进自由、公平的贸易环境和全球化进程”倒行逆施。

（2012 年 10 月 29 日）

3G来了，大家都在同一个起跑线上。中国手机市场是大海，能纳百川。如果日系手机在中国市场无所作为，那就必将越来越地域化，将来或许面对消亡的威胁

中国市场无所作为　日系手机或消亡

由于国内市场有限，加上深受经济危机影响，在沉寂很久以后，日系手机又开始蠢蠢欲动了。继夏普手机于2008年5月登陆中国市场以来，其他手机企业开始春心萌动。曾在中国遭遇滑铁卢的NEC最近再度放出狠话来，要加强在海外市场的扩张——NEC很明白，如果一味固守国内市场，或许只有死路一条。

值得玩味的是，NEC说要扩张海外市场，重点放在欧洲。但笔者认为，这只是一个测试方向的风向球，是醉翁之意不在酒，中国市场才应该是NEC未来海外市场的重心——毕竟NEC并没排除说不开拓中国市场。

NEC遮遮掩掩，不明目张胆地把要开拓中国市场的企图表达出来，是因为中国市场曾经是NEC的伤心地。现在要卷土重来，有点投鼠忌器。但国内市场萎缩，欧洲市场不仅萎缩，而且定位相差无几的品牌和产品几近饱和，要想拓宽生存空间并没那么容易。

倾巢之下，几无完卵。相比于发达国家和地区，由于中国政府救市积极，扩大内需的动作连绵不断，相对而言，风景这边独好，系列刺激经济

的政策开始凑效，所以，在目前经济形势下，手机企业在中国市场如果无所作为的话，那真是不想混了。NEC不能对此无动于衷。眼看着同宗同源的兄弟夏普手机在中国市场渐见起色，NEC能不焦急吗？

还有一点可以佐证笔者的猜想：那就是NEC迟不放话，晚不放话，而是中国3G如火如荼之际才放话。这就更值得玩味，当年NEC退出中国市场时，风萧萧兮易水寒。在易水河畔，NEC不甘心地表态：当中国3G时代到来，一定要卷土重来。

现在，中国3G已经来了。虽然中国市场现在强手林立，想打下一片江山不太容易，但比较而言，开拓中国市场，NEC以为自己具备3G优势，至少可以拉开与中国民族品牌的差距，况且其他五大外资在中国3G市场目前并无建树，大家都在同一个起跑线上，何况中国手机市场是大海，能纳百川，可以花更少的钱，产生更大的效果。

由于全球外资品牌都把中国市场作为全球战略的重中之重，一位观察家甚至认为，如果日系手机在中国市场无所作为，那就必将越来越地域化，将来或许面对消亡的威胁。

（2009年7月9日）

消费者购买小灵通的理由正在消失；而不购买小灵通的理由越来越坚挺。在小灵通和手机之间，消费者的选择已经是秃头上的蚤子——明摆着的

小灵通三年内消失　UT 斯达康或一蹶不振

2005 年以前，小灵通凭借资费便宜（最重要的体现在单向收费）的“一招鲜”风风火火闯九州，达到鼎盛时期。独占小灵通市场半壁江山以上的产销商 UT 斯达康赚得盆溢钵满，当时 UT 斯达康中国掌门吴鹰经常在权威的中央电视台露脸论剑，威风八面。他的满脸胡子几乎成为小灵通春风得意，精力充沛的象征。

但此后随着通信资费一路下跌，加上本身不能在异地通话的致命软肋，小灵通开始以重力加速度陨落。到 2008 年，由于漫游费大幅度下调和手机单向收费或明或暗地进行，被褫夺了武器的小灵通开始全面溃败。据权威数据表示，到 2008 年 10 月，小灵通流失的客户竟多达 1222 多万，到现在仅剩 7000 来万用户。与此相映成趣的是，手机却是获得了前所未有的发展，全国用户突破了 6 亿大关。

从目前来看，消费者购买小灵通的理由正在消失；而不购买小灵通的理由越来越坚挺。在小灵通和手机之间，消费者的选择已经是秃头上的蚤子——明摆着的。小灵通目前的用户，就是那些还舍不得扔掉小灵通的老

用户。如果这些老客户需要更换手中的通信工具，小灵通肯定不再是他们的首选了。这正是小灵通用户加速流失的重要原因。

观察家认为，5000 万用户量正是小灵通的生死临界点。如果低于这个用户量，小灵通就没有存在必要了，即使存在，对运营商和终端生产商来说，也将成为亏本买卖。或许现在小灵通已经成为产业链上的亏本买卖，一个烫手山芋了。以目前小灵通客户流失的速度来说，到达生死临界点，或许只要两年就够了。当然，如果小灵通没存在必要了，如何安置和补偿尚存的那部分用户还需要一段时间。但总的来说，观察家认为，小灵通或在三年内消失，成为继寻呼机之后，通信领域又一个被淘汰掉的产品。

让小灵通急火攻心的是，中国移动对小灵通所占有的 1800～1920MHz 频段虎视眈眈，说要用这个频段来发展 TD。TD 是新生事物，发展前景广阔；小灵通正在没落。从发展上来说，两者是没有可比性的。小灵通让出 1800～1920MHz 频段是迟早的事。而频段一经让出，对小灵通来说，就是釜底抽薪，代表小灵通正式灭亡。届时，UT 斯达康的小灵通帝国将轰然倒塌，成为废墟。

对 UT 斯达康来说，成也小灵通，败也小灵通。小灵通当年的火爆冲晕了 UT 斯达康的头脑。UT 斯达康落到今天这种尴尬境地，在于 UT 斯达康没有成功实现产品的战略转型。虽然后来 UT 斯达康转战手机，但并没有抓住最好时机。

对 UT 斯达康来说，小灵通代表过去，手机代表现在，IPTV 代表将来。UT 斯达康的过去曾经辉煌过，但好汉不提当年勇，小灵通正在成为 UT 斯达康的包袱。

在手机业务上，UT 斯达康做得一直不见起色，甚至连二流品牌都算不上。虽然 UT 斯达康一再强调自己有小灵通所累积的强大品牌做支撑，但消费者似乎就是不认帐，UT斯达康在小灵通上的强大品牌号召力并没转变成消费者购买UT斯达康手机的动力——或许一码归一码，小灵通是小灵通，手机是手机。观察家甚至认为，小灵通强大的品牌给UT斯达康带来了负面影响，由于在小灵通上的过于强大削弱了UT斯达康在手机上的作为；而且现在看来，小灵通正在衰落，所以UT斯达康手机不能作为先进事物的代名词，甚至相反，所以哪怕是品牌，小灵通也成为拖累。

至于UT斯达康正在致力发展的IPTV，或许面临的形势更严峻。UT斯达康自己都把IPTV定义为居室第二需要。中国消费习惯与美国截然不同，虽然IPTV在美国大有市场，但在中国是否可以成功，现在还很难下定论。很多观察家认为，IPTV是补充性需求，不可能成为一种必须，所以并不看好IPTV的发展前景。居家娱乐方式的选择中，电视是当之无愧的首选。由于从运营商到终端生产到内容提供，电视产业都十分成熟和完善，而IPTV的发展还有很多问题需要解决，所以恐怕IPTV难有见缝插针的地方。即使撇开电视不论，消费者选择网上下载和观看碟片的家庭娱乐休闲方式都要比用IPTV习惯。所以，对于UT斯达康一直在提倡的IPTV来说，实在是雾中花水中月。如果说，致力IPTV代表UT斯达康在豪赌明天，那么现在基本上可以断定，UT斯达康的明天不是一条阳关道。

（2009年2月3日）

2009年10月15日，绫致旗下休闲牛仔品牌杰克琼斯在淘宝网上开通官方旗舰店，当天完成交易额20多万。到18日，有100多万人逛了杰克琼斯官方站，卖出2000多件衣服，单日交易额达47万

大品牌与淘宝双剑合璧：改变商业和世界的力量

十年后的阿里巴巴正在发生质的变化。如果说，以前上淘宝网购物，具有买卖的散漫性，而现在越来越多的时尚达人上淘宝网“淘宝”正在成为习惯，这吸引更多大品牌不得不上淘宝网开店。

2009年10月15日，绫致旗下休闲牛仔品牌杰克琼斯在淘宝网上开通官方旗舰店，当天完成交易额20多万。到18日，有100多万人逛了杰克琼斯官方站，卖出2000多件衣服，单日交易额达47万。据悉，杰克琼斯一个线下店日销售额仅为2万元左右，淘宝网上一个店相当于20个线下店——当然，如果从发展的眼光来看，肯定远远不止这个数，毕竟网购是大势所趋，而杰克琼斯的官方网店才鸣锣开张。这种业绩的取得，对杰克琼斯来说，无疑是一件值得庆贺的事，将来或成为其在中国市场的主要销售模式之一都是正常的。况且，这种生意成本低，所以利润高。

据悉，虽然开业时间较短，但杰克琼斯俨然已成淘宝网上第一服装店，一举超越了其竞争对手——日本著名休闲品牌优衣库。观察家认为，这种成功的原因至少有四个主要方面：

一是品牌的拉动。杰克琼斯是世界著名品牌。或许大品牌在网购方面具有更加非凡的号召力。无疑，我们将看到，将来会有越来越多的知名品牌，将选择在淘宝网上开店作为其在中国市场的一个主要销售通路。

二是产品吻合网购特点。在中国网购还是以年轻消费者为主，他们除了品牌意识强，还具有时尚前卫的特点，杰克琼斯的休闲衣装，正好吻合他们的消费习惯。杰克琼斯选择在淘宝网上开店，可谓是英雄找到了用武之地。

三是新颖多样的营销手段。杰克琼斯在淘宝网上开店，并没有厚此薄彼，而是线上销售商店和线下渠道几乎是同步发行的，而且杰克琼斯提供了相当数量的网店专供商品，这在其他任何线下商店是买不到的。这种专门为淘宝网量身订做的“网货”，强化了差异化营销作用和效果。

四是平台的威力。在中国，无论是哪个电子商务平台，都没有淘宝网这么牛，这已经被举世公认。中国网民，有购买欲望和需求的时候，现在都是在第一时间上淘宝网看看，这种超人气，正是杰克琼斯热卖的基础。

从杰克琼斯与淘宝触网的合作看来，强大品牌在淘宝网上或许可以找到更大的舞台，更利于品牌长袖善舞。这种珠联璧合的模式，或许正在成为一种改变商业模式和世界的可怕力量。

（2009 年 10 月 23 日）

2010 年 1 月，谷歌退出中国的声音甚嚣尘上。这到底是政治因素，还是市场因素作祟？笔者认为，恐怕后者的可能性坚实可信

谷歌中国大撤退真相猜测

这两天谷歌要退出中国市场的传闻被炒得沸沸扬扬，在国外媒体的渲染中，谷歌退出中国市场，甚至与中国政府牵扯在一起。这种冷战思维让人觉得十分可笑。其实，在我看来，谷歌退出中国市场，只是单纯的市场行为，仅此而已。

众所周知，谷歌是全球搜索巨头，占有绝对垄断的市场地位。但偏偏中国用户没有给谷歌面子，在中国市场，谷歌做得十分失败，只占到 10% ~15% 左右的市场份额，远低于中国本土的互联网搜索巨头百度。这么低的市场份额，让谷歌在中国市场入不敷出，维持生计都成问题。在百度 CEO 李宏彦眼里，虽然谷歌在全球市场值得尊敬，但在中国市场不值一提——李宏彦从来就没把谷歌当作竞争对手。更重要的是，从长远发展来看，谷歌想要追赶上百度的可能性不仅不存在，而且被百度越落越远的可能性正在不断增加。随着李开复的明智辞职，其实，谷歌退出中国市场已经被提上日程，成为谷歌铁板钉钉的商业秘密。即使是硬撑着，在中国市场的赢利根本就不抵其巨大开销——当然，以谷歌的财力，是完全亏得起的。虽然中国拥有全球数量最多的网民，对互联网企业来说，是最大的市

场。但这只是理论上的，谷歌并不具备把这种理论变为效益的能力。在中国市场，大家搜索用百度，已经习惯成自然，根深蒂固，谷歌无从改变现状——或许只有在百度无法运行，如前些天百度被黑，大家才想起百度无法搜索时还有谷歌可用，但毕竟这种情况并不多见。坦率地说，谷歌目前在中国的市场份额，基本上可以证明谷歌已经处在被人遗忘的角落里——这种无奈正是谷歌计划退出中国市场的根本原因。

但是如果谷歌承认在中国市场上退出的真实原因，那无疑是给了自己一个耳光，是一件很尴尬的事，不仅影响到谷歌股价，影响到谷歌在全球的声誉和市场表现，而且让一向狂傲自大的美国企业界颜面扫地。所以，实在没办法，才不得不冥思苦想出一个企图体面下台的理由：那就是要求中国政府给谷歌不过滤搜索功能的特权。

家有家规，国有国法。谷歌的行为，不禁让我想起 2009 年某个时候的互联网扫黄，从那段时间铺天盖地的新闻中，我们可以看出一个这样的基本事实：那就是谷歌在中国互联网黄毒泛滥的过程中，起了很大的推波助澜的作用。可以说，那段时间，谷歌成为广大老百姓人人喊打的过街老鼠，被弄得灰头土脸。由于有了这种先例，要让中国政府网开一面，给其不过滤特权，恐怕是不可能的。与此同时，作为谷歌搜索功能在中国本土最大竞争对手的百度，却是生长得十分愉快，很显然，相得益彰，我们可以看出，谷歌在中国的成长，原因并不是中国政府不给谷歌不过滤搜索功能的特权，而是自己的运营战略出了问题。如果谷歌把在中国发展的全部希望寄托在中国政府给其不过滤搜索功能上，希望通过提供淫秽色情信息来提高其市场份额和影响力，不仅打错了算盘，而且实在没有必要，这种没有社会责任感的所谓跨国企业，中国百姓不要也罢。

或许，谷歌正是因为看准了这一点，而退出中国市场又成为发展的必然，为找一个漂亮台阶，保存一点颜面，谷歌想出了这么一计下三滥的招数，从而博得中国境外不明真相的人们的同情——由此看来，谷歌在中国，虽然市场做不好，但小聪明还是有的。

（2010 年 1 月 15 日）

2016 年 8 月，在市场上拼得你死我活的滴滴和优步宣布合并了。如果厘清楚，我们不难看到，滴滴优步必然会走到一起的，因为他们本来就是相亲相爱的一家人

滴滴优步本一家　全中国被资本耍了

你一刀砍过来，我一枪刺过去。彼此精疲力竭，血肉模糊，在倒下前，并没有休手的打算。

用这种武侠小说中常见的高手拼杀场景来描述滴滴出行和优步中国之间的战况激烈，一点都不过分。

以“打砸抢”方式野蛮争夺用户

从 2014 年 7 月优步正式进入中国开始，与滴滴出行的战争就拉开了帷幕，一个是土狼，一个是洋狮，一直斗得你死我活的，都没有停歇过。

据有关数据统计，滴滴出行和优步中国都为此付出了十分惨重的代价，双方没有赚到一分钱不说，都往里面砸了大把钱，据称都高达数十亿美元，被业界瞠目结舌地定义为：烧钱模式。

通过这种野蛮生长的模式，滴滴出行和优步中国迅速扩大了市场份额，在合并前，滴滴出行 85. 3% 的市场份额居第一，优步中国以 7. 8% 的市场份额居第二，合并后两者市场份额高达 93. 1% ，形成高度集中和触及

反垄断红线。

赚钱是企业存在的最基本的使命。滴滴出行和优步中国如果不是因为背后资本实力实在太雄厚，经得起如此折腾，那早就关门歇业，破产清算了。

当然，即使背后资本家大业大，也是不能容忍这种烧钱模式一直继续下去的。否则，结果只有一个，这个结果不用我说出来，凭大家的智商，都能猜到。

但没想到双方鸣金收兵，马放南山会来得这么迅雷不及掩耳，这么彻底。

推动这种合作的力量到底来自哪里，怎么有这么大的能量？

想要读懂滴滴出行和优步中国的合并，需要读懂两张图谱。

图谱一：都是相亲相爱的一家人

第一张是出行行业的人物关系图谱。

虽然滴滴出行的创始人和董事长是程维，但其首席运营官是柳青。

虽然优步中国是舶来的外资企业，官特拉维斯·卡兰尼克是 CEO，但在中国的战略负责人是柳甄，柳甄是优步中国的中国区高级副总裁。

这两个企业界的巾帼英雄都姓柳，难道是一家人？

恭喜你猜对了，他们都与中国企业界教父级的人物之一的柳传志颇有渊源：柳青是柳传志的爱女，柳甄是柳传志的侄女。

这两个少主从小一起长大，关系好着呢。

她们之所以在人前打得不可开交，有两种可能，一是各为其主，二是这是一种假打，是打给消费者看的。

无论是真打假打，作为长辈的柳传志都有能量居中调停，叫她们住手，她们就得住手。

图谱二：滴滴出行和优步中国背后金主高度重叠

第二张是滴滴出行和优步中国背后的金主结构，即资本图谱。

经过媒体梳理，滴滴出行和优步中国背后的金主逐一浮出水面。

让围观群众惊讶的是，两者幕后金主高度重叠，到目前我们发现双方至少有四家共同的投资方，即贝莱德、高瓴资本、老虎基金和中国人寿。

也就是说无论滴滴出行与优步中国在台面上打得如何热火朝天，伤筋动骨，其实都是左右手在互搏而已。

有意思的是投资方为什么愿意让他们这么去烧钱呢?

这是与近年来中国企业的经营环境和企业选择的营销推广手段有关。目前竞争性企业都想通过事件营销来达到推广目的。这种打架推广方式已经被广泛应用。

以前苏宁和国美打得不可开交，结果两者越打越强，越打越大，其他的竞争对手慢慢的被打没了。如格力和美的年年打，王老吉和加多宝月月打，京东和天猫日日打。打的结果是打架的双方越来越强大，所占份额越来越多，其他不打者，逐渐被人遗忘。

通过打架的事件营销，竞争双方占尽媒体版面和老百姓的茶余饭后时光。

滴出行和优步中国也是如此。通过“打砸抢”，他们把名气打出来了，把市场培育好了，把影响力做大了，把身价提高了。虽然扔钱无数，但绝对扔得物有所值。这从他们一轮比一轮水涨船高的估值看得出来。

尽管目前仍然都是亏损，但其估值在不断飙升。现在滴滴出行估值为270亿美元，优步中国为80亿美元；合并后估值高达350亿美元。他们在中国市场的投入，在这种天价估值面前，只能算是是小菜一碟。

下一站或是神州专车

在滴滴出行与优步中国合并之前，两者已是“你中有我，我中有你”。合并之后，双方互为股东，已赤裸裸地抱在一起。

这种专车出行行业的高度集中已经势不可挡，越演越烈。2015 年 2 月 14 日情人节这天，滴滴与快的宣布快乐合并。

现在专车出行还剩下神州专车和易到等屈指可数的几个玩家。有意思的是，神州专车是柳传志投资控股的企业。如此以来，专车出行市场基本上被柳氏家族所垄断。这种局面形成，或许有利于缓解企业之间的恶性竞争。

面对这种发展趋势，笔者不得不产生丰富联想：滴滴出行与优步中国合并之后，下一站会是谁?

神州专车会与滴滴出行和优步中国合并后的公司合并吗?

谁都不敢肯定，但也谁都不能否认。

但从技术操作上讲，促成这种合作或许更简单可行，只要老柳一句话或许就能解决。

无论专车出行行业，表面上打得多么血肉横飞，其实都是一家人在导演，在表演。

如果没有这种表演，出行行业要这么快被普及，那几乎是不可能的。所以，或许全中国的看客，不分男女，不分老幼，都给资本耍得团团转——合并前司机和消费者享受到的竞争带来的价格实惠和服务比拼，在合并后短期内或许不会，但从长远来看，恐怕要被逐步取消了。

（2016 年 8 月 5 日）

新美大能否上市，不能光看王兴和投资方的主观意愿，而是取决于两个先决条件：一是新美大能否交得出一份漂亮的财报；二是新美大得有一个良性生态圈

盈利能力弱透支信任　新美大上市或折戟

扭亏为盈难，阿里巴巴选择退出

从公开资料看，找不到新美大盈利情况的数据。这给笔者大胆猜测提供了想象空间：截至目前，新美大的经营仍处于亏损状态，并且情况不容乐观。

如果已经盈利了，这对新美大来说，是件天大好事，依王兴个性，早就通过发布会、新闻稿昭告天下了——当然，盈利了，新美大就犯不着再去进行天量融资了，毕竟每融资一次，创业团队股份就要稀释一次，话语权就要削减一次，这是任何一个创业和经营团队都不愿意看到的。

资方一而再，再而三地狂赌新美大，无非是盼着新美大以后能走资本上市道路——上市后，他们将获得加倍回报。据有关数据称，新美大上市后市值或高达 480 亿美元，届时这些投资将获得加倍回报。

新美大上市的饼是画出来了，但要吃到，或许并不容易。王兴自己对新美大能否实现资本市场的成功运作，并没有必胜把握。他在公开场合敷

衍说：新美大上市还要再等两三年。这还是王兴的主观判断，落实到行动，恐怕需要的时间更长。

目前已经有资方对新美大上市的遥遥无期的等候失去了耐心。阿里巴巴曾经是新美大的投资方和股东之一，但在 2015 年 11 月阿里巴巴宣布出售了所持股份，并且创立了口碑，与新美团形成竞争，激烈争夺市场。

能否上市取决于两个条件，美团做得都不理想

新美大能否上市，不能光看王兴和投资方的主观意愿，而是取决于两个先决条件：

一是新美大能否交得出一份漂亮的财报。

这份漂亮的财报意味着新美大终结烧钱圈地模式，开启盈利模式。如果这点做不到，新美大上市就很难，即使能够侥幸上市，也卖不出一个好价钱。但在这点上，王兴恐怕要辜负资方期望了。

从美团创立到新美大合并这一年多来，笔者可以给王兴下一个简单的结论：王兴忽悠资方的能力很强，帮助企业实现盈利的能力很弱。这个结论并没冤枉王兴，因为新美大啥时候能够扭亏为盈，到现在仍是未知数。

二是新美大得有一个良性生态圈。

生态圈的打造决定企业能否实现可持续性经营。很多企业都已经把这个放在经营首位上进行布局。但从新美大目前实际情况考量，要求其建立一个良好生态圈，恐怕是勉为其难，无论是商家，还是网民，对新美大的体验一直存有争议，难以恭维。

作为新美大主要经营业务的餐饮，却连基本的食品卫生安全都得不到保障，由于审核管理不严，在新美大上的黑心作坊越来越嚣张，随便 PS 一张证件都能通过审核。3 · 15 期间，就有媒体报道过新美大上的店铺，

老板娘用牙咬开火腿肠放到炒饭中，厨师将手指伸进汤锅里沾汁尝，在厕所洗手池洗菜，用过的餐盒洗了再用等卫生问题，让网民看到新闻后如鲠在喉。

从新美大供应商来看，也是日子不好过，怨言颇多。合并后的新美大由于垄断了80%以上的市场，拥有海量用户，是商家们绕不开的一个强大平台；但新美大“挟用户以令天下”，对商家进行压价提点，肆意盘剥，毫无利润可言，令大家敢怒不敢言，这在合并之后表现更为明显。

合并后，新美大利用市场垄断地位，频繁杀价，动不动推四折五折团购，将团购抽成比例从合并前的1%～6%提升到10～15%，部分12%～15%，甚至15%～18%。餐饮、婚纱、按摩、足疗、KTV、美甲、理发行业的不少原平台商户均被要求缴纳5000万～20000万不等的上架费，部分行业捆绑数千元的商户通及推广费，让商家苦不堪言。

在新美大重压之下，部分餐饮商家不得不在服务上做手脚，甚至在食材上偷工减料，让商家不得不以牺牲自己利润为代价，接受美团低价套餐。一些商家无路可走，只得揭竿而起，与新美大对簿公堂。

2015年初，山东威海千叶巴西自助烤肉店与美团网打过一场备受争议的官司。千叶店主范雷称在业务员诱导下，以每份亏20元的低价招揽客户，美团故意把双方约定的涨价时间推后12小时，结果千叶团购上线48小时销售25857份，一共赔掉120万。前段时间，一位自称江苏盐城“我家酸菜鱼”的店主，发了一篇《美团让我两个月赔掉66万无奈关张》的网络文章，控诉被美团坑到无奈关张的全过程。最近，杭洲绿茶餐饮管理有限公司一纸诉状把美团网所属的北京三快科技公司告上法庭。绿茶称美团网接纳多家李鬼餐厅入驻，侵犯了商标权，构成不正当竞争。据绿茶反应，近两年有多达30家山寨店铺在美团销售金额高达4800万元。

这种没完没了的官司，不仅让新美大“毁三观”，严重地透支了资方对新美大的信任，而且正在成为新美大上市道路上的拦路虎；如果新美大不做出彻底改变，其上市之路恐怕将遥遥无期，再继续以前的商业模式或面临融资无门的尴尬。

有意思的是，新美大并没汲取教训，居然学起了饱受争议的百度竞价排名那一套。有网友发现无照经营的黑店“Kao 烤肉饭”竟然通过竞价进入新美大前五的排名。

（2016 年 8 年 16 日）